Göttert

Die Ritter

Karl-Heinz Göttert

# Die Ritter

Mit 85 Abbildungen

Philipp Reclam jun. Stuttgart

Satz: Reclam, Ditzingen
Druck und buchbinderische Verarbeitung: Kösel, Krugzell
Printed in Germany 2011
RECLAM ist eine eingetragene Marke
der Philipp Reclam jun. GmbH & Co. KG, Stuttgart
ISBN 978-3-15-010807-9

www.reclam.de

# Inhalt

# Vorbemerkung

Unter den vielen Vorlesungen, die ich an der Kölner Universität dem Thema Ritter und Rittertum gewidmet habe, ist mir eine in besonderer Erinnerung geblieben. Sie fand 2005 statt und wandte sich nicht an Studierende, sondern an Kinder. Man hatte damals Freiwillige gesucht, die es wagen würden, ihr Fachwissen einmal auf ganz andere Weise zu präsentieren. Auch die Literatur sollte einbezogen werden, sogar die mittelalterliche. Ich dachte, mit den Rittern müsste es am ehesten klappen, und wurde nicht enttäuscht. Die Aula war gut gefüllt, der Rektor kam mit seiner eindrucksvollen Kette, um die Kinder zu begrüßen (und mir Mut zu machen). Dann musste ich loslegen und verließ mich auf eine PowerPoint-Präsentation mit wunderschönen Bildern aus dem Codex Manesse und sonstigen Handschriften.

Ganz am Ende meines Vortrags wollte ich einen Höhepunkt setzen. Ich wollte den Kindern zeigen, dass die Ritter eine historische Erscheinung sind, dass sie trotz ihrer blinkenden Rüstungen und bunten Kleider untergingen. Dazu bot ich ein Bild auf, das Karl den Kühnen bei seiner Ansprache zeigt, die er im Feldlager bei Lausanne vor seinem Heer hielt, und zwar vor der für ihn vernichtenden Schlacht bei Murten am 22. Juni 1476. Das Bild stammt aus der *Luzerner Chronik* des Diebold Schilling, die näheren Umstände sind uns bis in Einzelheiten von Karls Biograph Philippe de Commynes bekannt. Nach einigen Erläuterungen stellte ich dann die entscheidende Frage und war mir sicher, dass niemand sie beantworten, ich selbst demnach als der große Meister erscheinen konnte: »Woran sieht man denn nun, dass die Zeit des Rittertums damals eigentlich schon vorbei war?« Ich hatte die Frage kaum formuliert, da meldete sich ein Knirps, wies mit seiner Hand aufs Bild und sagte nur: »Oben ist doch eine Kanone.« Da war sie, die Antwort, die ich so gerne selbst gegeben hätte. Tatsächlich erkennt man, wenn man sehr genau hinsieht, weit im Hintergrund und schon jenseits des Feldlagers ein Geschütz, das von einem Pferdegespann gezogen wird. Mir war es erst nach langem Betrachten aufgefallen. Ich weiß nicht mehr, wie ich die Situation gerettet habe. Ganz ohne Stottern gewiss nicht.

Natürlich lässt sich die Antwort präziser formulieren. Im Kern hatte der Knirps jedoch alles gesagt: Der Ritter ist ein Krieger, aber einer, der Auge in Auge kämpft. Darauf beruht seine Reputation, daraus bezieht er seine Autorität, dem verdankt er seine Überlegenheit gegenüber Bauern und Geistlichen. Weiter muss man sagen: Daher stammt sein Glanz, der nicht zufällig alles in seinen Bann zieht, was mit dem Kriegertum zu tun hat: die Erscheinung hoch zu Ross, mit Lanze und Schwert, mit Wimpel und Wappen, mit wehendem Mantel und (gelegentlich) goldenen Sporen. Und dann die Kanone, die heroische Taten sinnlos macht, Ehrerhöhung durch Demonstration von Überlegenheit ausschließt. So weit scheint die Geschichte einfach. Es gibt Gründe für die Ausbildung des Rittertums und Gründe für sein Ende. Nur erklärt dies nicht die Faszination, die bis heute geblieben ist. Irgendwie muss noch anderes den Ritter ausgezeichnet haben, dass er auf uns so anziehend wirkt, dass Ausstellungen mit diesem Thema große Besucherzahlen melden. Irgendetwas an diesem Ritter scheint nicht untergegangen zu sein oder jedenfalls weiter einen Anreiz darzustellen. Und damit sind nicht Äußerlichkeiten gemeint wie die Sportturniere und Festbankette, die ohne ihre mittelalterlichen Vorläufer kaum denkbar wären.

Aber was genau ist dies? Das vorliegende Buch sucht solchen Fragen nachzugehen, interessiert sich mehr als für die äußere Beschreibung oder Präsentation von Ritter und Rittertum für die Lebensform, die sich damals herausbildete und einen Grundzug der europäischen Zivilisationsgeschichte ausmacht. Dabei spielen die Gründe der urplötzlichen Entstehung aus einem eher verachteten Kriegerberuf ebenso eine Rolle wie die ständige Umformung bis zur Unkenntlichwerdung in der Neuzeit, als der Reichsritter nur noch ein von der Steuer mehr oder weniger befreiter Untertan neben anderen wurde. Es geht also nicht (allein) um den Höhenflug des Ritters bzw. eines Rittertums, das freilich äußerst attraktiv war und all die Renaissancen von der frühen Neuzeit über den historischen Roman bis zu Monty Pythons *Ritter der Kokosnuss* in Gang setzte. Übrigens geht es auch nicht um das historisch-reale Rittertum etwa im Gegensatz zum literarisch-fiktiven – beide Quellengruppen sind vielmehr ungefähr gleichwertig berücksichtigt, wenn auch mit gutem Grund strikt auseinandergehalten. Es geht vielmehr um das Verständnis eines Lebensentwurfs mit seinen verschiedenen Facetten und zuletzt um die Frage, was davon trotz seines Untergangs noch in uns steckt bzw. was genau wir eigentlich überwunden haben (oder auch nicht).

Fast braucht man nicht zu erwähnen, dass all dies bei einem schmalen Bändchen nur im Überblick geleistet werden kann. Die Forschung hat mittlerweile ein riesiges Panorama eröffnet, zahllose Facetten untersucht, auch wenn noch längst keine Einigkeit über die Grundfragen herrscht. Davon soll in diesem Buch nur am Rande die Rede sein. Der Apparat wurde kleingehalten, auf Fußnoten gänzlich verzichtet, dafür am Ende der jeweiligen Kapitel wenigstens ein Hinweis auf die Literatur gegeben, die am meisten bei den Überlegungen half und dem Leser Anregungen zur Vertiefung geben mag. Im übrigen ist das Thema nicht in breiter Systematik erörtert, sondern punktuell, gewissermaßen in Probebohrungen, die auf unterschiedlichem Terrain vorgenommen sind. Der Leser soll auf immer neue Aspekte aufmerksam gemacht werden, die zum Gesamtbild gehören, die gelegentlich scharfen Schnitte haben wie im Film die Funktion, die Aufmerksamkeit wachzuhalten. Eine andere Einschränkung liegt bei der Heranziehung der Quellen. Auch hier wurde auf die große Breite verzichtet, stattdessen sind »Hauptwerke« ausgewählt, deren Inhalte besser bekannt sind bzw. sich leichter vermitteln lassen. Schließlich gibt es eine starke Stütze des Verständnisses in der reichen Bebilderung. Die Handschriften bieten ja nicht nur Texte, sondern halten in den Miniaturen all das fest, was oft so mühsam zu erklären ist: von der Schwertleite über Turnier und Krieg bis hin zum höfischen Auftreten. In dieser doppelten Information von Text und Illustration sollte auch im metaphorischen Sinne ein möglichst facettenreiches »Bild« des Ritters entstehen.

Wo von den Bildern die Rede ist: Bei der großangelegten Recherche, der Auswahl und Besorgung der Druckvorlagen hat meine Mitarbeiterin Mechthild Greven die Hauptarbeit geleistet. Auch sonst fand ich tatkräftige Hilfe, besonders bei meinen Kölner Kolleginnen und Kollegen Susanne Bürkle, Ursula Peters und Hans-Joachim Ziegeler, die kritisch mitgelesen und zahlreiche Verbesserungen ermöglicht haben. Ihnen allen danke ich herzlich.

Schließlich ist noch jemand zu nennen, der mir, ohne dass er selbst davon weiß, beim Formulieren über die Schulter geschaut hat: der Nestor der literarischen Ritterforschung in Deutschland, Joachim Bumke. Ich durfte lange Jahre mit ihm in Köln zusammenarbeiten. Die Anregerin dieses Buches beim Reclam Verlag ist seine Schülerin gewesen. Wir beide, Autor und Lektorin, widmen das Zustandegekommene niemand anderem als ihm.

# 1
# Erste Orientierung

Als Vorbesinnung zum Thema könnte uns Tankred Dorst dienen. »Der Löwe frisst Gras«, so lässt er in seinem vielstündigen Theaterstück *Merlin oder Das wüste Land* König Artus sinnieren. Natürlich sind die Ritter an seiner Tafelrunde irritiert. Denn kurz zuvor war er noch ganz der Alte. Da redete er von seinen früheren Siegen und träumte von neuen. Mit dem Schwert eine »schönere Menschheit« erfechten, als »heiliger Krieg«, nicht »Mord und Totschlag wie in barbarischer Zeit«. So sagte er, so kannte man es. Und nun: »Der Löwe frisst Gras.« Ein »Einfall«, den Artus jemand anderem verdankt: Merlin, dem Zauberer. Der verwandelt die Artusrunde in einen Paradiesgarten. Löwen grasen darin neben Schafen. Artusritter bewegen sich graziös wie im Traum. Einer legt seine Rüstung ab und setzt sich in die Blumen. Dann singt er ein Lied. Artus ist begeistert: »Eine friedliche Welt! Ja, das habe ich gedacht! Keine Kriege mehr!« Nun nimmt die Irritation unter den Rittern zu. Was, wenn es Streit gibt? Wenn ein Bedrohter verteidigt werden muss? Wo bleiben Ehre, Treue, Tapferkeit? Sir Lamorak bringt es auf den Punkt: »Wenn wir dafür nicht mehr kämpfen, dann können wir zum Varieté gehen! Dann können wir da auftreten wie eine Trachtengruppe aus dem 9. Jahrhundert! Dann wäre gar kein Sinn in unserem Tun.«

Da erscheint Mark Twain auf der Bühne, eine gute Wahl, weil ein wirklicher Spezialist. Unter seinen vielen satirischen Romanen hat er einen geschrieben mit dem Titel *A Connecticut Yankee in King Arthur's Court*. Darin wird der Fabrikarbeiter Hank Morgan aus dem 19. Jahrhundert in das England des Jahres 528 zurückversetzt, an den Hof von König Artus. Dort beginnt »Sir Boss«, wie er nun heißt, ein Reformwerk. Er amerikanisiert die Artusgesellschaft im Zeichen von Freiheit und Fortschritt. Aber er scheitert. Als er einmal kurz ins Ausland reist, bringen sich die Ritter weiter begeistert um. Merlin beendet schließlich das Abenteuer, indem er »Sir Boss« in einen dreizehnhundert Jahre währenden Schlaf versetzt. Und nun lässt Dorst den Schöpfer von »Sir Boss«, Mark Twain, auftreten. Natürlich ist Mark Twain der einzige, der Artus versteht. Sofort hat er sein Stichwort gefunden: die Verwirklichung der Demokratie. Weil Artus sich darunter nichts vorstellen kann, zeigt er ihm eine Dampfmaschine. »Sehen Sie: der Dampf! Die Dampfmaschine! Der technische Fortschritt hat auch den gesellschaftlichen Fortschritt zur Folge! Die Maschine arbeitet, der Mensch wird frei!« Aber Artus steht auf und verlässt mit Merlin die Runde. Während Mark Twain weiterredet, dass es nun weder Ritter noch Könige geben müsse, dass Privilegien abgeschafft werden können und jeder frei sei, dringt von außen »Geschrei, Gejohle, Gelächter« in den Saal. Untergang im Durcheinander. Nichts also mit dem friedlichen Grasen.

Dabei könnte es sein, dass Tankred Dorst seinen Einfall von Ernst Bloch hat. Im zweiten Band von dessen großem Werk, dem *Prinzip Hoffnung*, liest man in der Einleitung den Satz: »Vieles fiele leichter, könnte man Gras essen.« Aber wir können nicht, Nahrung muss mühsam erwirtschaftet werden. Und schon entsteht die geschichtete Gesellschaft: Es gibt diejenigen, die in Fron Nahrung besorgen, und diejenigen, die sich diese Nahrung mit einem simplen Trick aneignen. Sie versprechen Sicherheit gegen womöglich noch schlimmere Räuber. Das Grasen wäre also die Lösung. Es würde Schutz überflüssig machen, ob nun beim Löwen oder bei den Menschen. Wo Schutz entfällt, herrscht Friede. Wo Friede herrscht, bedarf es keiner Ehre, die die Kampfkraft stärkt. Und das heißt: kein Bedarf für Artus und seine Tafelrunde. Kurz vor Schluss des Theaterstücks holt der Gedanke Artus noch einmal ein. Angesichts der letzten Schlacht rechtfertigt er sich damit, dass sein Gegner, der eigene Sohn, »kein Ritter« ist, keine »höheren Prinzipien« kennt, also die »alte Barbarei« droht, »wo jeder nach seiner Laune und nach seinem Vorteil den andern totschlagen darf«. Und so kommt die Schlacht und das Ende im Blut. Artus lässt den letzten Überlebenden sein Schwert ins Meer werfen. Zu spät, um noch etwas zu ändern.

Eine wirklich gute Lektion für alle diejenigen, die über Ritter nachdenken oder gar Bücher darüber schreiben wollen. Denn der Ritter ist eine allzu verlockende Figur. Wo er uns in Abbildungen oder im Film entgegentritt, erliegen wir seinem Charme, der Ästhetik von blinkender Rüstung hoch zu Ross. Kritik kommt da leicht zu spät. Brutale Ritter, raubende und mordende, brandstiftende und vergewaltigende, verräterische und habgierige wirken immer nur als Zerrbilder. Der wahre Ritter erscheint demgegenüber als der edle. Genau das ist der springende Punkt, auf den Tankred Dorst hinweist. Der Ritter, auch der edle, wäre besser nicht nötig. Besser bedürfte es dieser Beschützerfigur nicht, besser würde er es sich auf der Wiese gemütlich machen wie im Traumbild, für das Merlin sorgt. Denn mit den »höheren Prinzipien« klappt es nicht. Sie überdecken die »alte Barbarei« nur unvollkommen. Gewalt mag hin und wieder Frieden erzwingen, aber Gewalt ist eine Spirale. Sie frisst ihre Kinder. Oder ihren Vater wie im Falle von Artus. Gewalt erzeugt vielleicht Glück für den, der gerade oben steht. Für die Menschheit insgesamt ist Glück nur auf andere Weise zu erzielen: mit Frieden. Mit Frieden aber gibt es keine Ritter. Schon im Mittelalter selbst hat man davon etwas erahnt, denn Dorst hat zwar Mark Twains Auftritt, aber nicht das Grundgerüst der Handlung erfunden. Auch der französische (und dann ins Deutsche übersetzte) *Prosalancelot* aus der Mitte des 13. Jahrhunderts als große Zusammenfassung des ganzen Artusstoffs lässt Artus samt seiner Tafelrunde untergehen. Sogar sein Schwert Excalibur versinkt im Meer.

Die Figur des Ritters erweist sich so gesehen schon auf den allerersten Blick als problematisch. Ob als guter oder schlechter Ritter: Hier wurde etwas im Lauf der Geschichte abgeschafft, was abgeschafft gehörte. Und doch lässt sich das Faszinierende nicht leugnen. Es ist keine Frage, dass die Gestalt des Ritters weitergewirkt hat und bis heute weiterwirkt. Dies liegt nicht am äußeren Glanz allein, auch nicht an einer allzu simplen Bewunderung der Gewalt. Es klang bei Dorst durchaus an: Friede würde Freiheit bringen, Freiheit für alle. Und da liegt es auf der Hand: Freiheit war es wirklich, was der Ritter verkörperte. Freiheit ist geradezu sein Markenzeichen. Einmal nicht dieses Zusammenarbeiten, diese Abhängigkeit von den anderen, das Warten auf Zustimmung. Es ist nicht der Glanz der Rüstung, nicht das Schwert oder die Lanze und auch nicht das Pferd, das so fasziniert. Es ist die Lebensform. Kaum jemals in der Geschichte hat die Freiheit sich eine so attraktive Form gegeben. Der Ritter reitet nicht einfach, sondern er reitet, wohin er will. Er fragt nicht, ob er das Schwert gebrauchen darf, sondern gebraucht es. Er achtet nicht auf Gewinn, sondern verschleudert, was er hat bzw. sich zusammenraubt. Die geheimen Sehnsüchte beziehen sich auf eine Figur, die die Zivilisationsgeschichte rückgängig macht, das Unbehagen in der Kultur, das Freud so eindringlich als Unbehagen an den Zwängen mitten in der Fülle des Fortschritts beschrieben hat. Der Ritter ist die archaische Version des modernen Menschen, frei, aber ohne die Kosten der Selbstbestimmung, wenn man diese mit den andern teilen muss.

Wer vom Ritter träumt – fassen wir es so zusammen –, träumt von einer Moderne ohne Misere. Der Ritter ist Projektionsfläche für die Wünsche, die bei der demokratischen Lösung des Grasproblems unerfüllt bleiben. Ein großes Paradox: zutiefst archaisch und zugleich Schrittmacher der Moderne, ja eine ihrer Wurzeln. Historiker nennen gewöhnlich, wenn es um die Genese der Moderne geht, eine andere Figur: den Bürger, der in der Kommune die Prinzipien autonomen Zusammenlebens erkundet – in Italien seit dem 12. Jahrhundert. Der Bürger ist so gesehen geradezu die Gegenfigur zum Ritter, macht ihm Konkurrenz, ja fegt ihn mit seinem Geld weg von der Bühne der Weltgeschichte. Nur sagt dies nichts darüber aus, dass diesem Bürger immer etwas fehlen wird, was er im Ritter verwirklicht sieht: die Freiheit in Form von Unabhängigkeit, die sich symbolisch in Rüstung und Pferd zeigt. Schon früh muss die Erfahrung aufgetaucht sein, dass Geld zwar reich, aber nicht glücklich macht. Glücklich, so glaubte man wenigstens, macht Prassen. Was bedeutet Anhäufen von Reichtum gegen Wegwerfen von Reichtum, was Erwerben gegen Rauben?

Und nicht nur dies lässt die Figur des Ritters unvergessen bleiben, nicht nur diese gleichsam sinnliche Seite der Gewalt. Man hielt vielmehr lange Zeit Selbstbestimmung nicht für möglich ohne Selbstverteidigung. Freiheit, so könnte man es schärfer formulieren, schien geradezu an Verteidigungsfähigkeit gebunden. Sein Recht mit Gründen zu vertreten, hatte lange ein Pendant im Glauben daran, dass man es besser mit dem Schwert tut. Und umgekehrt fühlte man sich nicht wirklich frei, wenn man es nicht dem eigenen Schwert verdankte – oder dem Colt wie noch in den USA des 21. Jahrhunderts. Freiheit als Autonomie zu verstehen, die auf Kommunikation und Anerkennung des besseren Arguments beruht, war ein Lernprozess, der erst im 18. Jahrhundert feste Konturen annahm. Bis heute aber geht der Blick neidvoll zurück und trifft auf die Figur, die einiges im Leben einfacher zu machen schien: auf den Ritter. Man braucht sich von daher nicht zu wundern, dass in der Krise der Moderne von ihm die Rede ist, dass er im Film hoch zu Ross mit wehendem Wimpel daherkommt. Der Ritter erfüllt Sehnsüchte. Er gehört zu den Vorbereitern der Moderne und erinnert dabei zugleich an alles, was diese sich selbst versagt oder verloren hat.

Die Faszination, die vom Ritter ausgeht, lässt sich so gesehen gut verstehen. Eine ganz andere Frage ist, was an diesem Ritterbild der historischen Wirklichkeit entspricht. Gab es tatsächlich diesen Ritter, der zum Wunschbild wurde, und wie ist er entstanden? Es sollte nicht überraschen, wenn in diesem Punkt Komplikationen auftauchen. So einfach, wie es heute scheint, ist der Ritter nicht zu fassen. Es gibt Unterschiede, wo man auch hinsieht. Zeitliche zum Beispiel, wenn in Frankreich früher von ihm die Rede ist als in Deutschland. Aber auch sachliche, wenn wiederum in Frankreich Adel und Rittertum mehr oder weniger zusammenfielen, in Deutschland jedoch nicht. Unterschiede aber gibt es auch in den Quellen: In den Chroniken lesen wir anderes als in den höfischen Romanen. Und schließlich noch die Entwicklung über Jahrhunderte: von den ersten Anzeichen im 11. Jahrhundert über den Höhepunkt unter den Staufern bis zu den Umformungen im Spätmittelalter, die den Ritter schließlich zu einem festen »Stand« machten: dem des niederen Adels. Die Figur, die die Sehnsucht vor Augen stellt, erweist sich also bei Lichte besehen als eher kompliziert. Ob damit ihr Charme vergeht? Das muss nicht sein: Die Wirklichkeit hat sich noch immer als interessanter erwiesen denn so mancher Traum.

Johanna Maria van Winter: Rittertum. Ideal und Wirklichkeit. 1969; Georges Duby: Wirklichkeit und höfischer Traum. 1977; Jean Flori: L'essor de la chevalerie. 1986; Hans-Werner Goetz: Leben im Mittelalter. 1986; Arno Borst (Hrsg.): Das Rittertum im Mittelalter. 1989; Werner Paravicini: Die ritterlich-höfische Kultur des Mittelalters. 1994; Joachim Bumke: Höfische Kultur. 1990; Josef Fleckenstein: Rittertum und ritterliche Welt. 2002; Jan-Dirk Müller: Höfische Kompromisse. 2007.

# 2
# Das Wort Ritter

Unser Wort Ritter entstammt dem Mittelalter, ist aber verhältnismäßig jung. Als erster Beleg gilt eine Handschrift des späten 11. Jahrhunderts, die in deutscher Sprache die alttestamentliche Genesis wiedergibt (die sogenannte *Wiener Genesis*). Dort ist von *rîtern* die Rede, von Reitern bzw. von berittenen Kriegern, die zum Gefolge von Joseph gehören, der es in Ägypten zum höchsten Amt am Hof des Pharao gebracht hat und gerade seinen Vater Jakob erwartet – gewissermaßen mit angemessenem höfischen Protokoll in Begleitung einer berittenen Gefolgschaft. Im 12. Jahrhundert finden sich neben diesen *rîtern* erste *riter* und auch schon in unserer Schreibung *ritter*. Das doppelte *t* ist nicht ganz einfach zu deuten. Im Mittelalter bezeichnet es nicht wie heute die Kürze des vorangehenden Vokals, sondern steht für einen sogenannten »langen« Konsonanten: Gemeint ist, dass das *t* sowohl zur ersten wie zur zweiten Silbe gehört (in etwa wie das italienische *fatto*, »ich habe gemacht«, gegenüber *fato*, »Schicksal«). Das gibt es auch sonst im Deutschen, zum Beispiel bei *bitten* oder auch *bitter*, das sich übrigens regelmäßig auf *ritter* reimt. Man hat immer vermutet, dass das niederländische *ridder* das Vorbild war, das auf jeden Fall französisch *chevalier* wiedergab. In Frankreich war der *chevalier* schon früher vom bloßen Reiter zum adligen Ritter avanciert, was im benachbarten Flandern begeistert aufgegriffen wurde. In Deutschland waren die schon benannten *ritter* lange Zeit jedoch noch keine solchen »französischen« Ritter, sondern durchaus Knechte: beritten und schwerbewaffnet, aber nicht adlig, nicht »höfisch«. Wenn *ritter* wirklich das niederländische *ridder* wiedergegeben haben sollte, dann auf jeden Fall vorläufig ohne dessen Inhalt.

Und noch etwas macht die Sache kompliziert. Ob der deutsche *ritter*, der französische *chevalier* oder der spanische *caballero*: Alle diese Wörter geben das lateinische Wort *miles* wieder. *Miles* aber bedeutet zunächst einmal nur Soldat, genauer sogar: Fußsoldat. Einen berittenen Soldaten hat es auch schon in der Antike gegeben, den *eques*, aber entscheidend war damals nicht er, sondern der zu Fuß kämpfende Legionär: eben der *miles*. Als sich im Mittelalter die Kriegstechnik änderte und der berittene Soldat die Schlachten entschied, wird dieser weiter als *miles* bezeichnet – womit das Paradox des reitenden Fußgängers seinen Lauf nahm. Nur muss man wiederum sehen, dass dieser *miles-ritter* eben noch kein Ritter war, sondern schlicht ein Krieger. Warum sollten die lateinischen Quellen ihn anders bezeichnen, als er immer hieß? Karl der Große verfügte also genauso über *milites* wie Cäsar. Und Karl der Große siegte mit diesen *milites* wie Cäsar, nur eben mit berittenen. Die Lateinschreiber sahen keinen Bedarf für Änderungen, aber umgekehrt entstand daraus keinerlei Art von Aura, Erhöhung. *Milites* sind nur die Wehrhaften. Als viel später die Erhöhung tatsächlich einsetzt, der *miles*-Begriff sich sozusagen auflädt in Richtung »Ritterlichkeit«, muss man in den Quellen ganz genau hinsehen, wer oder was gemeint ist, existieren die alte und die neue Bedeutung nebeneinander.

Dies gilt auch für den deutschen *ritter*. Seit langem sind alle Belege gesichtet, ausgezählt. Dabei kommt heraus, dass die frühen Quellen, die deutschsprachigen Chroniken genauso wie die epischen Werke, den *ritter* als reinen und vor allem unfreien Krieger sahen. Die großen Herren, die Herzöge, Grafen, Bischöfe, Äbte, umgaben sich mit *rittern*, die ihnen dienten. Wenn sie es im Krieg taten, hießen sie auch *ritter*, wenn sie in der Verwaltung tätig waren, wurden sie eher als *dienstman* bezeichnet. *Ritter* um sich zu scharen, ist ein Zeichen von Macht, aber auch eine Notwendigkeit bei der Erledigung der Aufgaben. Kennzeichnend ist, dass diese *ritter* gewöhnlich in großer Zahl auftreten und ihren Dienst entweder gegen Versorgung und Ausrüstung oder gegen Sold verrichten. Im Heer aber kämpfen sie mit den Herren zusammen, so dass sich ein eigenartiges Bild ergibt: In den Rüstungen stecken Männer völlig verschiedener sozialer Herkunft: Adlige wie Unfreie, Herren wie Knechte. Man kann sich denken, dass dies die Grundlage für Aufstiegswünsche war. Und tatsächlich verschwinden am Ende des Hochmittelalters, vor Ablauf des 13. Jahrhunderts, die unfreien *ritter*. Sie gehen im Adel auf, wenn auch auf dessen unterster Stufe.

Vorher aber geschieht etwas ganz anderes, die eigentliche Überraschung. Nicht von unten findet die Revolution statt, sondern von oben. Wie auf ein Zauberwort hin nimmt der Adel, auch der höchste, das Wort auf, wollen alle *ritter* werden. In Deutschland geschieht dies unter den Staufern, seit der Mitte des 12. Jahrhunderts. Dass dabei Frankreich das Vorbild darstellt, steht außer Frage. Politisch führend in Europa ist zu dieser Zeit zwar das im Deutschen Reich repräsentierte Kaisertum, der Theorie nach der Herr aller Könige. Aber der Glanz des Rittertums stammt aus Frankreich: aus einem Land mit stark geschwächter Königsmacht und rivalisierenden Adligen. Hier verstehen sich die ersten *milites* als »ritterliche« Herren, legen sich auf Pflichten fest und nehmen ein exklusives Verhalten an. Dieser neue *miles* aber prägt auch den deutschen *ritter* und verleiht ihm nie gesehenen Glanz. Friedrich I. Barbarossa, ein Kaiser, will selbst *ritter* sein und spornt seine Fürsten an, ihm darin zu folgen. Karl der Große wird in einer Handschrift des *Rolandsliedes* aus dem späten 12. Jahrhundert als Ritter abgebildet. Wie wenig dies mit dem reitenden Krieger alter Art zu tun hat, bezeugt am besten eine Wortverwendung, die kurze Zeit vorher noch undenkbar gewesen wäre:

Die Handschrift zeigt Karl den Großen im Kampf mit dem Heiden Paligan, der »Ritter« ist also 400 Jahre zurückverlegt.

die von den ritterlichen Damen (Hartmann von Aue: *Hartmann, gên wir schouwen ritterlîche frouwen*). Der *ritter* ist zur Metapher geworden. Wie war all dies möglich?

Man hat gesagt, *nur* das Wort habe Karriere gemacht, sei im metaphorischen Aufschwung gewissermaßen zerdehnt und unrealistisch geworden. Tatsächlich schwingt im Wort *ritter* etwas von dem mit, was man früher mit ganz verschiedenen Wörtern als »Held« bezeichnete, auch nicht gerade eine Standes- oder gar Berufsbezeichnung. Plötzlich werden die meisten dieser Wörter unmodern, sterben aus, so dass sie heute nicht mehr zu verstehen sind: Von *wîgand* war die Rede, von *degen* spricht das bewusst altertümelnde *Nibelungenlied*, wobei in diesem Fall wenigstens noch der »Haudegen« übriggeblieben ist. Auch den *recken* kennt man vielleicht noch, durchgesetzt aber hat sich nur der auch damals schon gebräuchliche *helt*. Alle anderen Begriffe sind kaum noch etwas wert, zerstieben förmlich vor diesem *ritter*, der die alten Inhalte aufsaugt und zugleich überbietet. Nur: Ganz realitätsfern war dieser Ritter nicht. In Urkunden tritt er auf, sein Äußeres nimmt buchstäblich Gestalt an, die Dichtung entdeckt ihn als zentrale Figur. Was am Hinweis auf die Wortgeschichte richtig bleibt, ist dieses: Die Entwicklung kommt nicht von unten, die ehemaligen *milites* im Sinne der berittenen Krieger steigen nicht einfach auf, bilden keine neue soziale »Klasse«. Die Entwicklung kommt vielmehr von oben, große Herren beugen sich ihm gewissermaßen entgegen, machen den *miles* bzw. *ritter* zu einer Vorzeigefigur. Der alte Krieger, das ist das Entscheidende, hätte dies wohl nie geschafft. Die neuen Ritter entstammen nicht dem »Beruf« des Soldaten, aus dem sie sich nach oben entwickelt hätten und adlige Herren geworden wären. Die neuen Ritter *waren* vielmehr adlige Herren, die ihren Ehrgeiz in einem Namen ausdrückten, der bis dahin keinerlei Prestige besaß.

So gesehen liegt tatsächlich eine gravierende Bedeutungsänderung vor. Aber damit ist auch eine neue soziale Figur entstanden. Die früheren Herren, die sich nun Ritter nannten, veränderten sich unter ihrem neuen Namen gründlich. Noch niemals hatte es solche Adlige gegeben. Der Glanz des hochmittelalterlichen Rittertums verdankt sich dem Wunsch, etwas Neues und nie Gesehenes zu werden. Vieles am Ritterbegriff mag metaphorisch, nebulös, abgehoben gewesen sein. Aber mit dem Wort verband sich eine historische Realität mit viel Potenzial zur Ausdifferenzierung. Davon wird im einzelnen die Rede sein. Als erstes aber gilt es die Frage zu beantworten, welcher Kraft dieses Rittertum seine Entstehung verdankte.

Joachim Bumke: Studien zum Ritterbegriff im 12. und 13. Jahrhundert. 2. Aufl. 1977; Werner Hechberger: Adel, Ministerialität und Rittertum im Mittelalter. 2004.

# 3
# Der Reitersoldat

Auch wenn der Ritter kein aufgestiegener Reitersoldat war: Seine Wurzel bildet das Kriegertum, die Wehrhaftigkeit, die mit dem Kampf auf dem Pferd verbunden ist. Man hat gesagt, der Grund der militärischen Umstellung vom Fuß- auf den Reitersoldaten habe etwas mit den Entfernungen zu tun gehabt, die im Mittelalter zu überwinden waren. Wer jedoch die Ausdehnung des Römischen Reiches kennt, wird dies nicht glauben. Cäsar marschierte mit seinem Heer in Fünfzig-Kilometer-Märschen pro Tag – zu Fuß. Übrigens tat dies noch Napoleon. Zur Schlacht von Wagram verlegte er seine Truppen vom Ärmelkanal an die Donau. Zigtausend Soldaten legten die riesige Entfernung zu Fuß zurück, womit auch noch wirklich die Füße gemeint sind, weil ihnen die Schuhe buchstäblich abfielen. Nein, für die Entwicklung des Reiterkriegers gibt es eine

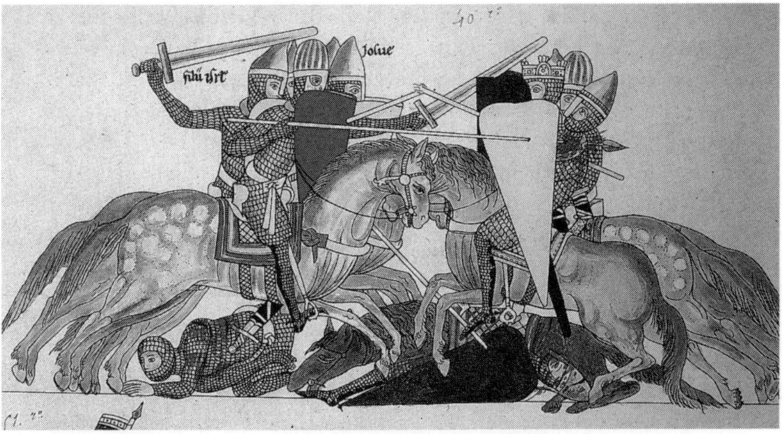


Den Lanzenangriff in geschlossener Schlachtreihe zeigt eine Miniatur aus dem *Hortus deliciarum* der Nonne Herrad von Landsberg im späten 12. Jahrhundert. Die Handschrift verbrannte 1870 infolge des Deutsch-Französischen Krieges. Ein Faksimile von 1818 ist glücklicherweise erhalten.

andere Voraussetzung: nicht die Entfernung, sondern Rüstung und Bewaffnung.

Wahrscheinlich hat man den Kampf zu Pferde von östlichen Reitervölkern übernommen, die seit dem 7./8. Jahrhundert den Steigbügel kannten, mit dem Panzerreiter und Pferd erst eine effektive Verbindung, eine Art Symbiose eingehen. Im Verbund der geschlossenen Schlachtreihe durchstoßen sie mit ihren Lanzen jede gegnerische Front. Darin liegt der entscheidende Unterschied zum Einsatz der Reiterei in der Antike. Damals war diese Reiterei nur Ergänzung, ihr Trumpf die Beweglichkeit, Rüstung und Bewaffnung deshalb leicht. Im Frühmittelalter übernimmt der Reiter die Hauptlast im Kampf, Rüstung und Bewaffnung werden umfangreicher, vor allem schwerer. Die bis zu den Knien reichenden Kettenhemden, die der *Goldene Psalter* der Stiftsbibliothek St. Gallen aus dem späteren 9. Jahrhundert zeigt, konnten zwar noch von Fußsoldaten getragen werden (von denen einige wenige im Bild gezeigt sind). Dann trennen sich die Gruppen. Die Schwergepanzerten des 10. Jahrhunderts kämpfen nur noch vom Pferd aus und werden von Soldaten zu Fuß als Helfern begleitet. Schlachtentscheidend aber sind nun die Berittenen.

Der Reitersoldat wird also ein Spezialist, und dies nicht nur in kämpferischer Hinsicht. Panzer und Pferd waren teuer, so teuer, dass ihr Besitzer sich von der übrigen Bevölkerung deutlich abhob. Schon unter Karl dem Großen vollzog sich der Abschied von der Vergangenheit. Nur wer genügend Land besaß, war in der Lage, für seine Ausrüstung zu sorgen. Anweisungen (sogenannte Kapitularien) definieren es in den Jahren 804, 807 und 808 ganz genau. Drei bis vier Hufen Land brauchte man, um es zum leichten Reiter ohne Panzerung zu bringen, ab zwölf Hufen konnte man Panzerreiter werden. Man hat die Hufe auf sieben bis zehn Hektar, den Wert eines Pferdes auf zwölf Kühe, den der Rüstung auf dreiunddreißig veranschlagt. Damit war die Differenzierung der Gesellschaft in Oben und Unten, sprich: Freiheit und Unfreiheit, besiegelt. Ehemals freie Bauern, die über nicht genügend Land verfügten, konnten nicht mehr Heeresfolge leisten und sanken ab – in die Unfreiheit, die Schutz benötigte. Ehemals Unfreie, die ebenfalls nicht über genügend Land verfügten, erhielten welches, um als Knechte Dienst zu leisten. Die alte Heeresfolge freier Gefolgsleute verschmolz in ande-

Die Miniatur im *Goldenen Psalter* zeigt die Erstürmung und Brandschatzung der Stadt Edom als Illustration zu Psalm 60.

ren Worten mit einer Form von berufsmäßiger Vasallität, wie sie die Römer kannten. Im Ergebnis lief dies auf eine Kombination von reichen Freien und solchen Unfreien hinaus, die entweder genügend Besitz erhielten, um sich entsprechend auszurüsten, oder die Ausrüstung auf Zeit zur Verfügung gestellt bekamen. Jedenfalls vermischen sich unter den neuen Berufssoldaten soziale Gruppen. Einheitlich ist nur der Kriegerstand als solcher: die Truppe der berittenen Schwerbewaffneten.

Das alte Volksaufgebot, mit dem die germanischen Stämme in Zeiten der Völkerwanderung und auch noch während der Konsolidierung unter den Merowingern in den Krieg gezogen waren, wurde also ersetzt. Karl der Große verfügte über einige Tausend dieser neuen Schwerbewaffneten (plus weiterhin Fußtruppen als Helfer), mit denen er alljährlich auf Raub in den Osten zog. Man kann das Neue an einem Datumswechsel ablesen. Aus dem alten Märzfeld ist um 750 ein Maifeld geworden – erst im Frühjahr lassen sich die nun entscheidend gewordenen Pferde verpflegen. Was aber viel wichtiger ist: Diese Reitertruppe praktiziert nichts anderes mehr als Krieg. Ein bis drei Prozent der Bevölkerung gehören dieser Schicht an, die sich nach unten hin abgrenzt. Die Bauern, einst selbst Träger des Heeres, werden nunmehr zwangsweise waffenlos gehalten. Damit entsteht eine gesellschaftliche Dominanz, die auf reiner Macht beruht. Dies verändert die Gesellschaft bis in ihre Grundfesten. Die alten Bauernkrieger kämpften nicht nur, sondern ernährten sich und ihre Familien selbst. Die neuen Kriegsspezialisten können sich nicht selbst ernähren, sondern sichern ihren Lebensunterhalt mit Hilfe derer, die sie beschützen. Krieger erhalten als Lohn Land, das heißt, sie erhalten Bauern, die das Land bewirtschaften. Darauf gründet der Feudalismus. Der König benötigt Helfer, die er bei der Stange hält, indem er ihnen Land und Ämter zuweist. Diese Herren brauchen dazu ebenfalls wieder Helfer, die nach dem gleichen Prinzip entlohnt werden: eine ganze Kette von Abhängigkeiten, die in Frankreich etwas früher, in Deutschland etwas später ausgereift ist. Mit viel Gefühl müssen die Herren herausfinden, wie weit man die Schraube des Auspressens drehen kann. Im Lauf des Mittelalters entdecken sie, dass gewisse Freiheiten die Produktion mehr fördern als reine Sklavenhaltung. Man kann geradezu in Freiheit investieren, um den Gewinn zu steigern. Gleichzeitig bringen Ämter wie Gerichte oder Zölle Abgaben. Die Herren, die das Schwert führen, sind auch berechtigt, diese Abgaben einzutreiben.

Klar, dass damit ein Rennen auf Zugehörigkeit einsetzt. Jeder will zur Elite gehören. Am einfachsten geschieht dies durch Geburt, wenn ein altes Geschlecht sich fortsetzt – das Prinzip des Adels. Seit der Antike ist es allenfalls eingeschränkt, aber nicht wirklich umstritten. Philosophen sprachen von Geistesadel, aber schon im Römischen Reich gab es klare Standesgrenzen mit dem senatorischen Adel ganz oben und den auch damals schon so benannten Rittern auf einer nächsten Stufe. Kein hohes Staatsamt war zu erreichen ohne die Voraussetzung in der Geburt. Die Germanenreiche haben dies fortgesetzt mit ihrer Unterscheidung von Freien und Unfreien (*liberi* und *servi*). Freiheit liegt weiter im Blut, und bald wird man sagen: Sie ist gottgegeben. Allerdings waren die Grenzen immer durchlässig. Frei machte auch Verdienst, erworben in Königsnähe vor allem. Die großen Herren brauchten viele Helfer. Tüchtige konnten auf diese Weise aufsteigen, mit den Herren von Geburt gleichziehen. Alter steht dann neben jungem Adel, der auf Dauer auch zum alten

Die Heidelberger Handschrift des *Sachsenspiegels* von Eike von Repgow, die Anfang des 14. Jahrhunderts entstanden ist, zeigt auf der linken Seite die Übergabe eines Zepterlehens an einen geistlichen und auf der rechten Seite eines Fahnenlehens an einen weltlichen Fürsten.

wird. Für beide Gruppen ist die Lebensform gleich. Reiterkrieger wird man nicht durch Herumsitzen. Man muss sich zeigen, sich im Kampf bewähren. Dafür bedarf es umfassender Ausbildung. Aber all dies zahlt sich aus. Wer über Waffen und entsprechende Fähigkeiten verfügt, kann sich bedienen, ist frei bzw. nur demjenigen zu Dienst verpflichtet, der ihm diese Freiheit ermöglicht. Unter Karl dem Großen ist dies der König. Bei geschwächter Königsmacht zerfällt auch diese Bindung und führt zu einer kaum kontrollierten Ausübung von Gewalt.

An dieser Stelle lohnt ein erweiterter Blick auf die Geschichte. Die mittelalterlichen Reiche folgten dem Römischen Reich, ja suchten es im Falle Deutschlands direkt fortzusetzen. Aber es gibt einen entscheidenden Unterschied in der Staatsauffassung: Das Römische Reich verstand sich als Institution auf rechtlicher Grundlage. Die mittelalterlichen Reiche hatten germanische Wurzeln und verstanden sich als Personenverbände auf der Grundlage von Treue. Im Römischen Reich galt die *pax romana*. Der Normalzustand war Frieden, Krieg gab es nur gegen die Barbaren hinter sicheren Grenzen. Die germanische Tradition kannte die Selbsthilfe bei der Durchsetzung des Rechts, die nicht nur zu Kriegen gegen äußere Feinde führ-

Die Ritter sind im *Hortus deliciarum* (hier ein Ausschnitt) oben abgebildet und gut an ihren Helmen mit Nasenschutz zu erkennen. Trotzdem steht auf dem Kessel auch noch zu lesen *armati milites*, »bewaffnete Krieger«.

te, sondern sie auch im Inneren zuließ: als Fehdewesen. Man muss es sogar noch schärfer formulieren: Wer sein Interesse mit Gewalt verteidigte, war kein »Mörder« oder »Räuber« (wie es Kleriker oft hinstellten), sondern tat dies auf der Grundlage des Rechts, ja war zu gewaltsamer Verteidigung gezwungen, wollte er nicht die Grundlage seiner Existenz gefährden: die Ehre. Zwar gibt es seit den Merowingern Versuche der Eindämmung bzw. Umlenkung der persönlichen Rache auf den Weg der Sühne und Buße. Aber dazu bedurfte es eines starken Königtums, wie es nur Karl der Große für einen kurzen Moment errichtete.

Mit dem Verfall der karolingischen Herrschaft blühte dagegen das Fehdewesen auf, ja verstärkte sich in dem Maße, wie Kämpfer auftraten, die auf die Austragung von Streit mit Gewalt geradezu spezialisiert waren. Auf diesen »Stand« richtete sich entsprechend der ganze Hass derjenigen, die unter den Folgen zu leiden hatten. Noch als die Nonne Herrad von Landsberg am Ende des 12. Jahrhunderts in ihrem *Hortus deliciarum* das Wissen der Zeit zusammenfasste, gab sie dem Bericht über die *milites* eine Miniatur bei. Sie sitzen in der Hölle und kochen im Kessel. Und diese Herrenschicht der reitenden Berufskrieger soll den Ausgangspunkt des höfischen Rittertums bilden? Wie konnte das geschehen?

Georges Duby: Die Ursprünge des Rittertums. In: Arno Borst (Hrsg.): Das Rittertum im Mittelalter. 1976; ders.: Krieger und Bauern. Die Entwicklung von Wirtschaft und Gesellschaft im frühen Mittelalter. 1977; Franco Cardini: Der Krieger und der Ritter. In: Jacques Le Goff (Hrsg.): Der Mensch des Mittelalters. 1990.

## 4
# Gottesfrieden und Kreuzzüge

Nach allem, was wir wissen, ging die entscheidende Initiative von der Kirche aus. Nicht nur, dass sie zu den Betroffenen gehörte, wenn *milites* Klöster überfielen und Gotteshäuser plünderten. Die Kirche war durch das Evangelium auf Frieden spezialisiert. Es hat einige Anstrengungen gekostet, Kampf und Totschlag überhaupt zu rechtfertigen: als Abwehr im *bellum justum*, im gerechten Krieg, wie es Augustinus formulierte. Dafür war der König verantwortlich, ihm oblag die Verteidigung aller im allgemeinen und der Schutz der Schwachen (der Witwen und Waisen) im besonderen.

Während sich in Deutschland unter den Ottonen im 10. Jahrhundert die Königsmacht wieder stabilisiert hatte (vor allem seit der Wiederherstellung des Kaisertums durch Otto I. den Großen 962), wird es in Frankreich so schlimm, dass Bischöfe auf Abhilfe drängen. Für sie liegt diese Abhilfe in der Wiederherstellung der Königsmacht, die gleichzeitig eine Wiederherstellung der Ständeordnung ist: des Zusammenwirkens von Priestern, Kriegern und Bauern als der großen Trias, in der jeder zum Gedeihen des Ganzen beiträgt. Gerhard von Cambrai formulierte die Idee 1023 gegen Ketzer, die auf Gleichheit setzten. 1024 ist die Drei-Stände-Ordnung Teil einer Rede (überliefert in seinen *Gesta*), in der er sich gegen einen Burgherren wehrt. Der hatte das Haus des Bischofs überfallen und eine Beerdigung gestört. Gerade in diesem Fall wird deutlich, wo das Problem liegt: Die Krieger, bestens bewaffnet und von niemandem zur Rechenschaft gezogen (sondern im Gegenteil vom zuständigen Grafen unterstützt, für den sie die Burg instand hielten), machen soziales Leben unmöglich. Möglich ist es hingegen für Gerhard nur bei Rücksichtnahme, bei Aufgabenteilung. Der König muss diese Aufgabenteilung überwachen und sich dazu von den Bischöfen beraten lassen. Genauso denkt sein Kollege und Vetter Adalbero von Laon. In einem *Carmen* für den viel zu schwachen König Robert richtet sich die Spitze diesmal gegen die Mönche in Cluny. Dort glaubt man ebenfalls an eine große Gleichheit in der menschlichen

Gesellschaft, will die Krieger zu Mönchen machen, die keusch leben und Psalmen singen. Gegen Friedfertigkeit hat Adalbero nichts einzuwenden, aber nicht ohne Wahrnehmung der unabdingbaren Funktionen. Krieger muss es also für diese Bischöfe geben, diszipliniert vom König, der auf seine Bischöfe hört.

Aber dieser Weg sollte sich als verfehlt erweisen. Das Königtum war in Frankreich der ihm zugewiesenen Aufgabe nicht gewachsen, die Hilfe kam von anderswo, von dem Ort, den Adalbero verteufelte: von Cluny. Hier erkannte man, dass man das Problem nur mit denjenigen bewältigen konnte, die es auslösten. Statt an den fernen und schwachen König hielt man sich an die neuen Mächtigen, denen man neue Ziele vor Augen stellte: statt Raub Schutz. Sie sollten nicht die Waffen ablegen, sondern sie in den Dienst der Kirche stellen, die dafür ihr Seelenheil garantierte. Was früher Königsaufgabe war, sollten nun diese ehemaligen Räuber in eigener Regie gewährleisten: den Schutz der Kirche, der Witwen und Waisen. Als einer der bedeutendsten Äbte von Cluny, Odo, kurz vor 950 die *Vita* des Grafen von Aurillac verfertigte, rühmte er einen Mann, der sich statt für sich selbst für die anderen einsetzte, mit Gottes Hilfe sogar ohne Waffen und Blutvergießen die Feinde der Ordnung besiegte. Odo rühmt mit anderen Worten einen Kämpfer, der für die gerechte Sache kämpft: nicht für *sein* Recht, sondern für die Ordnung insgesamt, die nur auf Frieden beruhen kann.

Dazu aber schien etwas notwendig, wogegen besonders Gerhard wetterte: Schwurverbände, deren Mitglieder sich gegenseitig auf Frieden verpflichteten. Bischöfe organisierten zusammen mit weltlichen Herren »Gottesfrieden« (*pax Dei*, *treuga Dei*) zur Bekämpfung der Fehde, die wenigstens für bestimmte Zeiten als unnormal geächtet wurde. Diese Zeiten sind entsprechend der kirchlichen Initiative an das liturgische Kirchenjahr gebunden, betreffen die Hochfeste samt den auf sie vorbereitenden Fastenzeiten, aber auch die halbe Woche (vom Mittwochabend bis Montag früh) als Gedächtnis an die Leidenstage Jesu. Die Ursprünge liegen in Südfrankreich, wo der Bedarf offenbar am größten war, von Aquitanien greift der »Gottesfrieden« auf Burgund und schließlich auf Nordfrankreich über. Odilo von Cluny gehört zu denen, die zu Beginn des 11. Jahrhunderts zu den Vorreitern gehören. Als Höhepunkt gilt das Konzil von Narbonne 1054, auf dem die Fehde nur noch auf circa achtzig Tage im Jahr beschränkt wurde. Gegen Ende des 11. Jahrhunderts hat sich das Instrument in Deutschland durchgesetzt, führt 1083 zum Gottesfrieden im Erzbistum Köln in den stürmischen Zeiten des Investiturstreits. Mittlerweile sind Einzelheiten wie die geregelt, dass Waffentragen an den verbotenen Tagen auch dann verboten ist, wenn jemand »wegen einer Schuld in Fehde steht«. Auch Burgbelagerungen müssen ausgesetzt werden (außer bei Angriff). Bei Bruch drohen schwere Strafen: Vertreibung im Falle von Adligen, Verstümmelungen im Falle von Knechten (nicht unter zwölf Jahren).

Das Modell war so einleuchtend und auch erfolgreich, dass auch die weltlichen Herren es aufgriffen, in Frankreich etwa König Ludwig VI. In Deutschland lernte Heinrich III. bei seinen Reisen nach Burgund den Gottesfrieden kennen und verkündigte ihn selbst auf einer Synode in Konstanz 1043 von der Kanzel herab. Sein Sohn Heinrich IV. benutzte das Instrument dann auch im eigenen Namen, machte den kirchlichen Gottes- zum königlichen Landfrieden. 1103 wurde er erstmals für vier Jahre im ganzen Reich verkündet und mit Strafandrohungen versehen. In diesem Fall richtete sich die Spitze gegen den aufbegehrenden Adel, der die Schwäche des Königs in seinem Kampf mit dem Papst während des Investiturstreits dazu ausnutzte, seine eigenen Interessen zu verfolgen. Nun sollte die Fehde gegen den eigenen König beschränkt, die Vertretung von Ansprüchen auf den Rechtsweg umgeleitet werden. Das aus germanischen Zeiten ererbte Fehde- und Widerstandsrecht des Adels trifft damit auf Widerstand: Grundsätzlich legitime Gewaltanwendung wird reduziert. Seine Gegner haben Heinrich IV. entsprechend als Tyrannen verunglimpft.

Gottes- und Landfrieden, darauf kommt es in diesem Zusammenhang an, erweisen sich als Wege zur Pazifizierung. Dies aber geht einher mit der Aufwertung der *milites*. Wer auf Raub verzichtet und stattdessen für den Schutz der »Armen« (der *pauperes*) eintritt, wird zuerst in Cluny und dann auch in weiteren Regionen als *miles* bezeichnet (Adalbero sprach noch von *bellatores*), was nun den neuen Klang des christlichen Kämpfers annimmt. Im Investiturstreit geht es nicht nur um das Recht zur Einsetzung der Bischöfe (worum sich Kaiser und Papst stritten), sondern auch um eine grundsätzliche kirchliche Reform. Dazu gehört der Gedanke, dass es Waffendienst um der Gerechtigkeit willen gibt. In einem Buch *Über das christliche Leben* (*Liber de vita christiana*) hat Bonizo von Sutri, ein Parteigänger des Reformpapstes Gregor VII., entsprechende Gebote formuliert: Die *milites* sollen ihren Herren ergeben sein, nicht nach Beute streben, für das Wohl des Ganzen bis zum Tod kämpfen, Ketzer verfolgen, Witwen und Waisen schützen. Als Antwort auf die große Unordnung nach Ausfall des Königtums in Frankreich und dann auch bei der Auseinandersetzung des Königtums mit dem Adel in Deutschland werden jene umworben, die bereit sind, sich in den Dienst des Friedens und der Ordnung zu stellen. Die ersten wirklichen Ritter sind »ritterliche« Kämpfer im Dienst der Kirche.

Die Gottes- und Landfriedensbewegung lässt sich so gesehen als Errichtung einer Ordnung verstehen, die weniger an Recht und Ehre des Einzelnen denn am Wohl des Ganzen orientiert ist. Am Ende des 11. Jahrhunderts geht daneben wiederum von Frankreich eine zweite und wahrscheinlich noch bedeutungsvollere Initiative der Kirche aus. An seinen Rändern war das christliche Abendland schon länger mit der Expansion der muslimischen Araber konfrontiert, es gab allerdings zu Zeiten Karls des Großen keine so klare Frontstellung, wie es das viel später verfasste *Rolandslied* will. Nun aber kommt es vor 1100 zu einer neuen Situation. Als der Kaiser in Konstantinopel, im alten Ostrom also, schwer bedrängt im Westen um Hilfe gegen *seine* Muslime bittet, sieht der damalige Papst Urban II. eine einmalige Chance gekommen. Wie er in einer berühmten Predigt in Clermont-Ferrand sagte, sollen die Kämpfer christliche Kämpfer werden: *milites christiani* – wie man in längst vergangenen Zeiten metaphorisch die Märtyrer nannte. Sein Vorgänger Gregor VII. hatte um 1080 bereits von *milites Sancti Petri* gesprochen. Urban formuliert es nun drastischer, aus der *malitia* soll eine *militia* werden, reine Räuber sollen sich zu Helden wandeln: »Lass nun alle, die bisher Räuber waren, jetzt Soldaten Christi sein ... lass nun alle, die sich bisher für ein paar Silberstücke verdingt haben, jetzt eine ewigliche Belohnung erhalten«, heißt es im berühmten Kreuzzugsaufruf 1095 in Clermont-Ferrand. Wiederum und diesmal noch viel mehr fällt Glanz auf die ehemals verhassten *milites*. Als *milites christiani* können sie sich bewähren.

Der erste Kreuzzug, an dessen Ende die Gründung des Königreichs Jerusalem steht, wird jedenfalls von Schwergepanzerten geführt, die Renommee erwerben. Es sind vor allem französische Schwergepanzerte, der erste Kreuzzug ist eine französische Initiative. Gerade hier gibt es aufgrund des Erbrechts, das allein den ältesten Sohn bevorzugt, genügend sozial buchstäblich »Bodenlose«, die laufend das Gewaltpotenzial verstärken. Sie bekommen nun ihre Chance bzw. werden auf diese Chance hin abgedrängt. Gottfried von Bouillon, Herzog von Niederlothringen, der zum Oberhaupt der Kreuzfahrer in Jerusalem gewählt wurde (und sich nur aus Pietätsgründen an diesem Ort nicht König, sondern Vogt des König-

Urbans Kreuzzugspredigt von 1095 ist oft abgebildet worden. Hier eine Illustration von Jean Colombe in den *Passages d'Outremer* des Sébastien Mamerot, die ca. 1474 entstanden ist.

In der Handschrift des *Rolandsliedes* (s. Abb. S. 18) erhalten Roland und die Pairs den Segen von Turpin.

reichs nannte), war der zweite Sohn des Grafen von Boulogne. Nach seinem Tod folgt ihm sein noch jüngerer Bruder Balduin I. nun doch als König, der übrigens Frau und Kinder mitgebracht hatte, also von vornherein bleiben wollte. Der wiederum spätere König Balduin II. hatte Vettern im Gefolge, die sich als Nachkömmlinge eines einfachen Kastellans der Île-de-France erwiesen haben. Auf niedrigerer Ebene zeigt sich das gleiche Bild: Adlige ohne Zukunft verdingen sich als Kreuzfahrer (Lohn: 120 sarazenische Pesanten) und werden Siedler im eroberten Land. Man kennt namentlich 787 Teilnehmer am ersten Kreuzzug, weiß, dass vor dem Jahr 1131 unter den Neuankömmlingen nur 122 als Kreuzfahrer dienten, während sich 697 sofort als Bauern niederließen.

Gottesfrieden und Kreuzzugsidee waren Ideen der Kirche zur Disziplinierung jener Krieger, die mit der neuartigen Bewaffnung entstanden waren und das alte Fehdewesen wirkungsvoll verstärkt hatten. Wenn wenig später die Figur des berittenen Kriegers mit der

Aura des »Ritterlichen« ausgeprägt ist, lässt sich dies nicht ohne die Initiative der Kirche verstehen. Vor allem über die Verchristlichung des *miles* führte der Weg zum Ritter. Die Kreuzzüge waren nur eine Station, aber in ihrem Verlauf radikalisierte sich das neue Ideal. Zwar nicht von der Kirche initiiert, aber in engem Kontakt zu ihr entsteht hinter den Mauern Jerusalems das ganz unwahrscheinliche Gebilde eines Ordens für *milites*, für die berittenen Kämpfer gegen die Heiden. Wenn irgendwer, dann sind sie die ersten »fertigen« Ritter.

Lorenz Weinrich (Hrsg.): Quellen zur deutschen Verfassungs-, Wirtschafts- und Sozialgeschichte bis 1250. 1977 (bes. Nr. 36); Gerd Althoff: *Nunc fiant Christi milites, qui dudum extiterunt raptores*. Zur Entstehung von Rittertum und Ritterethos. In: Saeculum 31, 1981; Georges Duby: Die drei Ordnungen. 1986; ders.: Wirklichkeit und höfischer Traum. 1986; Otto Gerhard Oexle (Hrsg.): Funktion und Repräsentation des Adels in Alteuropa. 1997; Otto Gerhard Oexle / Werner Paravicini (Hrsg.): Nobilitas. Funktion und Repräsentation des Adels in Alteuropa. 1997.

## 5
# Tempelritter

Tempelritter nennen sie sich, nach ihrem Wohnsitz in einem Flügel des Königspalastes auf dem Jerusalemer Tempelberg, zu dem zwischen 1104 und 1187 die Aqsa-Moschee von den Kreuzfahrern umfunktioniert wurde. Gründer des Ordens war Hugo von Payens aus dem Hause der Grafen von Troyes, der nachmalige erste sogenannte Hochmeister. Mit der Errichtung der Kreuzfahrerstaaten gestaltete sich die militärische Situation zunehmend prekär. Nur ein Teil der Kreuzfahrer blieb im Land, das Hauptkontingent wurde ständig durch Nachrücker aus dem Westen gebildet, die aus religiösen Gründen oder auch aus Abenteuerlust einige Jahre im Osten kämpften und dann wieder zurückkehrten. Stabil konnte nur eine ständige Truppe sein, am stabilsten eine solche, die sich auf besondere Weise durch Gelübde band – wie Mönche eben. Und so kommt Hugo 1118 auf die Idee eines Ordens, der von den Mönchen die Verpflichtung auf Armut, Keuschheit und Gehorsam übernimmt, seine Betätigung jedoch statt im Beten im Kämpfen findet. Es ist augenscheinlich ein Zwitterwesen und wird eine ganze Weile darunter leiden. Aber der damalige König von Jerusalem, Balduin, erteilt ohne Bedenken und aus begreiflichen Gründen seine Erlaubnis. Ein Konzil von Nablus 1120 unterstützt die Gründung, ein weiteres in Troyes 1128 bestätigt die Regel der Augustinerchorherren vom Heiligen Grabe. Mittlerweile ist der Orden in drei Klassen eingeteilt: Es gibt die adligen Ritter, Bedienstete niederer Herkunft und Kleriker. Die Kämpfenden tragen ein rotes Kreuz auf ihrem Mantel: die Adligen auf einem weißen, die Bediensteten auf einem schwarzen.

Bei den Tempelrittern (oder kurz: Templern) blieb es nicht. Schon kurz vor dem ersten Kreuzzug, um 1080, hatte sich in Jerusalem auf Initiative von Kaufleuten aus dem italienischen Amalfi eine Kirche mit einem Kloster als Hospiz gegründet, das kranken Pilgern Hilfe anbot. Nun wird es ausgebaut und bekommt dabei eine Art militärischen Arm als Schutz. Nach dem Patron der Kirche, Johannes, nennen sie sich Johanniter (auch Hospitaliter nach dem Hospiz). Ihre

Hauptaufgabe ist und bleibt karitativ, aber die Entwicklung im Königreich geht mehr und mehr in die militärische Richtung, obwohl der Papst auf Beschränkung ihrer ursprünglichen Aufgabe drängt. In Krisenzeiten stellen die Johanniter ein Aufgebot, das sich von den Templern kaum unterscheidet. Und bald ist die Entwicklung nicht mehr umkehrbar. Die Johanniter sind der zweite Ritterorden, haben ihre Herkunft aus dem Stadtbürgertum aufgegeben und stellen nur noch Adlige als Kämpfer ein. Wie die Templer tragen sie ein Kreuz auf ihrem Mantel über der Rüstung, diesmal ein weißes auf rotem Grund. Und wie die Templer wachsen sie in die Führungsschicht der Kreuzfahrerstaaten hinein, werden zu einer unverzichtbaren Elite. In wichtigen Schlachten kämpfen beide Ritterorden an vorderster Front, von den muslimischen Gegnern sind gerade sie geachtet und gefürchtet. Übrigens kauften sie 1142 die Burg Crac des Chevaliers und machten sie zu ihrem Zentrum – es ist mit ihren imposanten Bollwerken *die* Kreuzfahrerfestung überhaupt geworden.

Die Idee des Ritterordens war so attraktiv, dass sich bald weitere Orden bildeten, die den französisch dominierten ersten Orden solche aus dem eigenen Land an die Seite stellten. Dazu gehört der Deutsche Orden, der mitten im dritten Kreuzzug bei der Belagerung der Hafenstadt Akkon 1190 zustande kam. In der Gründungsurkunde werden Bürger (*viri*) aus Bremen und Lübeck genannt, die eine Hospitalsgemeinschaft nach dem Vorbild des ursprünglichen Johanniterordens anstrebten. 1190 folgte die Anerkennung durch den Papst, 1198 die Umwandlung in Richtung der neuen Ritterorden. Die Verteidigung eines Mauerstücks von Akkon soll die Militarisierung eingeleitet haben. Die Etablierung kam mit der Einrichtung des Hauptsitzes in Montfort (1271 verlorengegangen). Wer eintreten wollte, musste fünfzehn Jahre alt, unverlobt (unverheiratet sowieso), nicht Mitglied anderer Orden, nicht leibeigen sein, er durfte keine Schulden und keine versteckten Krankheiten haben. Neben Adligen kämpften Helfer niederer Herkunft, die Sariantbrüder, die auf den weißen Mantel verzichteten und statt drei bis vier nur zwei Pferde besaßen. Allerdings entwickelte sich dieser Deutsche Orden rasch in eine andere Richtung. 1211 werden einige ihrer Anhänger gegen die heidnischen Kumanen in Ungarn, 1226 dann gegen die heidnischen Preußen gerufen. Damit begann die Karriere des Deutschen Ordens

Im *Westminster Abbey Psalter* aus dem späten 12. Jahrhundert ist ein Johanniter abgebildet.

Crac des Chevaliers im heutigen Syrien gilt als eindrucksvollstes Beispiel für die Befestigungsarchitektur des 13. Jahrhunderts. Die Kreuzfahrer übernahmen die arabische Burganlage aus dem 12. Jahrhundert und verstärkten die Verteidigungsmauern.

im Osten, der bis zur Landesgründung (des Deutschordensstaates Preußen, der 1525 endete) führte. Wer in Deutschland gegen Heiden kämpfen wollte, konnte fortan statt ins Heilige Land in näher gelegene und weniger gefährliche Territorien ziehen.

Diesem Vorbild wiederum folgten weitere Nationen, die den Kreuzzug gewissermaßen in die eigene Nähe umlenkten. So entstanden die spanischen Ritterorden, die sich an der Reconquista beteiligten, der Rückeroberung Spaniens von den Arabern, aber auch weitere Orden mit speziellen Aufgabenstellungen wie der livländische Schwertbrüderorden oder der Orden von Montjoie, der sich nach dem im *Rolandslied* verbürgten Schlachtruf benannte, mit dem das Heer Karls des Großen den feindlichen Muslimen entgegentrat. Die Ritter vom Heiligen Grab aus dem 14. Jahrhundert sind bereits kein Ritterorden mehr, weil ihre Mitglieder nicht in erster Linie kämpften, sondern die Wallfahrt zu den Heiligen Stätten beschützten, wo sich europäische Reisende zum Ritter schlagen ließen. So gesehen hat sich der Gedanke Urbans II. erheblich verzweigt bzw. bis zur Unkenntlichkeit verändert. In einem Fall aber wurde er in sehr klarer Form aufgegriffen und trug dazu bei, dem entstehenden Ritterbild Konturen zu verleihen. Dies geschah im Vorfeld des zweiten Kreuzzugs. Als der gerade gebildete Templerorden an seiner inneren Widersprüchlichkeit zu zerbrechen drohte, wandte sich sein Gründer und erster Hochmeister Hugo von Payens an Bernhard von Clairvaux, der möglicherweise sein Verwandter war. Der gab in einem berühmten Brief dem Unternehmen die Rechtfertigung. Und er tat es im Zeichen dieser neuen bzw. gewandelten *militia*, von der Papst Urban gesprochen hatte. Kurz vor 1130 ist der Brief entstanden. Als Hugo von Payens von seiner Werbefahrt nach Frankreich ins Heilige Land zurückkehrte, begleiteten ihn bereits 200 Neuzugänge.

Natürlich steht im Zentrum der Argumentation das Zwitterwesen dieser neuen Orden (Bernhard wendet sich wahrscheinlich auch schon an die Johanniter). Mönche führen kein Schwert, sondern das Zingulum, den harmlosen Gürtel, er selbst kämpfe nicht mit der Lanze, sondern mit dem Griffel, liest man. Aber die mönchischen Gelübde machen eben etwas Besonderes aus diesen *milites templi* oder der neuen *militia*, deren Lob Bernhard anstimmt. Sie sind Doppelwesen, wie die Zeit sie fordert: den Körper mit einem Panzer aus Eisen umgeben, ihre Seele mit dem des Glaubens. Denn das Land, das Christus in Menschengestalt einst besuchte, sei in Heidenhand und könne nur mit Waffengewalt daraus befreit werden. Genau dies macht den Kampf für Bernhard in Abwandlung oder Aneignung augustinischer Gedankengänge gerecht. Vor allem erinnert er ganz explizit an die Argumentation Urbans: Wer sich im weltlichen Heeresdienst in den Kampf stürze, diene in der Regel dem Unrecht, töte den Feind leiblich, sich selbst aber seelisch – »unglückliche Siege«, die sich »dem Laster verdankten«. Hier aber, bei diesen Mönchs-Rittern, sei alles anders. Sie erwarteten den eigenen Tod »ohne Furcht«, ersehnten ihn »voll Wonne«, weil sie damit die ewige Seligkeit errängen. So weit der Einstieg, das erste Kapitel.

Bernhard hat ein zweites Kapitel dem alten Kriegertum gewidmet und beginnt wiederum mit einem Stichwort Urbans: Der Zweck der weltlichen *militia* war Verderbtheit, *malitia*, ein »staunenswerter Irrtum«, in der »unerträglichen Raserei des Kriegsdienstes« irgendetwas Positives zu sehen. Und nun kommt heraus, dass das Rittertum Anfang des 12. Jahrhunderts rein äußerlich schon erhebliche Fortschritte gemacht hat. Die Pferde sind mit Decken, die Panzer mit Überhängen bedeckt. Speere, Schilde und Sättel sind bemalt, Zügel und Sporen mit Gold, Silber und Edelsteinen geschmückt. »Mit Pracht« eilt man »in beschämender Raserei« und »mit schamlosem Stumpfsinn« in den Tod. Militärische Abzeichen sehen aus wie »weibischer Putz«. Wer soll vor »gold- und edelsteingeschmückten Dolchen« Angst bekommen? Und was ist mit einem »Haarschmuck nach Weiberart«, der auch noch die Sicht behindert? Was mit einer Fortbewegung, die durch lange Hemden und wehende Ärmel gehemmt wird? Kein Zweifel: Bernhard kennt als Adelsspross die Situation genau. Und die hat sich in eine Richtung entwickelt, die aus den brutalen *milites* nun weiter brutale, aber standes- und modebewusste Exemplare gemacht hat. Diese *milites* umgeben sich mit einer zunehmend unmilitärischen Aura. Sie treten als Figuren mit Reputation auf oder wollen diese erlangen. Genau dem hält Bernhard sein ganz anderes Konzept entgegen.

Es ist das eines neuen Rittertums in genauer Fortsetzung dessen, was man in Cluny begonnen hatte – im Dienst der Kirche. Das Töten geschieht nun »mit ruhigem Gewissen«, das »Töten eines Ungläubigen« bringt Ruhm, weil es »Christus zu Ehren« geschieht. Als merke er, auf welches Glatteis er sich begibt, formuliert Bernhard eine Einschränkung: »Allerdings dürfte man die Heiden nicht töten, wenn man sie auf einem anderen Weg von den maßlosen Feindseligkeiten und von der Unterdrückung der Gläubigen abhalten könnte. Nun aber ist es besser, dass sie beseitigt werden, als dass das Zepter des Frevels auf dem Erbland der Gerechten lasten soll, damit die Gerechten nicht etwa ihre Hände nach Unrecht ausstrecken.« Noch interessanter als diese Verbeugung vor dem Pazifismusideal des Evangeliums aber ist der klare Blick für die Realitäten, wie Bernhard sie sah. Diese tötenden Ritter töten nicht nur Heiden, sondern verschwinden aus Frankreich als »Leute, die bei uns Unruhe stiften«. In dieser Gemeinschaft finden sich Mitglieder zusammen, »die vorher Verbrecher, Gottlose, Räuber, Kirchenschänder, Mörder, Meineidige und Ehebrecher waren«. Und so geht Bernhard über zur Beschreibung einer Lebensweise, die die Mängel des Kriegertums ausrottet und umlenkt: eine einzige »Beschämung unserer Ritter, die letztlich nicht für Gott, sondern für den Teufel streiten«. In Nahrung und Kleidung hütet man sich vor Überfluss, die Geselligkeit ist frauenlos und deshalb »froh und nüchtern«, Verzicht auf Besitz macht »einmütig«. Sogar ihre alten und schlampigen Kleider bringen diese Ritter selbst in Ordnung, auf »unverschämte Worte, ungezügeltes Lachen, leises Murren oder lautes Brummen« verzichten sie sowieso. Ziehen sie in den Krieg, rüsten sie sich mit Eisen und nicht mit Gold, um ihren Gegnern Schrecken einzujagen. Im Krieg halten sie sich an Befehle, kämpfen nicht »voreilig und überstürzt«, sondern stellen sich in der Schlachtreihe auf. Fast alles, was die historischen Quellen über die Disziplinlosigkeit der Kämpfenden berichten, wird hier erwähnt.

Bernhard weiß, weshalb er dies anspricht. Kurz danach kommt es zum zweiten Kreuzzug, der wesentlich sein Werk war. Seiner Predigtreise durch halb Europa verdankt sich das Zustandekommen. Und seinem Preis dieser neuen Ritterschaft, die auch auf die einfachen Krieger abfärbt, verdankt sich der unglaubliche Zulauf. Es war mehr als nur Ironie, dass gerade dieser Kreuzzug so kläglich für die Europäer endete.

Carl Erdmann: Die Entstehung des Kreuzzugsgedankens. 1935 (ND 1974); Josef Fleckenstein und Manfred Hellmann (Hrsg.): Die geistlichen Ritterorden Europas. 1980; Steven Runciman: Geschichte der Kreuzzüge. 1995.

## 6
# Kämpfe in Übersee

Urbans Motiv und Bernhards Ausgestaltung waren das eine, das andere die Realität der Kreuzzüge und die Gründung der Kreuzfahrerstaaten in der Ferne des Vorderen Orients, die in den französischen Quellen als *Outremer*, als (eine erste Form von) Übersee erscheint.

Zunächst suchten nicht nur die Aufstiegswilligen oder Aufstiegsbedürftigen ihr Glück. Schon am ersten Kreuzzug nahm als Nachzügler ein deutscher Hochadliger teil, der regierende Herzog Welf IV. von Bayern. In den Investiturstreit verwickelt, hatte er gegen Kaiser Heinrich IV. gekämpft und dessen Gegenkönig Rudolf von Rheinfelden unterstützt, wurde deshalb geächtet und musste fliehen. Nach der Aussöhnung und Wiedereinsetzung in das Herzogsamt 1096 entschließt er sich fünf Jahre später dazu, zusammen mit Herzog Hugo von Vermandois, der sich gerade auf der Durchreise befand, ins Heilige Land zu gehen – eine Art Wiedergutmachung? Auf dem zweiten Kreuzzug ist neben dem französischen König Ludwig VII. mit Konrad III. der deutsche König vor Ort. Beim dritten Kreuzzug führt das deutsche Kontingent Kaiser Friedrich I. Barbarossa samt Sohn Philipp von Schwaben an, während auf französischer Seite König Philipp II. August, auf englischer König Richard Löwenherz ausziehen. Es war also von Anfang an eine Mischung von Hochadligen und jenen Adressaten Urbans, die das Gros darstellten. In Palästina blieben freilich gerade letztere. Kein Hochadliger der ersten Riege ließ sich zum König von Jerusalem wählen, Richard Löwenherz hat das Angebot sofort abgelehnt.

Schwer einzuschätzen ist das religiöse Motiv: der heilige Krieg. Wenn man sich die Chroniken vor Augen hält, die die Strapazen schildern, von der Seekrankheit auf der Anreise bis zu Durchfall, Hunger und Durst im Land selbst, möchte man glauben, dass mehr als die Aussicht auf Beute die Abkürzung auf dem Weg ins Himmelreich die entscheidende Verlockung darstellte. Als die ersten Kreuzfahrer Antiochia erobert hatten und sich, danach selbst eingeschlossen, heroisch wehrten, spielte wohl eine entscheidende Rolle, dass sie

Judas Makkabäus und seine Männer besiegen trotz zahlenmäßiger Unterlegenheit die Syrer (1 Makk 3). Die Darstellung entstammt der heute als *Zehnte Deutsche Bibel* benannten *Biblia*, die im Jahr 1485 von Johann Grüninger in Straßburg gedruckt und mit kolorierten Holzschnitten versehen wurde.

sich als Nachfolger jener alttestamentlichen Makkabäerbrüder sahen, die in Antiochia das Martyrium erlitten und damit das ewige Leben gewannen (2 Makk 7). Dem stehen Berichte gegenüber, die an ein religiöses Motiv kaum glauben lassen. Nach der Eroberung von Jerusalem gab es Ausschreitungen gegen die Bevölkerung, die das Bild des christlichen Ritters vor allem auch in den Augen der arabischen Welt dauerhaft ruinierten. Wenn der Bischof von Pisa in einem berühmten Brief schilderte, dass die Pferde der Kreuzfahrer bis zu den Knien im Blut standen, ist dies zwar eine durchsichtige Anspielung auf eine Stelle in der Apokalypse. Gemordet aber wurde, und Ausschreitungen blieben eine Dauererscheinung, die nicht nur arabische Historiker vor die Frage stellte, wie all dies mit der christlichen Lehre vereinbar sein sollte. Der christliche Ritter war jedenfalls in der Realität kein anderer Krieger als der alte.

Belagerung Antiochias im Jahr 1097 in den *Passages d'Outremer* (s. Abb. S. 32). Die Christen haben die Köpfe von getöteten Heiden zur Abschreckung auf ihre Lanzen gespießt.

Zur Heroisierung besteht also wenig Anlass, auch wenn diese Kreuzfahrer mit der Gründung von Staaten mitten in Feindesland einen enormen Erfolg erzielten. Allerdings erklärt sich dieser aus der damaligen Situation. Syrien einschließlich Palästina, ein ohnehin eher armes und als wenig bedeutungsvoll geltendes Land (obwohl Jerusalem als Ort des einstigen Jüngsten Gerichts galt), waren Zankapfel zwischen dem schiitischen Kalifat Kairo und dem sunnitischen in Bagdad. Letzteres hatte sich mit den seldschukischen Türken verbündet, die in Syrien eindrangen und 1171 einen spektakulären Erfolg gegen Byzanz errangen (mit Gefangennahme und dann großmütiger Freilassung des Kaisers von Konstantinopel). Aber in der Mitte der 90er Jahre starben bedeutende Persönlichkeiten, die ein Machtvakuum hinterließen. Die Eroberung von Jerusalem mit 1200 bis 1300 Rittern und 12 000 Mann Fußvolk fand gegen eine schwache Abwehr statt. Das gesamte Belagerungsheer der Kreuzfahrer umfasste höchstens 4500 Berittene und 30 000 Mann Fußvolk, dar-

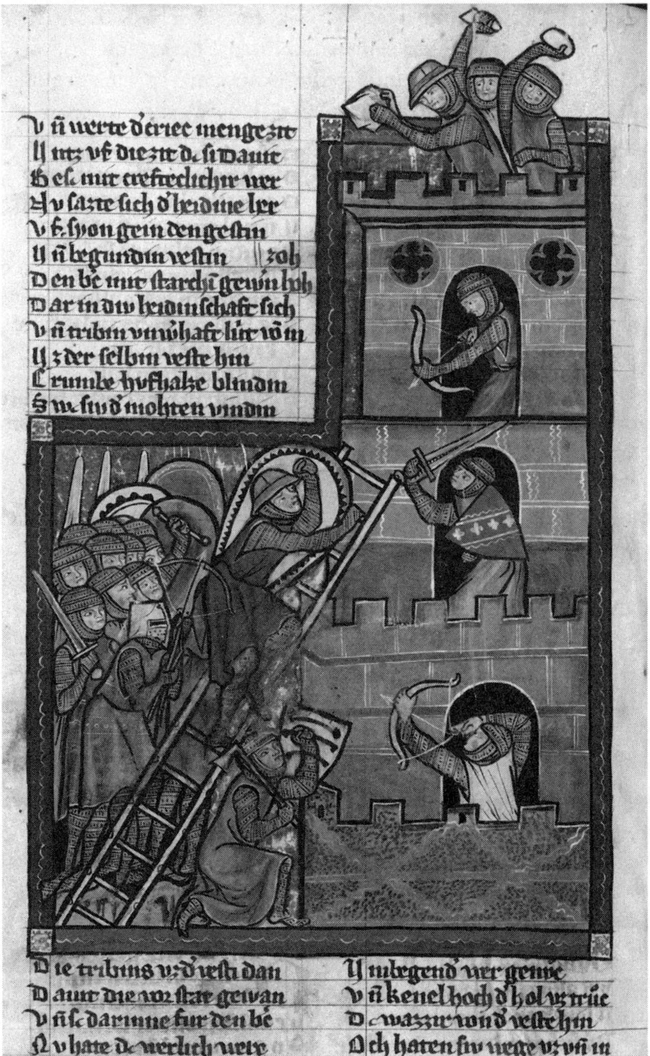

Eroberung Jerusalems in einer um 1300 entstandenen Handschrift der *Weltchronik* des Rudolf von Ems.

unter viele Kleriker und Kranke. So konnten sich die Kreuzfahrerstaaten mit Jerusalem und seinen Satelliten Edessa und Tripolis sowie das Konstantinopel unterstellte Antiochia in einem außerordentlich günstigen Moment an der syrisch-palästinensischen Küste bilden.

In der Ferne entstand jedenfalls eine Realität, die sich von den Ideen Urbans und Bernhards mehr und mehr entfernte. Kein Zweifel, dass in Europa Rittertum in ganz besonderer Weise mit der Figur des kreuzfahrenden Ritters verbunden wurde. Aber dies war eine Projektion. Freilich erhielt sie Nahrung durch besondere Persönlichkeiten, die gewissermaßen den Alltag der Niederlagen, Entbehrungen und Kompromisse überstrahlten. Dies gilt am meisten für die Zeit des dritten Kreuzzugs, der von zwei Männern dominiert wurde, die sich nie begegnen sollten: von Richard Löwenherz, dem englischen König, und Saladin, dem Einiger der muslimischen Welt des Nahen Ostens. Dieser Kreuzzug fand 1189 bis 1192 statt und damit in einer Zeit, in der das Rittertum in Europa bereits einen mächtigen Entwicklungssprung getan hatte (worüber noch im einzelnen zu berichten ist). Schwertleite und Turnier sind voll ausgebildet, die höfische Literatur legt die ideologischen Grundlagen. Urban und Bernhard gehören bereits der Vergangenheit an, oder anders ausgedrückt: Der *miles christianus* hat sich normalisiert, ja trivialisiert. Aber die Kreuzzüge halten die Rechtfertigung des Ritters aufrecht, die mittlerweile voll ausgebildeten Ritterorden geben immer noch wichtige Konturen. Neu ist die Vermischung mit dem weltlichen Selbstbewusstsein des Ritters, mit der Ausstrahlung, die er auch jenseits christlicher Motivation gewonnen hat. Richard Löwenherz mit Saladin als geradezu idealem Gegner gehört zu den Leitfiguren, die dieser Anforderung in einem Höchstmaß gerecht wird.

Man muss sich zunächst vor Augen halten, dass die islamische Welt lange den Eindringlingen aus dem fernen Westen nichts entgegensetzte. Die in der Region neu aufgetretenen seldschukischen Türken hatten Zwietracht gebracht und waren selbst zerstritten. Man kann durchaus sagen, dass sich die Einigung dem christlichen Gegner verdankte. Dessen Festsetzen im eigenen Land wirkte dann wie eine ständige Herausforderung. Aber erst dem sunnitischen Kurden Saladin, König von Ägypten und Syrien mit Hauptsitz in Damaskus,

Saladindenkmal in Damaskus aus dem Jahr 1992.

gelang in dieser Hinsicht mit einiger Härte (nach einer Verschwörung im Jahre 1174 ließ er die gefangenen Gegner kreuzigen) der Durchbruch. Nach der Befestigung der eigenen Macht betrieb er die Rückeroberung als Dschihad, als heiligen Krieg. Die Religion spielte dabei eine geringere Rolle als die für eine Schande gehaltene Eroberung eigenen Landes durch Fremdlinge. In einer arabischen Chronik ist die Rede von der Notwendigkeit, »Jerusalem vom Dreck der schmutzigen Franken (zu) befreien«. Ihre Vertreibung setzte sich Saladin als Lebensaufgabe.

Sie sollte auch seine Lebenszeit in Anspruch nehmen. Gegen König Balduin erlebte er zuerst eine empfindliche Niederlage, dann wendete sich das Blatt: 1179 wird Balduin zusammen mit dem Großmeister der Tempelritter gefangen und lässt sich gegen hohes Lösegeld freikaufen (während der Großmeister die auf ihn ausgesetzte Summe nicht anerkennt und stirbt). Als Rainald von Chatillon (der Fürst von Antiochia) während eines Waffenstillstands eine Karawane überfällt und sogar Mekka angreifen will, läuft das Fass über. 1187 kommt es bei Hattin zu einer der wenigen großen Schlachten der gegnerischen Armeen. Die christlichen Ritter lassen sich in wasserloses Gelände locken und werden von Saladin aufgerieben, das stets mitgeführte Heilige Kreuz geht verloren. Danach folgt der Empfang der christlichen Führer, bei dem Saladin den hochmütigen Rainald für seinen Überfall eigenhändig köpft. Von den Ordensrittern schont man nur den Großmeister (Saladin: »ein König tötet keinen König«) und einige Barone zwecks Lösegeld. Der Rest wird verkauft, bis der Preis für einen Ritter auf den Wert von ein Paar Sandalen fällt. Das größte Kreuzfahrerheer seit je, gerade finanziell gestärkt mit dem Geld, das der englische König Heinrich II. als Sühne für seine Ermordung von Thomas Becket gestiftet hatte, ist vernichtet.

Akkon muss als erste Stadt übergeben werden. Danach fällt Jerusalem, obwohl man dort jeden zum Ritter gemacht hatte, der irgend kampffähig war. Aber die Übergabe verläuft anders als einst bei umgekehrtem Vorzeichen. Saladin lässt Wachen patrouillieren, um Ausschreitungen zu verhindern. Als sich die Ritterorden knickrig zeigen beim Zahlen von Lösegeld, kauft Saladins Bruder tausend Ritter frei. Alte und Kinder werden sowieso nicht angetastet, den Frauen gibt Saladin ihre ausgelösten Ehemänner zurück, beschenkt Witwen und Waisen. Als er hört, dass eine Mutter ihren Sohn wieder in Gefangenschaft zurückschickt, weil sie das Lösegeld nicht aufbringen kann, lässt er den Sohn auch so frei. Auf Bitte von Byzanz rückt er die christlichen Heiligtümer heraus (allerdings nicht das große Faustpfand des Heiligen Kreuzes). Mit einem solchen Gegner hatte es dann Richard Löwenherz zu tun, als er auf die Hiobsbotschaft hin zum Kreuzzug aufbrach (nicht zuletzt aus dynastischen Gründen: Fulko von Anjou, König von Jerusalem 1131–1143, war sein Urgroßvater). Kurz zuvor war er englischer König geworden, nachdem sein Vater Heinrich II., den er glühend hasste, endlich gestorben war. Richard wollte sich wohl kaum das Himmelreich erwerben. Ihn lockte etwas ganz anderes: Ruhm. Der Lieblingssohn der Eleonore von Aquitanien, die nacheinander mit dem französischen König Ludwig VII. und dem englischen König Heinrich II. verheiratet war (von Ludwig ließ sie sich scheiden), saß zeitlebens gerüstet auf dem Pferd und stritt noch zuletzt für seinen von der Mutter her ihm zukommenden Besitz in Frankreich.

1191 landete Richard vor dem muslimisch besetzten Akkon. Dramatische Ereignisse waren voraufgegangen. Friedrich Barbarossa

Richard Löwenherz auf seinem Throne sitzend, Miniatur aus der *Historia maior* des Matthew Paris, die um 1240 in England entstand.

hatte im Jahr zuvor den Landweg mit großem Heer gewählt. Aber er starb während des Marsches, das Heer löste sich unter seinem Sohn Philipp von Schwaben fast auf, konnte die Truppen vor Akkon nur noch schwach verstärken. Seit mehr als einem Jahr fanden Kämpfe mit wechselndem Ausgang statt, unterbrochen durch die nun üblich gewordenen Verbrüderungen. Schlimmer als der Gegner war vor allem im christlichen Lager der Hunger. In dieser Situation musste die Ankunft des französischen und englischen Königs wie eine Rettung aus höchster Not wirken (die Freudenfeuer wurden legendär). Während Philipp II. August begeistert Steinschleudermaschinen baute, war Richard der große Stratege. Gegen Saladins Willen kapitulierte Akkon, worauf Philipp nach Frankreich zurückkehrte und Richard den Oberbefehl überließ. Als es bei der Übergabe der Stadt zu Streitigkeiten über Geiselstellung und Geld kam, ließ Richard 2700 Muslime niedermetzeln, darunter Frauen und Kinder.

Auch danach zeigte Richard wiederholt Überheblichkeit: In einer überstürzt eingegangenen Schlacht starben seine Ritter in ihrer schweren Rüstung an Hitzschlag, bei Verhandlungen mit Saladin stellte er trotzdem überzogene Forderungen nach dem Besitz von ganz Palästina. Dann aber muss er gelernt haben: Bei Arsuf kam es zum großen Sieg, der sich der Taktik verdankte. Richard positionierte Bogenschützen vor seine Ritter und stellte die Kontingente klug auf (die Tempelritter auf der Rechten, er selbst wie immer in der Mitte an vorderster Front). Der feindliche Angriff wurde rein defensiv beantwortet, prallte an den Schwerbewaffneten ab und führte beim Gegenstoß zu Panik. Saladins Truppe löste sich auf. Zugleich bildeten sich Heldenlegenden. Unter den Christen fand man den Ritter Jakob von Avesnes tot, aber von fünfzehn sarazenischen Leichen umgeben. Erstmals hatte ein Ritterheer seinen einstigen Ruf zurückgewonnen. Richard stand auf dem Gipfel seiner Macht, zog nun gegen Jerusalem. Gleichzeitig wurden Verhandlungen geführt. Dabei kam es zu großen gemeinsamen Banketten von Muslimen und Christen, bei denen diese den unvergleichlichen Wohn- und Tafelluxus des Orients kennenlernten und rasch nachahmten, wie Neuankömmlinge teilweise schockiert zu Protokoll gaben (vor allem beim Patriarchen von Jerusalem).

Aber es fanden auch wieder Schlachten statt. Als Saladin Jaffa eroberte und seine Soldaten die christliche Besatzung niedermachten (bis Saladin wieder einmal einschritt), holte Richard die Stadt mit 80 Rittern und 400 Bogenschützen zurück; man verfügte dabei über gerade einmal drei Pferde. In einer weiteren Schlacht siegte Richard mit 54 Rittern und 2000 Mann zu Fuß, wobei wieder nur 15 Pferde gemeldet werden. Der Sieg beruhte also nicht auf der »klassischen«

Die erste Darstellung eines Hebelgeschützes in einer *Willehalm*-Handschrift um 1270. Die Truppen Terramers belagern die christliche Burg. In der Mitte Gyburg.

Taktik des Lanzenangriffs, vielmehr waren Bogenschützen paarweise hinter Palisaden aufgestellt. Sieben Angriffswellen mit je 1000 Mann Reiterei scheiterten daran. Als im anschließenden Kampfgetümmel Richards Pferd stürzte, kam es zu einer berühmten Szene, die wohl nicht erfunden ist: Saladin, voller Bewunderung für die Feldherrenkunst und persönliche Tapferkeit dieses Gegners, schickte ihm ein neues Pferd. In den anschließenden Verhandlungen folgte eine weitere berühmte Szene: Saladin ließ dem erkrankten Richard Obst und Schnee vom Berg Hermon zum Kühlen der Getränke bringen. 1192 wurde endlich Friede geschlossen, nachdem Richard die Eroberung von Jerusalem aus Vorsichtsgründen (und gegen viel Kritik aus dem eigenen Lager) aufgegeben hatte. Der Sultan empfing die christlichen Ritter anschließend in Jerusalem in huldvoller Audienz.

Das Fliesenensemble zeigt Richard Löwenherz (zu erkennen an den Leoparden auf seinem Schild), der seinen Gegner gerade mit der Lanze durchbohrt. Heute sind die Fliesen im British Museum in London zu sehen.

Man kennt die weiteren Ereignisse: Richards Heimreise und Gefangennahme durch den österreichischen Erzherzog, der sich für eine Beleidigung rächte (mit Übergabe an den deutschen König), die Auslösung mit viel Lösegeld durch seine Mutter Eleonore, die weiteren Kämpfe Richards um sein französisches Erbe, bis ihn ein verirrter Pfeil bei einem Erkundungsritt um eine belagerte Burg traf, weil er seine Rüstung gelockert hatte. Aber Richard blieb die Lichtgestalt des dritten und im Grunde aller Kreuzzüge. Der Grund dafür ist klar. Er liegt in seinem Rittertum. Mit Richard tritt eine Figur in die mittelalterliche Geschichte, die die neuen Werte verkörpert: Orientierung an Ruhm, weiter Freiheit, Tapferkeit, Freigebigkeit, höfisches Benehmen, übrigens auch Schönheit (als Sohn einer Berühmtheit in dieser Hinsicht: der schönen Eleonore). Natürlich gehören andere Eigenschaften hinzu, die wir heute als negativ empfinden: Hochmut, Brutalität, Rücksichtslosigkeit. Nichts aber gibt sein Bild so gut wieder wie eine plumpe Geschichtsklitterung. Im Versepos *Romance of Richard Cœur de Lion*, entstanden um 1230, besiegt er seinen Gegner Saladin im Turnier, was immer wieder in Abbildungen gezeigt wurde. Auf einem Fliesenensemble des Fußbodens in der Benediktinerabtei Chertsey prallen die Gegner auf geschmücktem Pferd und in voller Rüstung mit gesenkten Lanzen aufeinander. Es sollte wohl ein Bild werden, das die Kreuzzüge effektvoll personalisierte. Aber es ist mehr ein Bild für das geworden, was seit Ende des 12. Jahrhunderts tatsächlich seine Reife erlangt hat: ein grandioses Rittertum.

Steven Runciman: Geschichte der Kreuzzüge. 1995; Nikolaus Jaspert: Die Kreuzzüge. 2004; Dieter Bauer und Matthias Becher (Hrsg.): Welf IV. Schlüsselfigur einer Wendezeit. 2004; A. Wieczorek, M. Fansa und H. Meller (Hrsg.): Saladin und die Kreuzfahrer. Katalog der Ausstellung in Oldenburg. 2005; Manuel Braun und Cornelia Herberichs (Hrsg.): Gewalt im Mittelalter. 2005 (bes. Ch. Auffarth); Jean Flori: Richard the Lionheart. 2006; Dieter Berg: Richard Löwenherz. 2007.

# 7
# Kreuzzugsdichtung

Auch in der Literatur haben die Kreuzzüge ihre Spur hinterlassen. Dass das Bild geschönt ist, wird nicht verwundern. Aber das Spektrum ist breiter, als man vielleicht annehmen wird. Freilich gibt es zunächst über eine Enttäuschung zu berichten. Kein Autor hat etwa Richard Löwenherz oder gar ihn zusammen mit Saladin zum Helden bei den Kämpfen in Palästina gemacht. Die Thematisierung ist verschlungener, verlegt den Schauplatz des Geschehens von Übersee ins eigene Land, von der Zeit des 11. und 12. Jahrhunderts weit zurück ins 8., als eine Vorform der Kreuzzüge Europa erschütterte. 778 hatte Karl der Große gegen muslimische Gegner gekämpft, die seit 711 in Spanien saßen und nun über die Pyrenäen drängten (allerdings auch mit anderen muslimischen Verbündeten). Einhart berichtet in seiner Karls-*Vita* von einer Niederlage und erklärt sie mit der Ungunst des Ortes sowie der falschen (zu schweren) Bewaffnung. Zur Zeit der neuen Kreuzzüge entstand daraus eine Heldendichtung, die in Frankreich erstmals niedergeschrieben wurde – leider schwer datierbar zwischen dem ersten und letzten Viertel des 12. Jahrhunderts: die *Chanson de Roland*. Was aber eindeutig ist: Der altfranzösische Text stellt den *miles christianus* als Leit- und Vorbildfigur heraus. Die *chevaliers*, die kämpfen, sind noch keine Ritter wie in den etwas späteren Artusepen, ihnen fehlt es vor allem an Benehmen. Aber das von der Kirche gepredigte Ideal wird perfekt umgesetzt. Es sind keine Schädlinge der Bauern und Mönche mehr, sie kämpfen für Gott und die Märtyrerkrone.

Die Vorlage kam auf verschlungenen Wegen als *Rolandslied* auch nach Deutschland. Im ungewöhnlich ausführlichen Nachwort ist die Rede davon, dass ein »Pfaffe« mit Namen Konrad das Werk für Herzog Heinrich (den Löwen) auf Bitten seiner Frau (Mathilde, Tochter der Eleonore) anfertigte. Heinrich hatte erstens gegen die heidnischen Wenden gekämpft, was offiziell als Kreuzzug galt, und war zweitens 1172 auf Pilgerfahrt auch im Heiligen Land selbst gewesen, während er sich beim dritten Kreuzzug wegen seines Konflikts mit

Kaiser Barbarossa (angeblich aus Altersgründen) zurückhielt. Wahrscheinlich ging es bei der literarischen Initiative weniger um den Kreuzzug als um die Verbindung der Welfen zu Karl dem Großen, was Prestige signalisieren sollte. Aber Konrad, ein Kleriker mit entsprechenden Lese- und Schreibkenntnissen, macht aus dem Ganzen nichts anderes als seine Vorlage: eine kriegerische Auseinandersetzung der Christen mit den Muslimen, bei der die anfängliche Niederlage mehr als wettgemacht wird. Dabei taucht selbstverständlich der *miles christianus* auf, nur hinkt er terminologisch gewissermaßen hinter dem französischen *chevalier* her. Wo anfangs von *rittern* die Rede ist, sind Mörder gemeint, erst später ändert sich auf merkwürdige Weise das Bild und präsentiert *ritter* als Gotteskrieger, die zuvor, wahrscheinlich einmalig im Deutschen, als »Helden Gottes« bezeichnet wurden.

Dabei ist der Bezug zu Bernhard von Clairvaux überdeutlich: Wer Gott sein Leben hingibt, erhält die Märtyrerkrone, heißt es sofort zu Beginn. Roland, der Paladin Karls des Großen, der in den Untergang reitet und dann gerächt wird, legt mit erhobener Schwurhand das Kreuzzugsgelübde ab und wendet sich an seine Mitkämpfer in einer Art Predigt, in der er die bernhardschen Seligpreisungen vorträgt. So ähnlich werden sich auch Szenen im Heiligen Land abgespielt haben. Aber die Schilderung der Kämpfe ist alles andere als authentisch. Man hat gezeigt, dass Konrad sein Vorbild nicht etwa aus Chroniken und schon gar nicht aus eigenem Augenschein bezieht, sondern aus dem Alten Testament, aus den Makkabäerbüchern. Wie die jüdischen Helden gegen die römische Übermacht kämpften, so stehen auch nun 12000 Heiden (»die größte Heeresmacht, die je gesehen wurde«) 1100 Christen gegenüber. Vor allem aber nimmt das Blutbad biblische Ausmaße an. Die Toten liegen in Haufen hoch wie Berge: »Das Menschenblut bedeckte Feld und Graben. Keiner konnte dem Weg folgen, denn sie wateten bis zu den Knien im Blut.« Das Blut gehört dabei offenbar zum Bild der Taufe, die christlichen Kämpfer erhalten mit ihm ihre zweite Taufe, die ihre Karriere erhöht, sie zu Märtyrern macht. Geradezu mit Wonne zieht Roland selbst unter diesem Aspekt in den Tod: »Selig der, den Gott dazu auserwählt hat, in seinem Dienst zu sterben; denn er lohnt es ihm mit dem Himmelreich. Vor diesen schon stinkenden Kadavern werde ich das Horn auf keinen Fall ertönen lassen. Sie könnten glauben, wir fürchteten uns oder brauchten Hilfe gegen sie.«

Und so nimmt der Schlachtbericht seinen Verlauf. Es ist keine Schlacht mit Rittern, die anderen Rittern gegenüberstehen, sondern ein Gemetzel, bei dem Ritter Teufel erschlagen. Schon vor der Schlacht wird deren Hochmut dadurch gekennzeichnet, dass sie etwas tun, was kein *miles christianus* tut: »Die unwissenden Heiden bliesen ihre Trompeten. Tanz, Turnierspiele und vielerlei übermütige Dinge – sie zeigten großen Hochmut, wie nur je der Verdammte tut.« Ausgerechnet Turniere, möchte man sagen. Zwar fällt ein bewundernder Blick auf Rolands glänzende Rüstung mit Helm, Schwert, Pferd (alles »schimmernd«), aber der Kampfstil ist dann so brutal, wie es die Makkabäerbücher vorgaben. Nachdem die »Blöcke« aufgestellt sind (einen mit Bischof Turpin als Befehlshaber), geht das Schlachten los: »Er traf ihn oben an der Schulter und teilte Ross und Mann mitten entzwei ... ›Deinen Leichnam werfe ich den Vögeln vor.‹ Er zielte nach seinem Kopf und spaltete Sattelbogen und Pferd, dass es tot umfiel.« Turpin ist durchaus mit von der Partie, greift mit den Seinen die Heiden an und tötet einen ihrer Anführer mit eigener Hand. Oliver prügelt, nachdem er sein Schwert verloren hat, mit dem Lanzenschaft auf seine Gegner ein. Nur eine Ausnahme gibt es in diesen brutalen Szenen: Heiden, die sich ergeben und von Turpin taufen lassen, kommen davon. Genau so hatte es Bernhard von Clairvaux gefordert.

Das *Rolandslied* gilt als Begründung dessen, was man im Französischen als *Chanson de geste*, im Deutschen als Heldenepik bezeichnet. Es handelt sich um »Geschichte«, in der Kriege eine hervorragende Rolle spielen, und der wichtigste Krieg ist der gegen die Heiden. In Deutschland taucht noch einmal (und wiederum nach französischem Vorbild) eine Dichtung dieser Art auf, die sogar direkt auf das *Rolandslied* verweist und doch ein völlig anderes Bild bietet: der *Willehalm* von Wolfram von Eschenbach. Auch hier liegt eine historische Figur aus karolingischen Zeiten und dem Umfeld der Auseinandersetzung mit den Muslimen zugrunde (Graf Wilhelm von Toulouse war ein Enkel Karl Martells und kämpfte tatsächlich unter Karl dem Großen gegen Muslime). Nur fällt die Entstehung des deutschen Textes bereits ins frühe 13. Jahrhundert, nach den

Kampfszene aus der Heidelberger Handschrift des *Rolandsliedes.*

Enttäuschungen der ersten drei Kreuzzüge mit ihren vielen Niederlagen. Um es klar zu sagen: Wolfram von Eschenbach gestaltet fast eine Antikreuzzugsdichtung, auch wenn sein Held ein Heiliger wird. Vor allem ist dieser Held nun ein Ritter, der gegen gleichwertige Ritter kämpft – das Heidenbild hat sich in vielem entscheidend geändert. Zwar fließt wieder sehr viel Blut, wie es der wohl unvermeidlichen Makkabäer-Vorlage entspricht. Aber das Blut wird fast zur Peinlichkeit, Mord in diesem Ausmaß und nicht zuletzt unter Verwandten zum unbegreiflichen Exzess. Wenn am Ende die Christen den Sieg erringen, so in geradezu paradoxer Konstellation: Er verdankt sich der Hilfe eines Heiden. Als die Gegner dann geschlagen das Land verlassen, gibt Willehalm einen ihrer Könige frei und sorgt für die würdige Bestattung der Toten. Dabei kommen auch hier die Ereignisse der Realität im Heiligen Land kaum näher. Auch diese Kreuzzugsdichtung zeichnet kein Bild von der Geschichte der Kreuzzüge.

Inhaltlich liegt eine Brautraubgeschichte vor. Der Graf von Narbonne hat seine Söhne enterbt und einen Patensohn bevorzugt – Willehalm soll wie seine Brüder ausziehen und sein Glück selbst su-

Die prinzipielle Gleichwertigkeit von Christen und Heiden im *Willehalm* zeigt sich auch in den Darstellungen. So werden unten ein toter Heide (spitzer Helm) und ein toter Christ (Topfhelm) nebeneinander dargestellt, um Verluste auf beiden Seiten zu illustrieren. Links sieht man Gyburg in der Burg und rechts Terramer, der sich mit den Heiden berät.

chen. Dazu geht er nach *Arabi*, wobei er als Gefangener König Tybalt dessen Ehefrau Arabel wegnimmt, die sich für Willehalm taufen lässt und mit ihm als Gyburg nach Südfrankreich flieht. Dies lassen sich die Heiden nicht gefallen und erscheinen mit großem Heer in Alischanz vor *Oransche* (Orange). Darin scheint nicht die geringste Verbindung zum Kreuzzugsthema zu liegen, aber sie wird klar hergestellt. Arabels/Gyburgs Vater Terramer erscheint an der Spitze eines riesigen Heeres als wahrer Erbe des Römischen Reiches, der statt (wie der christliche Kaiser) von Cäsar von dessen einstigem Gegner Pompejus abstamme. Mit seiner überlegenen Macht – von den 72 Völkern der Erde seien 60 heidnisch – will er das Christentum auslöschen, ausdrücklich Aachen und Rom erobern. Willehalm fällt demnach eine weltgeschichtliche Aufgabe in genauer Umkehrung der damaligen historischen Situation zu: Nicht die Christen sind ins heidnische Land eingefallen, sondern die Heiden ins christliche. Die Schlacht ist eine Abwehrschlacht, ein Kampf im Dienst des Glaubens. So formuliert es Willehalm in seiner programmatischen Ansprache an die Fürsten, bei der er ausdrücklich darauf hinweist, dass jeder Adlige bei der Schwertleite die Pflicht auferlegt bekommt, sich für die Kirche bzw. den Glauben einzusetzen. Willehalm präsentiert sich so gesehen als vorbildlicher *miles christianus*. Zwar erlangt er nicht die Märtyrerkrone, weil er überlebt, aber ihn macht das »große Leiden« zum Heiligen.

Genauer: zum »Heiligen und Ritter«, wie Wolfram von Eschenbach ausdrücklich sagt. Denn dies ist der entscheidende Unterschied gegenüber dem *Rolandslied*. An der Stelle, an der vom Empfang des Schwertes im Dienst des Glaubens die Rede ist, ist auch die Rede davon, dass er damit um Minnelohn kämpfen dürfe: »Ein doppelter Lohn winkt uns: der Himmel und die Zuneigung edler Frauen.« Dies

Willehalm, der in der sogenannten *Großen Willehalmhandschrift* immer mit einem Stern gekennzeichnet ist, verabschiedet sich von Gyburg. Im Trauergestus wird die Darstellung des Ritters als Minnender deutlich. In der Mitte der Darstellung ist der Erzähler zu sehen, der auf Gyburg und Willehalm hinweist.

gilt nicht nur für Willehalm. Auch die heidnischen Kämpfer sind Ritter, sogar ausdrücklich Minneritter im Frauendienst. Es stehen sich also nicht nur glänzend gerüstete, sondern auch sonst gleichwertige Ritter gegenüber, alle mit perfektem Benehmen. Nur die beiden Schlachten sind fürchterlich. In der ersten fallen alle Christen bis auf Willehalm selbst, der in der Rüstung eines besiegten fürstlichen Gegners gerade noch entkommen kann. In der zweiten, zu der Willehalm Verstärkung beim römischen König und seiner eigenen Familie (dem Vater und den Brüdern) geholt hat, geht das Gemetzel auf beiden Seiten weiter, bis der grotesk starke Rennewart die Schlacht entscheidet. Der ist ein Sohn Terramers und Halbbruder Gyburgs, tötet seine eigenen Verwandten, weil er ihnen grollt, dass sie ihn nicht aus der Gefangenschaft befreit haben. Der Erzähler Wolfram kritisiert dies ausdrücklich, wie er auch sonst Mord als verabscheuenswürdig hinstellt. Gyburg, die übrigens selbst in voller Rüstung »mit hochgeschwungenem Schwert« auf der Stadtmauer steht, hält im Rat der Fürsten eine Rede, in der sie ausdrücklich darauf hinweist, dass alle Menschen Kinder Gottes und auch Heiden keineswegs für die Hölle bestimmt sind. Dasselbe sagt sie ihrem Vater, der sie vom christlichen Glauben abbringen will.

So fällt ein mehr als kritischer Blick auf das Gemetzel. Vor allem Willehalm selbst lässt sich in seiner Wut nach dem Tod seines Neffen Vivianz zu einer fürchterlichen Tat hinreißen. Nachdem er seinen Gegner im Zweikampf besiegt hat, gibt er kein Pardon, sondern erschlägt den bereits Wehrlosen. Als am Ende das Schlachtfeld von den Heiden verlassen ist, bereichern sich die christlichen Kämpfer an den Rüstungen der Toten. Vorher hört man von den Schwierigkeiten, die Willehalm gemacht wurden, als er das Reichsheer mobilisieren will. Zuerst wird es ihm verweigert, hinterher rollt man angesichts des Gegners die Fahne ein, um sie nur widerwillig zuletzt wieder auszurollen. Ob sich darin ein Stück Realität zeigt, das die Schwierigkeiten des damaligen Kaisers mit den Fürsten widerspiegelt, wovon Wolfram von Eschenbach natürlich wusste? Jedenfalls entsteht kein heroisches Bild der christlichen Ritter, eher ein zwiespältiges. Willehalm triumphiert nicht wirklich, der Sieg wurde nicht von ihm erfochten. In der französischen Fassung zieht er daraus sogar die Konsequenz, dass er mit seiner Frau ins Kloster geht. Wenn der *Wil-*

Gyburg in voller Rüstung diskutiert mit ihrem Vater Terramer über die Frage der Religion. Der Redegestus ist deutlich zu sehen.

*lehalm* Kreuzzugsdichtung ist, dann in einem mehr als eingeschränkten Sinne: In dieser Welt kämpfen tatsächlich Ritter, aber sie würden es besser lassen. Vielleicht unvermeidlich, aber wirklich christlich ist das Töten nicht. Wenn so viel dafür spricht, dass der Ritter seine wichtigste Wurzel im *miles christianus* hat, dass er ein in kirchliche Disziplin genommener Krieger ist, so zeigt sich hundert Jahre später, wie prekär die Konstruktion war. Es bedurfte zusätzlicher Mittel, um die Figur attraktiv zu machen oder zu erhalten.

Ulrich Müller (Hrsg.): Kreuzzugsdichtung. 1969; Roswitha Wisniewski: Kreuzzugsdichtung. 1984; Joachim Bumke: Wolfram von Eschenbach. 2004; Ines Hensler: Ritter und Sarrazin. 2006.

## 8

# Schwertleite bei den Chronisten

Dazu sollten Bemühungen laikaler Art beitragen, die den Ritter in der kriegerischen Welt verwurzelten, aus der er letztlich stammt. Die wichtigste ist ein Ritual, das bis in älteste germanische Zeiten zurückreicht: die Mannbarmachung der adeligen Jugend durch Übergabe der Waffen. Denn die Formulierung »Ritter werden« bzw. »zum Ritter machen« geht eben auf diese Prozedur zurück, die offenbar lange Zeit ohne besondere Aura stattfand. Nach dem Annalisten Lampert von Hersfeld hat Heinrich IV. 1065 seine Waffen, immerhin mit Einwilligung des Erzbischofs von Bremen (seinem Vormund), selbst angelegt. Von der Stelle im Text geht schon deshalb kein Glanz aus, weil der Heinrich-Hasser Lampert daran die Bemerkung anknüpft, der junge König hätte mit der gerade erworbenen Rüstung am liebsten seine erste Probe gegen den Erzbischof von Köln abgelegt und ihn mit Feuer und Schwert bekämpft (nachdem der ihn allerdings gekidnappt hatte). Auf dem Teppich von Bayeux ist für 1066 die Szene festgehalten, wo König Wilhelm seinem späteren Gegner, dem Usurpator Harold, die Waffen überreicht. Auch diese Szene ist noch weniger eine Schwertleite, es ist überhaupt nicht die Rede davon, dass Wilhelm Harold zum Ritter macht.

Die ältesten Belege für eine voll ausgebildete Schwertleite stammen aus Frankreich und gehen in die Zeit des ersten Kreuzzugs zurück, haben aber mit ihm nichts zu tun. 1096 wird in einer Geschichte Anjous davon berichtet, dass ein Graf seinen Neffen zum Ritter gemacht hat (*facit militem*), zwei Jahre später kündigt ein anderer Graf einem Bischof die Absicht an, den Sohn des französischen Königs zur Ritterschaft zu erheben und zu weihen (*ad militiam promovere et ordinare*). Da es sich in beiden Fällen um adlige Söhne handelt, kann man nicht von einer Standeserhebung sprechen. Eher handelt es sich um eine Werterhebung, die feierliche Verleihung bringt Glanz und erhöht den Träger. Gerade bei den frühen Belegen ist der Adel allein tätig, betrachtet die Schwertleite als seine ureigene Aufgabe. Wenig später wird offenbar die Kirche aufmerksam und schal-

Szene auf dem berühmten Teppich von Bayeux, der um 1070 entstanden ist. In Bild und Text ist auf 68,38 Metern in 58 Einzelszenen die Eroberung Englands durch den Normannenherzog Wilhelm den Eroberer dargestellt. Hier die Überreichung der Waffen, wie es der beigegebene Text bekundet: *hic Willem dedit Haroldo arma.*

tet sich ein. Die Umgürtung mit dem Schwert, die Darreichung der Sporen erscheinen wie eine Taufe liturgisch ausgeformt. Aber die Schwertleite bekommt vielleicht gegen entsprechende Versuche nicht wirklich liturgischen Charakter. Verleiher bleiben die Adligen selbst, nach Möglichkeit hohe Vertreter bis hin zum König.

Mit dieser Prozedur bekommt der *miles* endgültig die Aura, die sich im Namen des Ritters ausdrückt. Diese Ritter sind und bleiben Krieger, Waffenträger. Aber sie sind in dieser Eigenschaft nun eigens herausgehoben, gehören einem besonderen Stand, einer besonderen »Ordnung« (*ordo*) an. Und so sieht man, dass sich im 12. Jahrhundert der Druck erhöht, die Schwertleite als Voraussetzung des Rittertums durchzusetzen. Während die älteste Tradition der Wehrhaftmachung auf den einfachen Soldaten zielte, ist es nun gerade der hohe und höchste Adel, der voranschreitet. Aus England besitzen wir die Biographie eines Aufsteigers vom relativ niedrigen Adligen zum großen Baron, William »der Marschall« zur Zeit König Heinrichs II. Dabei aber spielt auch die Schwertleite eine wichtige Rolle: William empfängt sie von einem hohen Adligen und ist später in gehobener Position wieder gesuchter Spender. Auch im Umfeld des englischen Königs selbst ist die Schwertleite bezeugt.

In Deutschland führt der erste historische Beleg auf allerhöchstes Niveau, auf Kaiser Friedrich I. Barbarossa, der 1184 seine beiden Söhne Heinrich, der gerade in Aachen zum König gekrönt worden war, und Friedrich zu Rittern machte (*domini Frederici Romanorum imperatores filii novi ordinati sunt milites*: Gislebert von Mons in den *Taten Friedrichs*). Das Ereignis gilt als der große Wendepunkt in der Entwicklung des *miles* als bloßer Reitersoldat zum Ritter in Deutschland. Wenn der Kaiser selbst zur Ritterschaft gehören will, muss damit etwas Wichtiges verbunden gewesen sein. Da es wiederum keine Standeserhöhung darstellt, kann es sich nur um die Aura handeln. Die alte Wehrhaftmachung ist so gesehen Ausgangspunkt einer neuen Idee vom Ritter, die sich in der Terminologie entsprechend ausdrückt: »zum Ritter machen« (*ze ritter machen*), »mit dem ritterlichen Schwert umgürten« und einige andere Formulierungen wechseln sich dabei ab. Das deutsche Wort »Schwertleite« (als *swertleite* bzw. *swert leiten*) kommt immerhin bereits um 1160 vor, allerdings lediglich in literarischen Kontexten. Die Prozedur selbst wird in den literarischen Quellen ausführlich beschrieben. Es gibt aber auch historische Zeugnisse, die an der realen Existenz keinen Zweifel lassen.

Als älteste Quelle einer solchen Beschreibung gilt der um 1180 verfasste Bericht über die Schwertleite des Grafen Gottfried Plantagenet von Anjou im Jahre 1127. Anlass war die Verlobung mit der Tochter von König Heinrich I. von England, die im französischen Rouen gefeiert wurde. Dabei ist von kostbaren Gewändern, von einem besonderen Pferd, von goldenen Sporen, einem edelsteingeschmückten Helm und einer Lanze die Rede, deren Eisenspitze aus dem Poitou stammte – alles vom Feinsten sozusagen. Weiter gibt es ein Bad sowie *consodales*, also weitere Adlige, die den Vorgang offensichtlich besonders feierlich machten, sowie einiges, was wohl doch erst der Aufzeichnungszeit entstammt – die anschließenden Kampfspiele vor allem. Die Schwertleite von Barbarossas Söhnen enthält dagegen nur spärliche Informationen. Immerhin ist von einem Kampfspiel in Form des Buhurt (mehr ein Schaureiten, dazu S. 90ff. ausführlicher) die Rede. Weiter hören wir von einer Frühmesse zuvor und davon, dass der Kaiser, der übrigens auch selbst (nach den *Gesta*, die Otto von Freising aufschrieb) den Rittergürtel empfangen hatte, höchstpersönlich seine Söhne umgürtete – die Kirche nimmt teil, aber auf Distanz.

Dies überrascht insofern, als die Segnung des Schwertes schon viel älter ist, gut bezeugt seit dem 10. Jahrhundert mit entsprechenden Weihetexten. Offensichtlich gehört dies zur Initiative einer Pazifizierung der Ritter, wie sie im Gottesfrieden zum Ausdruck kommt. Kurz vor 1093 wurde in Cambrai eine *Ordnung für die Waffnung eines Verteidigers der Kirche oder eines anderen Ritters* aufgeschrieben, bei der Ablauf und Gebete festgehalten sind. Man hat sofort festgestellt, dass es sich um eine Abwandlung der Ordnung für die Königskrönung handelt, wo der Charakter der Weihe ja besonders deutlich zutage tritt. Schon in den karolingischen Krönungs-*ordines* war die Überreichung des geweihten Schwertes festgehalten, und auch Einkleidung und Waschung tauchen in diesem Zusammenhang früh auf. Johannes von Salisbury hat in seinem *Policraticus* (1156–1159) viel Böses über den Adel im allgemeinen und die *milites* im besonderen gesagt. Aber für ihn ist der Empfang des Schwertes am Altar zusammen mit dem feierlichen Gelöbnis, die Kirche zu schützen, eine Selbstverständlichkeit.

Dennoch bleibt die Verbindung mit der Kirche gerade in der Hochphase der Schwertleite locker. Es sieht so aus, als hätte der Adel sein Vorrecht regelrecht verteidigt. Dies fiel wohl dem Hochadel am leichtesten. Und so sind die Berichte über Schwertleiten anfangs eine Domäne des Königs und der höchsten Fürsten. Ganz offensichtlich spielt dabei weniger, wie man vermuten könnte, die

Treueverpflichtung eine Rolle als die Betonung des Rangs hinsichtlich des eigenen Hauses. So war es offensichtlich bei Barbarossas Auszeichnung seiner Söhne. Graf Balduin VI. von Hennegau wird 1189 von Heinrich VI. zum Ritter gemacht. 1192 empfangen Konrad von Schwaben und Ludwig von Bayern in Gegenwart des Kaisers das Schwert. Aber auch nichtkönigliche Adlige übernahmen den Brauch, in Frankreich früher als in Deutschland. Der flandrische Graf Balduin von Hennegau zeichnete schon 1168 seine Söhne auf diese Weise aus. Dass dann auch die Kirche nicht zurückstand, aber ganz offensichtlich in Anlehnung an den weltlichen Brauch, belegt die Schwertleite des Amalrich von Montfort im Jahre 1213 mitten im Albigenserkrieg. Hier verlieh ein Bischof das Schwert einem Adligen, den er dringend im Kampf brauchte.

Dann aber kommt es zu einer Verbreiterung in der sogenannten Massenpromotion. Als Kaiser Heinrich VI. 1192 seinen Bruder Konrad und Ludwig von Bayern zu Rittern machte, wurden gleichzeitig viele Rangniedrige mit dem Schwert umgürtet. Barbarossas Beförderung von ganzen sechshundert jungen Adligen auf einmal geschah allerdings unter besonderen Umständen: Er befand sich auf dem Kreuzzug und brauchte eine treue und motivierte Gefolgschaft. Dieser Zusammenhang von Schwertleite und Krieg ist dann öfter bezeugt. König Ottokar von Böhmen umgürtete sich und 118 Knappen vor einer Schlacht gegen die Ungarn mit dem Schwert. Auch dem Festcharakter muss die Massenpromotion entgegengekommen sein. Der englische König Edward I. machte 1306 seinen Sohn zum Ritter, wobei hohe Adlige die Sporen reichten. Anschließend erhob der Neugebackene dreihundert Knappen in den gleichen Stand – mit reicher Ausstattung, von der die Kleidung mit je hundert Metern Stoff veranschlagt sind. Das Fest konnte dann aufs prächtigste gefeiert werden.

In den literarischen Quellen dominieren ohnehin solche Massenpromotionen. Davon wird noch die Rede sein. Man kann aber in diesem Druck zur Prachtentfaltung auch einen Grund sehen, weshalb die Schwertleite letztlich eine Ausnahme blieb, das Rittertum dann doch nicht vom Empfang des Schwertes abhing. Nicht nur, dass einzelne Adlige die Prozedur für sich persönlich ablehnten, wie im Falle des Grafen Raimund von Provence, in dessen Familie sämtliche Mit-

Schwertleite Vivians. Das Bild entstammt einer Handschrift des französischen Guillaume-Zyklus aus dem 1. Viertel des 14. Jahrhunderts. Das Bild steht genau zwischen den Berichten über die Jugend und die Rittertaten des Helden, die Schwertleite stellt also den entscheidenden Übergang dar.

glieder nach der Schwertleite ums Leben gekommen waren (und der dann doch als Fünfzigjähriger 1235/36 zustimmt, um bei seiner Heirat die Verwandtschaft nicht zu provozieren). Spätestens im 13. Jahrhundert mehren sich die Klagen über hohe Kosten. Sondersteuern wurden eingetrieben, ganze Burgen mussten verpfändet werden, um die Gläubiger zu befriedigen. Umgekehrt ist der Aufstieg trotz allem

Durch eine Fehlinterpretation des Textes findet sich in der Heidelberger Handschrift des *Parzival* Wolframs von Eschenbach aus der Werkstatt Diebold Laubers (um 1443–46) die Darstellung eines Ritterschlages. Fürst Lippaut hat Gawan gebeten, ihm ritterlich im Kampf beizustehen. Aber die Formulierung der Überschrift *Also ein herre des landes gerte ritterschaft an gawan den helt* wird vom Illustrator falsch verstanden und das *gerte ritterschaft* als Ritterschlag interpretiert. So zeigt die Illustration nun, wie Fürst Lippaut von Gawan zum Ritter erhoben wird.

begehrt. Unbedeutende Adlige suchen nach fürstlichen Gönnern, die sie zum Ritter machen. Nur eines bleibt lange ausgeschlossen: die Beförderung von Nichtadligen. Erst die Nöte des 13. Jahrhunderts (mit wachsendem Bedarf an Geld und Menschen) halfen, auch diese Schwelle zu überschreiten. Ministeriale sind die ersten, die auf diese Weise in den Adel aufgenommen werden. Aber dabei handelte es sich fast immer um die Verrechtlichung einer praktisch schon längst erworbenen Stellung. Die Schwertleite war im Prinzip kein Eingangstor zum Adel, sondern ein Adelsprivileg.

Dies gilt genauso für eine kleine Abwandlung, die schließlich als Ablösung diente: den Ritterschlag. Der kleine Schlag an den Hals (lateinisch *alapa*, französisch *colée*) ist in einer angelsächsischen Chronik für das Jahr 1086 bezeugt, in Frankreich bzw. Flandern datieren die ältesten Belege auf die Mitte des 12. Jahrhunderts. In Deutschland fehlen sie lange ganz, obwohl sie in der Literatur früh bezeugt sind. Erst für das Jahr 1377 gibt es einen Hinweis auf diesen »ehrenvollen« Schlag (*ritterslac*), der dann auch auf Abbildungen zu sehen ist. Auf Dauer sollte er sich sogar gegen die Schwertleite als Erhebungsform durchsetzen. In der Sache ist damit nichts Neues aufgekommen.

Joachim Bumke: Parzivals »Schwertleite«. In: Festschrift für Taylor Starck. 1964; Jean Flori: Les origines de l'adoubement chevaleresque. In: Traditio 35 (1979); ders.: L'essor de la chevalerie. 1989; Maurice Keen: Das Rittertum. 1991 (zuerst 1984); Peter Moraw: Die Hoffeste Kaiser Friedrich Barbarossas von 1184 und 1188. In: Uwe Schultz (Hrsg.): Das Fest. 1988 (bes. P. Moraw); Josef Fleckenstein (Hrsg.): Curialitas. 1990 (bes. E. Orth).

## 9
## Schwertleite in der Literatur

Dass die literarischen Quellen die Schwertleite bei der Schilderung des Lebenswegs ihrer ritterlichen Helden einbeziehen, wird kaum überraschen. Überraschend ist eher die seltene Behandlung. Teilweise liegt es jedoch schlicht am Grundgerüst der Handlung. In der frühesten deutschen Dichtung, die das Rittertum präsentiert, im *Eneasroman* des Heinrich von Veldeke, ist der Held längst erwachsen, als er die Bühne betritt. Sein großes Fest ist nicht die Schwertleite, sondern die Hochzeit. Ausgerechnet bei deren Schilderung aber orientiert sich Heinrich an jenem Fest, von dem schon die Rede war: nämlich der Schwertleite der Söhne von Friedrich Barbarossa. In diesem Fall half all das, die prächtige Ausstattung des Eneas, die Abläufe bei der Tafel und einiges andere mehr zu erzählen, aber nicht eine Schwertleite zu beschreiben. Ähnlich steht es mit noch früheren Dichtungen, die zwar wie die *Kaiserchronik* (um 1150) den Begriff kennen, aber keine Einzelheiten bieten.

Anders wurde dies zum ersten Mal in Frankreich. Dort hatte Chrétien de Troyes den aus England stammenden Artusstoff zu fünf Romanen verarbeitet, die das Schicksal von Rittern darstellen. Im allerletzten Roman, der *Geschichte vom Gral oder Roman von Perceval*, entstanden zwischen 1180 und 1190, bietet er sogar zwei große Schilderungen. Die eine bezieht sich auf den Helden, der diesmal von Kindesbeinen an im Zentrum steht. Obwohl ihn seine Mutter im Wald verbarg, um ihm das Schicksal seines kampfwütigen Vaters zu ersparen, gelangt Perceval an den Artushof und verlangt dort vom König, zum Ritter gemacht zu werden. Chrétien betont das Törichte des Verlangens, bei dem Perceval die Waffen des roten Ritters verlangt und im Scherz auch erhält (wonach er tatsächlich den großen Gegner tötet und sich dessen Rüstung aneignet). Als er sich so am gleichen Tag bei Gornemant als »Ritter« vorstellt, korrigiert der das Ganze und *macht* Perceval allererst zum Ritter. Am Morgen findet die Einkleidung mit frischen Kleidern statt, das Anschnallen der Sporen. Weiter heißt es: »Der Edelmann ergriff das Schwert,

Das Gastmahl der Dido in einer Bilderhandschrift des *Eneasromans* Heinrichs von Veldeke um 1230.

gürtete es ihm um, gab ihm den Kuss und sprach, dass er ihm nun mit dem Schwert den höchsten Orden verliehen habe, den Gott gestiftet und anbefohlen habe: das ist der Orden der Ritterschaft, der kein bäurisches Wesen duldet.« Darauf folgt die Belehrung über die Aufgaben des Ritters, den Schutz der Armen und Schwachen, zum Schluss Kreuzzeichen und Segnung. Hier ist es ein nahezu privater Rahmen, bei dem helfende Knappen am Rande erwähnt werden, kein großes Fest.

Und noch einmal bietet Chrétien eine Schwertleite. Als der zweite Romanheld, Gauvain, das Zauberschloss erlöst hat, in dem Merlin zweihundert Frauen gefangen hielt, macht er gleich fünfhundert Knappen zu Rittern. Nach Nachtwache, Bad und Einkleidung mit kostbaren Gewändern (mit Gold durchwebt und Besätzen aus Hermelin) geht es in ein Münster, wo Gauvain selbst jedem einzelnen den rechten Sporn anlegt, ihn mit dem Schwert umgürtet und den

Die Schwertleite Rennewarts in einer Handschrift des *Willehalm* Wolframs von Eschenbach.

Ritterschlag erteilt. Die Prozedur zeigt sich also leicht abgewandelt bzw. mit etwas anderen Nebenumständen versehen, vor allem aber ist die Tendenz eine andere: Bei Perceval ging es um die Schwertleite als Eintritt in die Ritterwelt. Bei den Knappen geht es um die Rekrutierung eines standesgemäßen Gefolges für den großen Helden Gauvain: »So hatte er nun eine bewährte Schar von fünfhundert neuen Rittern um sich«, heißt es am Schluss.

Es ist schon mehr als überraschend und führte zu einigem Rätselraten in der Forschung, dass Wolfram von Eschenbach, der die *Geschichte vom Gral* in seinen *Parzival* (1200–1210) umschmolz, gerade diese beiden Szenen gründlich überarbeitet hat. Auch bei ihm verlangt Parzival von Artus, zum Ritter gemacht zu werden, und auch bei ihm fordert dieser dazu die Waffen des roten Ritters. Diesmal aber verleiht Artus die Waffen tatsächlich, lässt Parzival damit eigentlich in den sicheren Tod reiten, denn der rote Ritter gehört zu den besten seiner Art. Es grenzt schon an ein Wunder, dass Parzival diesen Gegner besiegt und dann vor Gurnemanz in dessen Rüstung als *wirklicher* Ritter erscheint. Hier kommt das »Törichte« der ganzen Szene eher dadurch zur Geltung, dass Parzival vor Gurnemanz nicht vom Pferd steigen will, weil er glaubt, nur auf ihm ein Ritter zu sein, worauf wiederum eine große Belehrungsszene über das wahre Rittertum erfolgt. Wolfram bietet also eine ganz ungewöhnliche »Schwertleite«, bei der mehr die Schuld des Helden (der mit dem roten Ritter einen Verwandten getötet hat) als seine Torheit zur Geltung kommt. Die zweite, mit Gawan verbundene Schwertleite lässt Wolfram dann ganz aus. Möglicherweise hängt dies mit der Entwicklung in Deutschland zusammen, wo Schwertleiten noch sehr selten waren und nur beim höchsten Adel vorkamen. Eine »richtige« Schwertleite hat Wolfram jedenfalls erst in seinen späteren *Willehalm* eingearbeitet.

Obwohl die Artusromane das Ritterbild wie kein anderes Genre entfalten, gehören Schwertleiten jedenfalls zunächst nicht zum Repertoire – auch bei Chrétien nicht. Erec und Iwein, die Helden der beiden Artusromane, die Hartmann von Aue kurz nach 1180 und vor 1205 nach dem französischen Vorbild ins Deutsche brachte, treten freilich als fertige Ritter in die Handlung ein. Anders ist dies in einem dem ersten Jahrzehnt des 13. Jahrhunderts angehörigen Werk, dem *Wigalois* des Wirnt von Grafenberg, in dem nach vermutlich wiederum französischer Vorlage die Geschichte des Titelhelden erzählt wird. Hier gibt es eine Kindheitsgeschichte, und hier wird auch die Schwertleite ausführlich geschildert. Ort ist der Artushof, beteiligt sind König Artus mit Gattin und Hofstaat. Die Königin besorgt sechs Ritterkleider (aus Scharlach und Seide), der Musterritter Gawan schenkt Wigalois ein Pferd, der König selbst stellt zwölf Knappen. Dann beginnt das Fest am Pfingstsonntag mit einer Messe, bei der Priester ihren Segen erteilen. Die Schwertübergabe aber klingt merkwürdig: Gawan reicht das Schwert, der König Schild und Lanze, wobei sich Wigalois mit dem Schwert (wie Heinrich IV. nach Lampert von Hersfeld) selbst umgürtet. Dabei erweist er sich später als ausgesprochen christlicher Ritter, der genauso nach weltlichen wie himmlischen Ehren strebt. Übrigens hatte Hartmann von Aue zwar nicht in seinen Artusepen, wohl aber im legendenartigen *Gregorius* eine noch merkwürdigere Schwertleite eingefügt. Als der Held das Kloster verlassen will und dem konsternierten Abt kundtut, unbedingt Ritter werden zu wollen, kleidet dieser ihn ein und erfüllt ihm allein dadurch seinen Wunsch. »Du hast nun Ritters Namen gewonnen«, sagt er, von einem Schwert oder anderen Waffen ist überhaupt nicht die Rede.

Dem steht eine ganz andere, geradezu klassische Beschreibung einer Schwertleite gegenüber, die nur kurze Zeit später entstanden ist:

im *Tristan* Gottfrieds von Straßburg. Nachdem Tristans Ziehvater Rual die Verwandtschaft seines Zöglings mit König Marke geklärt hat, schlägt er Tristan vor, seinen königlichen Onkel um die Schwertleite zu bitten, um ihn »zum Ritter (zu) machen«. Der will gerne den »Namen des Ritters« annehmen, gibt aber seiner Befürchtung Ausdruck, dass er sich in seiner Jugend nicht genügend darauf vorbereitet habe: »Bequemlichkeit und ritterliches Ansehen widersprechen sich völlig und sind unvereinbar. Auch habe ich durchaus gelernt, dass Ansehen tätige Anstrengung erfordert. Müßiggang ist der Tod der Ehre, wenn man sich ihm zu lange und zu sehr in der Jugend hingibt.« Natürlich widerspricht Marke, sagt seine und Ruals Unterstützung zu, will freigebig für »reichliche Mittel« sorgen. Daraufhin ist man sich einig und beginnt mit den Vorbereitungen. Rual und Tristan beschaffen Rüstungen und Kleider für dreißig Ritter, die Tristan als Gefährten nehmen soll. Als deren »Schmuck« werden statt des üblichen Goldes oder der Seide Hochstimmung, Reichtum, Klugheit und höfische Gesinnung genannt. Am Ende aber kommt »alles, was Roß und Reiter als Ritter ausweisen kann«, hinzu.

Dem folgt eine seltsame Unterbrechung. Wo es um die Beschreibung der Äußerlichkeiten geht, verweist Gottfried darauf, dass all dies schon »zerredet« sei, und bietet stattdessen einen langen Exkurs über die aktuelle Situation der deutschen Literatur mit ihrem Paradepferd Hartmann von Aue und (wahrscheinlich) dem schwarzen Schaf Wolfram von Eschenbach. Dann aber kommt die Schwertleite doch. Gleich gekleidet wie seine Gefährten erscheint Tristan, nur an »Benehmen und Ausdruck« besser. Gemeinsam wohnt man im Münster einem Gottesdienst bei, erhält den priesterlichen Segen. Auf dem Höhepunkt nimmt Marke seinen Neffen bei der Hand und legt ihm Schwert und Sporen an. Dazu sagt er: »Jetzt, da dein Schwert gesegnet ist und du Ritter geworden bist, denke nach über ritterliche Werte und über dich und wer du bist … Sei bescheiden und aufrichtig, wahrhaftig und wohlerzogen. Sei gütig zu den Elenden und stolz zu den Mächtigen. Pflege und verbessere deine äußere Erscheinung. Ehre und liebe alle Frauen. Sei freigebig und verlässlich …« Bei der Überreichung von Speer und Schild folgen entsprechende Aufforderungen zu Treue und Freigebigkeit. Der Schlusssatz lautet: »Sei immer höfisch, sei immer guten Muts!« Anschließend

Tristans Schwertleite in einer Handschrift von *Tristan und Isolde* Gottfrieds von Straßburg, die zwischen 1240 und 1250 entstanden ist: Tristan wird mit dem Schwert gegürtet (links), besteigt das Pferd (Mitte), wonach Marke ihm den Schild reicht (rechts).

verfährt Tristan mit seinen Gefährten wie vorher der Onkel mit ihm. Dann folgen Gruppenkämpfe und Reiterspiele, bei denen Lanzen zerbrochen werden, nachdem der Herold die Kämpfe ausgerufen hat. Es findet also ein aufwendiges Turnier statt, das im Gegensatz zur Schwertleite jedoch nicht näher ausgeführt ist.

Gottfried dürfte der Realität nahe gekommen sein. Die Schwertleite hat ihre Funktion gewonnen, Krieger zu Rittern zu machen. Ritter sind Krieger mit Niveau, mit moralischem Anspruch vor allem. Wenn man an Papst Urban und Bernhard zurückdenkt, ist ein Jahrhundert später ein neuer Ritter entstanden: ein *miles christianus* im Kern, aber nun auch mit weltlichen Qualitäten, mit Benehmen vor allem. Gleichzeitig dient die Schwertleite der Selbstfeier der höfischen Gesellschaft. Es geht nicht nur um den Ritter, sondern um den Hof. Ausgerechnet im bluttriefenden *Nibelungenlied* findet am Anfang die überhaupt am prächtigsten geschilderte Schwertleite statt: die Siegfrieds. Sie ist das Fest der Eltern, die den Sohn der Gesellschaft präsentieren und sich dabei selbst am meisten auszeichnen. Alles ist wie am Schnürchen erzählt: die Vorbereitung mit der Kleiderausstattung für diesmal vierhundert Genossen, die Messe im

Münster, der anschließende Buhurt, das große Essen, die Unterhaltung mit Spielleuten. Der Schluss aber lautet: »Sie (die Eltern) hatten erreicht, dass ihm (Siegfried) alle wohlgewogen waren.« Eine andere Funktion also: Siegfried tritt passend zur Zeit (um 1200) als perfekter Ritter in die Geschichte, ehe er weitere, heldische, Qualitäten zeigt.

Die Epik des späten 12. und frühen 13. Jahrhunderts kennt also eine erhebliche Bandbreite bei der Schilderung der Schwertleite. Wo ganze Lebensläufe erzählt werden, kann sie kaum fehlen. Aber man merkt auch, dass gerade die Schwertleite zum Programmatischen drängt. Hier lässt sich sagen, wie es sein soll.

Joachim Bumke: Parzivals »Schwertleite«. In: Taylor Starck Festschrift. 1964; ders.: Studien zum Ritterbegriff im 12. und 13. Jahrhundert. 1977; ders.: Höfische Kultur. 1990; Josef Fleckenstein (Hrsg.): Curialitas. 1990 (bes. E. Orth).

## 10
## Die Ritterlehre der Frau vom See

Die mit Abstand umfangreichste Ritterlehre innerhalb eines Romans bietet der in vieler Hinsicht rätselhafte *Prosalancelot*, der den chrétienschen *Lancelot* aufnimmt und zu einem Panorama der gesamten Artusepik ausweitet. Nach heutiger Kenntnis zwischen 1215 und 1230 in Nordfrankreich entstanden und dann in mehr als 100 bis heute erhaltenen Handschriften sowie sieben Drucken verbreitet, gelangte das Riesenwerk als Übersetzung fast sofort nach Deutschland, was zwei Fragmente aus der Mitte des 13. Jahrhunderts belegen. Wie in Frankreich liegt auch hier die Hauptwirkung im Spätmittelalter, als der Adel offensichtlich nostalgisch auf die untergegangene Ritterwelt des Hochmittelalters zurückblickte. Um 1475 wird für Pfalzgraf Friedrich von Heidelberg eine Prunkhandschrift angefertigt, ehe Ulrich Füetrer Zusammenfassungen in Prosa und in Strophen vorlegte (eine neue zweisprachige Ausgabe umfasst mehr als 2000 Seiten je für Original und Übersetzung).

Der ungewöhnliche Verzicht auf Verse ist mit der Entstehung der (meist in Prosa verfassten) Mystik erklärt worden, wie ja auch der Roman selbst eine stark geistliche Seite enthält: Schon Chrétien hatte den Gral ins Spiel gebracht, nun rückt die Suche nach ihm ins Zentrum des Ganzen, der große Minneritter Lancelot verblasst zuletzt gegen seinen Sohn Galaad, der den Gral findet, bevor dann die Artuswelt in einer letzten großen Schlacht (ohne Beteiligung Lancelots) zusammen mit ihrem König untergeht. In diesem Werk aber wird die Ritterlehre einer Dame in den Mund gelegt, freilich einer, die ihr Wissen vom Zauberer Merlin hat und auch selbst zauberisches Wesen besitzt. Es ist die Frau vom See, die Lancelot vor den Feinden seiner Familie gerettet hat und in einer Art Feenreich zum perfekten Ritter erzieht. Aber nicht sie selbst vollzieht die Schwertleite, vielmehr hat sie dafür Artus vorgesehen, und zwar nach Lancelots achtzehntem Geburtstag an einem 24. Juni, dem Fest des heiligen Johannes des Täufers, der nach Lukas 3,14 Soldaten über ihre Aufgaben belehrte (»Misshandelt niemand, erpresst niemand, begnügt euch mit eurem Sold ...«). Bevor sie mit ihrem Zögling nach Camelot aufbricht, macht sie ihn mit den Pflichten eines Ritters vertraut und kündigt diese als »große Bürde und Beschwernis« an.

Denn rasch stellt sich heraus, dass das Rittertum der Frau vom See ganz und gar geistlich geprägt, dass es Dienst ist. Es geht um die Ordnung des Rittertums (*ordenung von der ritterschafft*), sogar um den heiligen Orden der Ritterschaft (*heiligen orden von der ritterschafft*). Die adlige Abstammung bzw. hohe Geburt ist dazu eine unabdingbare Voraussetzung. Im übrigen hat der Ritter genau die Aufgabe, die schon Papst Urban II. und Bernhard von Clairvaux ins Zentrum rückten: den Schutz der Kirche. Die Geistlichen sind für das geistliche Wohl zuständig, die Ritter machen es mit ihrem Schutz möglich. Während Chrétien das Rittertum aus Troja bzw. Griechenland herleitete (und Ulrich von Zatzikhoven in seinem *Lanzelet* einfach etymologisch vorging und den Ritter vom Reiten ableitete), legt der *Prosalancelot* das ganze Gewicht noch einmal auf einen *miles christianus*, der jedoch kein Kreuzritter ist, sondern ein geistlicher Ritter im eigenen Land. Seine erste Charakterisierung ist Richter und Schirmer (*riechtere und schirmer*) der Schwachen und Armen, zu diesem Amt sogar »mit gemeinsamem Beschluß öffentlich ... aus(ge)wählt«. Dass der Ritter auf dem Pferd sitzt und kämpft, hat keine andere Ursache als die, dass nur so für Recht gesorgt werden kann.

Dabei gibt es auch andere, laikale Ingredienzien: Schönheit zum Beispiel, auch höfische Bildung und Freigebigkeit. Aber die entscheidenden Seiten sind die geistlichen: »Das Rittertum wurde vor allem eingerichtet, um die heilige Kirche zu verteidigen und zu schirmen und dafür Leben und Gut einzusetzen, weil sie nicht Böses mit Bösem vergelten und nicht mit Schwert und Rüstung kämpfen kann.« Dem dienen die Waffen. Die Frau vom See führt sie der Reihe nach auf, um sie symbolisch auszudeuten: »Dass er den Schild zwischen sich und dem Schlag seines Gegners am Halse trägt, bedeutet, dass der Ritter zwischen der heiligen Kirche und denen stehen muss, die ihr Unrecht tun wollen.« So lautet die allererste Ausdeutung, der alle anderen im Tenor folgen. Halsberge, Helm, Lanze, Schwert – alle stehen im geistlichen Dienst. Dass das Schwert zweischneidig ist, verweist auf den Dienst für Gott und das Volk. Dass es spitz ist, hat etwas mit dem Gehorsam zu tun, für den man oft »gestochen« wird. Zuletzt ist das Pferd an der Reihe, und man stutzt vielleicht, wenn man liest, dass es den Ritter dorthin trage, »wohin er will«. Aber es ist gerade nicht die Rede von einem unbeschränkten Ausleben der Begierden, sondern im Gegenteil: »Das Pferd bedeutet das Volk. Wie er sein Pferd lenkt, wohin er will, so muß das Volk ihn tragen und so muß er es in allen Gefahren leiten, wohin er will, weil er es beschirmen muß und es ihm alles beschaffen muß, was er benötigt. So, sollt Ihr wissen, muß der Ritter Herr sein über das Volk und zugleich Gottes Diener, weil er die heilige Kirche verteidigen und vor allem Übel bewahren muß.«

Der Ritter, das kann man als Fazit ziehen, strebt nach »Gottes Huld«, der auch seine »Ehre in der Welt« untergeordnet wird. Dem entsprechen die Vorbilder, die die Frau vom See nennt. Es sind biblische: Judas Makkabäus (»ein prächtiger Ritter«) aus dem Alten Testament und Joseph von Arimathia (»der edle Ritter, der unseren Herrn mit eigener Hand vom Kreuz genommen und ins Grab gelegt hat«) aus dem Neuen Testament. Und auch eine Anspielung auf einen großen Heiligen, den Ritterheiligen schlechthin, fehlt nicht. Als die Frau vom See Lancelot seine reale Rüstung sowie die entsprechenden Waffen übergibt, sind sie alle weiß. Jeder damalige Leser oder Hörer wusste, wer dabei das Vorbild darstellte: der heilige Georg, der der Legende nach als weißer Ritter vor Jerusalem aufgetaucht war und den Kreuzrittern den Weg bahnte. Man könnte auch an das weiße Kleid der Taufe denken, das der weißen Rüstung anlässlich der Schwertleite als Vorbild diente. In beiden Fällen läuft es auf das Gleiche hinaus: auf die geistliche Durchdringung dieses Rittertums.

Lancelot, dies muss man auch sagen, entspricht im Verlauf des Romans diesem Bild nur teilweise. Er bewährt sich tatsächlich als Helfer, aber kaum je gegen Arme und Schwache und überhaupt nicht im Dienst der Kirche. Lancelot agiert in erster Linie als Minneritter. Darin liegt ein schwer verständlicher Widerspruch, der auch nicht dadurch zu beschwichtigen ist, dass der Riesenroman zu seinem Ende hin immer mehr geistliche Züge annimmt. Die Ritterlehre der Frau vom See steht im Text jedenfalls ganz am Anfang und schon die tatsächliche Schwertleite, die den Ermahnungen folgt, hat höchst eigenartige Züge. Die Frau vom See führt Lancelot zu Artus, aber beim großen Fest geschieht das Unglück: Lancelot verliebt sich sofort in Ginover, Artus' Frau, und diese sich auch in ihn. Die Schwertleite wird dann auf eigentümliche Weise nur halb vollzogen. Artus setzt sich für Lancelot ein, aber der entfernt sich, bevor er ihm das Schwert geben konnte. Er nimmt es von Ginover, will nur ihr Ritter sein. Was das dann bedeutet, wird schon in seiner allerersten Handlung deutlich. Am Hof trifft ein schwerverwundeter Ritter ein: mit einem Schwertstück im Kopf und Lanzenstücken im Leib. Wer diese Waffenteile herauszieht und ihn damit heilt, muss gegen einen übermächtigen Gegner kämpfen. Niemand am Artushof ist bereit, aber Lancelot zögert keinen Augenblick. Iwein ist verärgert, Ginover schwant sofort, dass dies ihretwegen geschah, und beklagt wie der gesamte Hof das Unglück. Aber es ist die erste Aufgabe, die Lancelots Ruhm begründet. Und dieser Aufgabe folgen immer neue, die ihn immer wieder in Ginovers Arme führen: als den »besten und schönsten Ritter«, der die »schönste Frau« liebt.

Die Ritterlehre der Frau vom See wirkt so gesehen wie ein Stück »Literatur« für sich, eine Betrachtung außerhalb des wirklichen Romangeschehens. So ist diese Lehre denn auch öfter formuliert worden, von reinen Didaktikern in Texten, die genauso heißen, wie es die Frau vom See auch formuliert: Vor 1250 erschien anonym der *Orden der Ritterschaft* (*Ordene de chevalerie*), in dem ein gefangener Kreuzritter Saladin erklärt, wie nach Christenrecht Ritter gemacht werden – mit Betonung auf den Riten wie dem Bad der Höfischkeit. Nach 1263 hat Ramón Lull sein *Buch vom Orden der Ritterschaft* (*Libre del ordre de cavayleria*) geschrieben, das ebenfalls wieder auf die Kreuzzüge bezogen ist, wenn der Ritter in erster Linie den Kampf gegen die Ungläubigen zu führen hat, und eindringlich das Ritual der Schwertleite beschreibt. Wie all dies auf ritterliche Leser/Hörer gewirkt hat, wissen wir nicht. Jedenfalls war hier ein »ideologisches« Ritterbild entstanden, bei dem geistliche und weltliche Anteile ein unentwirrbares Amalgam eingingen. Aus der Sicht der Geistlichen war die Umformung eines gefährlichen Kriegertums das Ziel, aus der Sicht des Adels entstand eine Legitimation der Überlegenheit. In der »gerechten« Handhabung des Schwertes konnte sich der Führungsanspruch der ritterlichen Gesellschaft des 12. und 13. Jahrhunderts artikulieren. Dies geschah mit weiteren Mitteln, die mehr und mehr vom laikalen Adel ausgingen und teilweise auf erheblichen kirchlichen Widerstand trafen.

Maurice Keen: Das Rittertum. 1991 (zuerst 1984); Hans-Hugo Steinhoff: Kommentar zu Ausgabe und Übersetzung des *Prosalancelot*. 2004.

## 11
## Turniere bei den Chronisten

In keinem Punkt ist der weltliche Beitrag zur Ausbildung des Rittertums so deutlich wie beim Turnier. Wenn man bei der Schwertleite noch das Bemühen der Kirche beobachten kann, dem weltlichen Akt ihren Stempel aufzudrücken, ist dies beim Turnier nie gelungen. Im Gegenteil: Der Beitrag der Kirche war das Verbot, ja die Entstehung des Turniers ist von Anfang an mit dem Versuch seiner Unterdrückung verknüpft. Es wirkt geradezu symbolisch, dass der wichtigste Gegner jener Mann war, der den *miles christianus* beinahe erfunden hatte: Bernhard von Clairvaux. Man weiß, dass er hinter den päpstlichen Edikten steht, die seit 1131 mit erheblicher Schärfe, mit Exkommunikation und vor allem mit der Verweigerung eines christlichen Begräbnisses gegen die neue Erscheinung ankämpften. Bernhard war völlig klar, worum es ging: Statt die Ritter auf ihre christlichen Aufgaben zu verpflichten, dient das Turnier der reinen Selbstdarstellung. In den Texten, die dann über den Beschluss des 3. Laterankonzils von 1179 ins *Corpus iuris canonici* einflossen, ist von *nundinae* die Rede, von Volksfesten, zu denen zweifelhafte Gestalten (zum Beispiel Frauen) strömten und Belustigung suchten. Die Seelen sind also gefährdet, nicht nur die Körper, die die Kirche dringend braucht, um die große Schlacht gegen die Heiden zu führen. Denn dies ist von Anfang an das Paradox: Die Ritter sind notwendig, auch ihre Betätigung und Ausbildung im Töten. Aber nicht zum persönlichen Ruhm oder gar zum Spaß der Zuschauer. Dem *miles christianus* droht so gesehen die Pervertierung.

Bekanntlich hat es nichts genützt. Das Turnier wurde die Leidenschaft der Ritter und erfasste sogar den Klerus, dem man den Sonderurlaub zur Turnierfahrt streichen musste – ansonsten wurde sogar auf dem Konstanzer Konzil oder am päpstlichen Hof turniert. Die Entstehung ist durchaus klar: Am Anfang gibt es Reiterkämpfe, die bis in römische und germanische Zeiten zurückreichen, im 12. Jahrhundert aber eine neue Gestalt annahmen. Dabei muss es eine Zeit des Übergangs gegeben haben, in der sich aus normalen krie-

Im Codex Manesse (oder: Große Heidelberger Liederhandschrift) aus der ersten Hälfte des 14. Jahrhunderts wird der Herzog Heinrich von Breslau als Sieger eines Turniers dargestellt.

gerischen Begegnungen der nach Regeln ausgeführte Kampf entwickelte. Leider verdeckt die Terminologie die Fakten. Wenn Otto von Freising 1156/57 über ein *tyrocinium* berichtet, das 1127 vor Würzburg zwischen zwei Stauferherzögen und dem Sachsenkönig Lothar von Supplinburg stattgefunden habe und volkssprachlich neuerdings als *turneimentum* bezeichnet werde, ist das Wort (abgeleitet von *torner/tornoier*, sich drehen, kreisen) da, aber kaum die Erscheinung. Denn in diesem Fall trafen Heeresabteilungen aufeinander, die verfeindet waren und allenfalls in dem Sinne »ritterlich« kämpften, dass man auf sonstige Kriegsbräuche wie Brandschatzung u. ä. verzichtete. Aber es fehlte der gewissermaßen sportliche Aspekt: die förmliche Einladung, die Veranstaltung mit Einteilung in gegnerische Lager, die Ruhezone. Noch handelt es sich hier wie in den sonstigen Fällen um Kämpfe auf der Grenzscheide zwischen Krieg und Reiterspiel. Bernhard wetterte noch gegen diese Vorform. Er hat sich kaum vorstellen können, wie sich diese gerade in seinem Heimatland Frankreich weiterentwickeln sollte.

Die interessanteste Quelle in dieser Hinsicht bietet die Lebensbeschreibung eines bereits genannten englischen Adligen, der sich zum großen Baron mauserte: William der Marschall. Typischerweise kein Erst-, sondern ein Nachgeborener, nutzt er familiäre Kontakte, vor allem einen immerhin gräflichen Onkel, um sich hochzudienen. 1167 wird er förmlich Ritter, bestreitet erste Reiterspiele, bei denen man nach drehbaren Strohpuppen sticht. Dann geht es auf Ausfahrt, wie sie nur im damaligen Frankreich möglich war. Denn dort hat man die ungeregelten Ritterspiele mittlerweile zum Sport entwickelt. Im alten Grenzland zwischen der Île-de-France und den Regionen vor allem im Norden werden in bzw. bei Städten Turniere ausgeschrieben und Ritter aus ganz Frankreich und England (wo der Adel seit Wilhelm dem Eroberer anglonormannisch geprägt ist bzw. französisch spricht) angezogen. Dabei aber ging es um etwas sehr Wichtiges: um Geld. Das Turnier ist Spitzensport mit Spitzenverdienstmöglichkeiten wie der heutige Formel-1-Zirkus oder die Tennisturniere, die letztlich auf das Ritterturnier zurückgehen. Junge Habenichtse konnten hier aufsteigen, taten es meist dadurch, dass sie sich Mannschaften anschlossen, die erfolgreich waren. Dazu musste man etwas leisten und auf sich aufmerksam machen, dann wurde man für die Saison engagiert. William gelang dies auf Anhieb, er machte Gefangene, für deren Auslösung man feste Sätze erhielt. Davon konnte er seine Ausrüstung vervollständigen, wurde vom englischen König Heinrich II. als Prinzenerzieher an den Hof geholt, geriet in die Auseinandersetzungen zwischen Vater und Sohn, ging wieder nach Frankreich.

Hier bestritt William zwischen 1173 und 1183 Turnier nach Turnier – sechzehn werden in seiner Biographie ausführlich beschrieben. Es sind Spiele, aber dies bedeutet nicht Gefahrlosigkeit. Im Gegenteil bieten ständige Todesfälle oder spektakuläre Verletzungen geradezu den Reiz, wenn die großen Herren ihre Veranstaltungen zur eigenen Selbstdarstellung organisieren. Während Kriege wenigstens im Winter unterbrochen wurden, turniert man fast das ganze Jahr, lässt nur den Advent und die Weihnachtsoktav aus, ebenfalls die anderen großen kirchlichen Feste. Vierzehn Tage Ankündigung reichen, um Ritter vom Hennegau bis zur Normandie oder Burgund zu erreichen – es gab ein Nachrichtennetz mit Boten nur für den Sport. Die großen Herren, die auch in eigener Person auftraten, suchten nach geeigneten Haudegen wie heutige Fußballvereine nach Nachwuchs. William wurde von Philipp von Elsass engagiert, machte später seinen eigenen Verein auf, mit 20 bis 200 Rittern, die er zusammen mit einem Freund (mit dem er die Kasse teilte) unter einem Banner anführte. Dieser Trupp wurde dann heftig von »Nationalmannschaften« wie den Franzosen, Normannen oder Engländern umworben, die ebenso wenig aus Franzosen, Normannen oder Engländern bestanden wie heutige Spitzenvereine. Verdient wurde dann doppelt: einmal durch die Beute, zum andern aufgrund der Besoldung durch die Sponsoren, die von 20 Solidi pro Pferd bis zum Angebot von Renten gehen konnten, wie sie William vom Grafen von Flandern und vom Herzog von Burgund angeboten wurden (500 Pfund).

Gekämpft wurde auf freiem, aber abgestecktem Feld vor der Stadt. Waldstücke oder Dörfer konnten als Hinterhalt dienen. Die Scharen waren geteilt, jeder wusste, wozu er gehörte. Beim Turnier von Lagni-sur-Marne 1180 waren insgesamt 3000 Ritter beteiligt. Auf dem Feld gab es neutrale Orte der Zuflucht, wo man sich erholen oder verbinden lassen konnte. Am Vorabend kämpften die De-

Der »Herzog« von Anhalt (eigentlich: Heinrich I. Graf von Askanien und Fürst von Anhalt) im Turnier. Im Codex Manesse ist eine wenig ritterliche Situation dargestellt, bei der sich die Gegner in einer Art Ringkampf vom Pferd zu ziehen versuchen.

bütanten. Dann begann das eigentliche Turnier, indem eine Mannschaft die Schlacht eröffnete – denn es war eine Schlacht, gekämpft wurde mit scharfen Waffen und aufgrund der lockenden Beute eher verbissener als im Krieg. Der erste Angriff erfolgte in geschlossener Formation mit der Lanze – das wurde trainiert, weil nichts wirkungsvoller war als ein disziplinierter Stoß. Ansonsten fehlte es an Taktik. Ein flandrischer Graf war berüchtigt dafür, dass er Erschlaffung und Unordnung des Gegners abwartete und erst dann vorpreschte. Denn es ging in jedem Fall um Erfolg, d.h. um Beute in Form des Abschleppens von gegnerischen Rittern. Diese mussten dann nach vorheriger Vereinbarung zahlen, zum Beispiel mit ihrer teuren Rüstung (die man schon aus der Ferne taxierte). Man stürzte sich also aufeinander, riss sich Helme vom Kopf, um den Gegner kampfunfähig zu machen. Als gelungenste Aktion galt das Stoßen aus dem Sattel, das die Zuschauer bzw. Zuschauerinnen im Falle von hochkarätigen oder berühmten Gegnern mit entsprechendem Beifall quittierten. Wer nach dem Abflug möglichst verwundet wieder sein Pferd bestieg, galt als Held. Ansonsten wurde mit den Schwertern aufeinander eingedroschen, bis man die Häupter auf dem Amboss aus dem verknüllten Eisen befreien musste. Der Einbruch der Nacht machte dem Ganzen ein Ende. Es wurde abgerechnet und wild gezecht. Vor allem aber verschleuderten die wirklich Großen ihren Gewinn. Ohne diese Verschwendung wurde man so wenig berühmt wie ohne gefällte Gegner. Allerdings bedurfte es noch einer ganz speziellen Figur, die für die Verbreitung des Ruhms sorgte: des Herolds. Am Anfang steht der Turnierrufer, der die Helden auf dem Platz ankündigt (wie heute bei Boxveranstaltungen). Zuletzt ist daraus sogar ein Literat geworden, der die Taten in Gedichtform festhält – wir werden ihm noch begegnen.

Es ist völlig klar, dass unter diesen Gesichtspunkten alles andere als eine harmlose Veranstaltung herauskam. Das höfische Turnier, gerade in seiner Blütezeit, wie sie William erlebte, war eine brutale Veranstaltung, bestimmt von Gier und Geltungsdrang, garniert mit einer unendlichen Liste von Toten und Verstümmelten. Auf der anderen Seite gab es keine perfektere Möglichkeit, sich als Ritter zu präsentieren. Kein Aufstieg ohne Bewährung auf diesem Feld. Allerdings dürfte William die große Ausnahme darstellen: Die 500 Besiegten, an die er sich auf seinem Totenbett erinnert, sind Rekord. Dass sich darunter auch ein Ritter befand, der vor Erschöpfung vom Pferd und William buchstäblich vor die Füße gefallen war, aber trotzdem von ihm »gefangen« wurde, war ihm dabei kaum bewusst. Im übrigen galt als Williams Hauptleistung, dass er einmal die englische Königin, Eleonore, an französischen Rittern rächte, die ihren Trupp überfallen und den halbtoten William abgeführt hatten. Eleonore löste ihren Helden großzügig aus. Dann erst kam es zur Verheiratung mit der zweitreichsten Erbin des englischen Königreichs, die William letztendlich den Grafentitel eintrug. Aber bei seinem Tod beruht der Ruhm nicht auf seiner überragenden Stellung, sondern auf der Vergangenheit: Der französische König Philipp II. August sprach beim Eingang der Nachricht vom »besten aller Ritter«.

Aufstiege dieser Art werden seltener gewesen sein als Abstiege wie der eines jungen Erben aus der Gegend um Lüttich, der bei Turnieren aufgrund von Niederlagen und nicht zuletzt seiner spendablen Art gegenüber den Spielleuten alles verlor. Trotzdem blieb die Attraktion des Turniers über Jahrhunderte erhalten. Brabant war das zweite große Turnierland Europas. Gislebert von Mons geht in seiner *Hennegauischen Chronik* wiederholt darauf ein, berichtet über Graf Balduin V., der 1168 das Schwert empfing und dann mit seinem Gefolge an einem Turnier in Maastricht teilnahm, aber auch bis in die Normandie zog. 1175 trat er mit 200 Rittern und 1200 Mann Fußvolk in Soissons auf. In England war das Turnier lange verboten, dann wurde es durch Richard Löwenherz 1194, also nach dessen Kreuzzug, offiziell an fünf Orten erlaubt und mit hohen Steuern belegt. In Deutschland scheint es keine Verbote (außer den kirchlichen) gegeben zu haben, allerdings auch keine offizielle Einführung. Hier war es die Billigung des Kaisers, die die Tore öffnete. 1184, auf dem immer wieder herangezogenen Mainzer Hoftag, sollte das erste Turnier nach französischer Art in Deutschland stattfinden. Die Einladungen waren ausgesprochen, Ort (Ingelheim) und Termin (die Woche nach der Schwertleite der Söhne) festgelegt. Da kam es zu einem Unwetter, das vielleicht weniger mit seinem Regen als mit der Vorbedeutung, die Geistliche daraus ablasen, zur Stornierung führte.

Josef Fleckenstein (Hrsg.): Das ritterliche Turnier im Mittelalter. 1985 (bes. U. Mölk, J. Fleckenstein und S. Krüger); Georges Duby: Guillaume le Maréchal oder der beste aller Ritter. 1986; Ursula Peters: Ritterbiographie und Familiengeschichte. Das Beispiel der ›Histoire de Guillaume le Maréchal‹. In: Joachim Heinzle (Hrsg.): Literarische Interessenbildung im Mittelalter. 1993; Richard Barber und Juliet Barker: Die Geschichte des Turniers. 2001.

## 12
## Buhurt und Tafelrundenturnier

Dass das Turnier in Deutschland mit einer gewissen Verspätung aufgenommen wurde, hängt teilweise damit zusammen, dass hier ein Reiterspiel anderer Art existierte: der Buhurt. In diesem Fall steht nicht der Kampf mit Waffen im Vordergrund, sondern das reiterliche Können. Gegnerische Formationen gingen gegeneinander vor und suchten sich mit Schilden abzudrängen, das Ganze könnte auch als Schaureiten bezeichnet werden. In der Mitte des 12. Jahrhunderts bietet die Lebensbeschreibung des Erzbischofs Albero von Trier ein Beispiel, als er 1148 mit seinem Heer das des Rheinischen Pfalzgrafen erwartete und sich seine Leute mit Spielen die Zeit vertrieben. Dabei ist ausdrücklich von »Kunst« die Rede, von »kunstvoll vorgetäuschtem Fliehen« und »plötzlichem Kehrtmachen«, von »scheinbarem Zurückweichen« und »Einschwenken der Flügel« – alles, was man in der Schlacht brauchte und nun wie im Manöver übte. Das Mainzer Hoffest von 1184 wurde immerhin von einem solchen Buhurt abgeschlossen, an dem 20000 Ritter an zwei Tagen beteiligt gewesen sein sollen.

Ganz ungefährlich war auch dies nicht. In der um 1230 verfassten *Lauterberger Chronik* wird von einer Waffenübung, genannt *torneamentum*, aus dem Jahre 1175 berichtet, bei der es einen Todesfall gab, abgeschlossen von der Bemerkung: »So sehr hatte sich aber dies verderbliche Spiel bei uns eingebürgert, dass binnen Jahresfrist sechzehn Ritter dabei den Tod gefunden haben sollen.« Dem Zeitpunkt nach kann es sich nur um einen Buhurt gehandelt haben. Auch das *torneamentum* vor Würzburg bezeichnet unter dem neuen Wort offensichtlich die alte Form. Gelegentlich müssen auch Lanzen im Spiel gewesen sein, jedenfalls wird über entsprechende Todesfälle berichtet. Wenn Waffen, dann waren es jedenfalls wie auch beim Turnier stets scharfe. Stumpfe Waffen tauchen erst im 13. Jahrhundert auf, werden erstmals bei einem englischen Turnier des Jahres 1216 erwähnt. Überhaupt war England offenbar das Land der Regelungen. Allerdings erst am Ende des 13. Jahrhunderts gibt es das *Sta-*

In einer leider stark beschädigten *Tristan*-Handschrift ist ein Buhurt dargestellt. Links sieht man fünf Reiter, im Vordergrund Riwalin, rechts vier weitere Reiter.

*tutum Armorum* per königliches Gesetz, in dem stumpfe Waffen Pflicht sind und vor allem das Verhalten der Knappen geregelt wird. Denn neben all den anderen Gefahren hatten sich die Knappen als sogenannte Kipper betätigt, die die Ritter zu Fuß mit Knüppeln vom Pferd holten.

Aber dann muss sich alles sehr schnell entwickelt haben. Der Hauptgrund scheint die Literatur gewesen zu sein, die das Turnier in seiner französischen Erscheinungsform zusammen mit den französischen Texten einbürgerte – davon wird noch näher die Rede sein. Man las also von Turnieren und wollte sie selbstverständlich auch selbst veranstalten. Die kirchlichen Verbote wurden dabei ohne weiteres beiseitegeschoben, zumal der Papst selbst zur Lockerung überging. Die Aussetzungen gerade vor Kreuzzügen mögen ihren Sinn darin gehabt haben, die unentbehrlichen Ritter nicht zu provozieren. Aber auch ausgesprochene Exkommunikationen wurden nun etwa 1206 und 1207 zurückgenommen. Daneben gab es eine päpstliche Turniererlaubnis für drei Tage. Im Laufe des 13. Jahrhunderts hagelt es noch Kritik, die aber zeigt, wie attraktiv das Turnier war. Als der Dominikaner Jakob von Vitry, selbst Kreuzzugsteilnehmer und zeitweise Bischof von Akkon, unter seinen berühmten Predigten eine gegen das Turnier richtete, orientierte er sich an den sieben Todsünden, deren sich turnierende Ritter seiner Meinung nach schuldig machten. Aber diese »Todsünden« waren die Sehnsucht jedes Ritters. Nichts suchte er mehr als Hochmut – in Gestalt von Ruhm. Nichts mehr als Ausschweifung – wenn sie Frauen gefallen wollten. Neid, Hass, Zorn, Habgier, Melancholie anlässlich von Verlusten waren zwar nicht Ziel der Veranstaltung, gehörten aber dazu, um die Attraktion zu erhöhen. Jakob erfasste es letztlich perfekt: Die Ritter hatten ihr Terrain gefunden, auf dem sie sich bewähren, das Maß an Ehre förmlich aushandeln konnten. Sie hatten nach Jakob das Ideal des *miles christianus* hinter sich gelassen und zimmerten sich ihre eigenen Ideale: rein weltliche, an denen Jakob nur die Nachteile wahrnahm, zum Beispiel die Rücksichtslosigkeit (»sie zertrampeln die Äcker der Bauern«).

Interessant dabei ist schließlich noch Jakobs Hinweis auf die Frauen. Denn dies wurde schon in Frankreich zu einem Hauptantrieb neben dem wirtschaftlichen Aspekt: der Gewinn von weiblicher Gunst. Bei William bzw. in seiner Biographie spielt es eine geringe Rolle. Aber überall sonst sind es die Damen, die zuschauen und ihre Ritter ermuntern, die ihnen sogar Pfänder mit in den Kampf geben, zum Beispiel einen kostbaren Ärmel – sie waren damals nicht angenäht, sondern angenestelt, konnten also leicht abgenommen werden. Der wurde dann auf den Schild genagelt. Nichts wirkungsvoller, als mit einem blutigen Ärmel zurückzukehren, den die Dame dann huldvoll entgegenzunehmen oder gar anzuziehen hatte. All dies machte das Turnier immer mehr zum Fest, die höfische Gesellschaft hatte kaum eine bessere Möglichkeit zur Repräsentation und Demonstration als diese Form der Großveranstaltung, die ein Bernhard von Clairvaux noch so fürchtete. Und nicht nur die Frauen, auch andere problematische Erscheinungen sind eingebunden: Spaßmacher, Geschichtenerzähler, Akrobaten. Ein

Damen schauen Rittern beim Schwertkampf zu. In der überlegenen Position ist Heinrich (oder sein Bruder Leopold) von Scharpfenberg dargestellt.

berühmter Unfall bringt genau diesen Aspekt ans Licht. Der Babenbergerherzog Leopold V. von Österreich war bei einem Turnier in Graz unglücklich vom Pferd gestürzt, ließ sich sein zerquetschtes Bein von seinem Kämmerer abschlagen und starb trotzdem anschließend am Wundbrand. Das Ganze hatte sich an einem zweiten Weihnachtstag vollzogen, in verbotener Zeit also. Ein anwesender Erzbischof petzt per Brief beim Papst und lässt auch die vernichtendste Kritik nicht aus: Der Herzog habe das Turnier »zum Zeitvertreib« ausgerichtet. Übrigens handelt es sich um genau den Herzog, der Richard Löwenherz auf dessen Rückkehr aus dem Heiligen Land gekidnappt hatte.

Dies war 1194 gewesen, zehn Jahre nach dem ominösen Mainzer Hoftag. Mittlerweile hatte sich das Turnier im gesamten Deutschen Reich durchgesetzt, vor allem bei den großen Landesherren. Neben dem Österreicher trugen die Herzöge von Bayern Veranstaltungen aus, weiter der Pfalzgraf bei Rhein, der Landgraf von Thüringen, der Markgraf von Meißen, die Welfen in Braunschweig – alles, was Rang und Namen hatte. Meist waren es große Feste, die den Anlass gaben, Hochzeiten zum Beispiel. Die Könige nutzten Hoftage, wenn sie durchs Reich zogen. In Köln kam es bei einer solchen Gelegenheit 1273 zum Zwischenfall und deshalb zum Bericht: Herzog Ludwig von Bayern hatte 1256 auf bloßen Verdacht der Untreue hin seine Frau enthaupten lassen. Als er zum Turnier erschien, zeigten sich hundert Ritter mit einer enthaupteten Frau auf ihren Schilden. König Rudolf brach darauf entnervt das Turnier ab. Neben Hochzeiten und Hoftagen konnte es auch reiner Protz sein, der die Ausrichtung begleitete. Heinrich der Erlauchte von Meißen lud 1263 oder 1267 die Ritter des gesamten Reichs ein, errichtete einen Turnierbaum mit goldenen und silbernen Blättern und zeichnete damit die Sieger aus, die bei Abwurf ihres Gegners ein goldenes bekamen. In diesem Fall ging es um die Form der Tjost, also des Einzelstechens (nach lateinisch *juxta*, »nahe bei«), das sich neben dem Massenreiten etabliert hatte. Gerade diese Form des Zweikampfes diente in ganz besonderer Weise der Demonstration des Mutes und der Fähigkeiten.

Neben Massenkampf und Einzelgefecht (Tjost) entwickelte sich im 13. Jahrhundert noch eine weitere Form des Turniers, die ihre Bedeutung im Spätmittelalter gewinnen sollte: das Tafelrundentur-

Artus und die Tafelrunde. Miniatur aus einer 1372 entstandenen Handschrift des *Wigalois* von Wirnt von Grafenberg.

nier. In diesem Fall spielten Ritter Szenen aus der Literatur nach, wie man es dem Namen entnehmen kann: der Tafelrunde von König Artus. Dort ging es darum, dass Ritter von jedem anderen zum Kampf aufgefordert werden konnten. Dies geschah nun auf organisierte Weise. So hängten Ritter ihre Schilde auf, um andere Ritter durch deren Berühren für einen Kampf (als Tjost) zu gewinnen. Daneben gab es die Ausgestaltung als Gralsfest, wieder ein Bezug zur Literatur, in der der Gral das höchste Ziel ritterlicher Suche nach Vollkommenheit darstellte. Im Spiel stellte der Gral das Zentrum dar, um das die ritterlichen Wettbewerbe stattfanden. In beiden Fällen konnten kämpfende Ritter die Namen der bekannten Helden annehmen, was die Literarisierung des Turnierens förderte. Nachdem sich im 12. und 13. Jahrhundert der Ritter als ideologischer Begriff herausgebildet hatte, »spielt« man nun Rittertum. Beteiligt daran waren charakteristischerweise auch Städter bzw. das städtische Patriziat, das nichts mehr begehrte, als in ritterliche Sphären aufzusteigen.

Das erste belegte Tafelrundenturnier datiert auf 1223. Anlässlich einer Schwertleite auf Zypern, das damals Kreuzfahrerstaat war, organisierte man einen Buhurt und ahmte, wie es in den Memoiren eines Teilnehmers heißt, »die Abenteuer der Bretagne und der Tafelrunde nach«. 1232 verbot der englische König ein Tafelrundenturnier in seinem Machtbereich, was erstens auf bereits zurückliegende Tradition schließen lässt und zweitens auf die Tatsache, dass der Krone dabei die Verbindung des Adels untereinander unheimlich war. Im Turnierland Flandern fand dagegen 1235 ein Tafelrundenturnier statt (mit anschließender Vereinbarung zur Kreuzfahrt). Hier kam es auch zum berühmt-berüchtigten Zwischenfall, als einer der ganz Großen dabei getötet wurde. Herzog Jan II. von Brabant, der Bezwinger des Kölner Erzbischofs bei Worringen 1288, erlitt 1294 in Bar-sur-Aube dieses Schicksal, obwohl bei Tafelrundenturnieren die Gefahr eingedämmt, mit stumpfen Waffen gekämpft wurde (wogegen trotzdem ein päpstliches Verbot erging). Zahlreiche Tafelrundenturniere sind in Spanien belegt. Mittlerweile hatte auch England nachgegeben, ja ging unter Edward I. voran, wobei diesmal wohl die englische Vergangenheit von König Artus den Ausschlag gab.

In Deutschland sind Tafelrundenturniere im 13. Jahrhundert nicht belegt, wohl aber gab es in norddeutschen Städten im 14. Jahrhundert Artusbruderschaften, bei denen Patrizier adlige Lebensformen pflegten. Artushöfe sind von Stralsund bis Riga belegt. Wiederum von einer Stadt ging ein berühmtes Gralsfest aus, das 1280 in Magdeburg zustande kam. Die Bürger hatten Interessenten aus Nachbarstädten eingeladen und als Turnierpreis eine Frau mit Namen Feie ausgesetzt, wobei die Interpretationen zwischen Lebedame und Prostituierter schwanken. Bekommen hat sie ein älterer, aber offenbar sportlicher Bürger aus Goslar, der also gegen Schilde geschlagen und erfolgreich seine Gegner aus dem Sattel geholt hatte. Die große Überraschung bietet dagegen die literarische Darstellung eines Tafelrundenturniers für die frühe Zeit von 1225, die emsige Fahndungen nach einem historischen Beleg ausgelöst hat. Aber was Ulrich von Liechtenstein in seinem *Frauendienst* um 1255 so detailreich beschrieben hat (es wird uns noch in anderem Zusammenhang beschäftigen), lehnt sich wohl an ausländische Vorbilder an.

Ursula Peters: Frauendienst. 1971; Maurice Keen: Das Rittertum. 1991; Josef Fleckenstein (Hrsg.): Das ritterliche Turnier im Mittelalter. 1985 (bes. Th. Zotz); Joachim Bumke: Höfische Kultur. 1990.

## 13
# Turniere in der Literatur

An keiner Stelle wurde bislang aus literarischen Texten zitiert. Der Grund liegt nicht darin, dass dort etwa wenig von Turnieren die Rede gewesen wäre, sondern ganz im Gegenteil. Zum Ritterbild der Literatur gehört auch das Bild des turnierenden Ritters. Nur zeigt sich sehr rasch, dass dieser Ritter keineswegs identisch ist mit dem, was wir bislang gesehen haben. Der Turnierritter der Literatur ist durchweg ein Ideal, ein geradezu überirdischer Held, seine Siege sprengen alles, was selbst Spitzenritter à la William der Marschall geleistet haben. Eher war es so, dass die Literatur auf die Wirklichkeit zurückwirkte, dass tatsächliche Ritter so sein wollten wie die literarischen Gestalten. Allerdings nutzten die Autoren auch die Gelegenheit, Probleme anzusprechen, die man in historischen Quellen nicht erwarten kann: zum Beispiel die Frage, auf welchen Qualitäten genau Siege eigentlich beruhen. Und nicht zuletzt kommt auch Kritik zum Zuge: nicht kirchliche, sondern weltliche – zum Beispiel in Form der Frage, wohin eine solche Veranstaltung letztlich führt. Wir wollen einige Beispiele herausgreifen.

Es ist kein Wunder, dass das Turnier die Domäne der Artusdichtung wurde (während in der Heldenepik wie etwa im *Rolands-* oder dem *Nibelungenlied* der Krieg vorherrscht). Ihr Begründer war Chrétien de Troyes, von dem man vermutet, dass er an nordfranzösischen Höfen schrieb, zum Beispiel für Heinrich von Champagne und Philipp von Flandern, die beide ausgesprochene Turnierliebhaber waren. Der Stoff lag schon lange vor, geht auf die Sagenfigur des keltischen Königs Artus zurück, der in Zeiten der Völkerwanderung Britannien gegen die Sachsen verteidigte. Chrétien machte daraus (nach dem Vorbild von Waces *Le Roman de Brut*) die Tafelrunde und schickte die einzelnen Ritter auf Bewährungsfahrten, auf denen sie zeigen konnten, was ein Ritter zu tun und zu lassen hat. Fünf Romane schrieb er, vier davon wurden rasch ins Deutsche übersetzt. Der allererste, um 1165 entstanden, war *Erec et Enide*, von Hartmann von Aue kurz nach 1180 als *Erec* nacherzählt. In beiden Texten wird ein großes Turnier geschildert, in Frankreich wie in Deutschland jeweils zum ersten Mal. Und beide Schilderungen tun uns auch noch den Gefallen, stark voneinander abzuweichen. Man lernt also eine französische und eine deutsche Perspektive kennen.

Bei Chrétien findet das Turnier zwischen den Städten Edinburgh und York statt. Es bildet den krönenden Abschluss der Hochzeit von Erec und Enide – in 127 Versen. Geplant wird es von König Artus höchstpersönlich, und zwar ausdrücklich zur Repräsentation der Rittergemeinschaft und Steigerung der Festtagsstimmung (in der dritten Festwoche). Die Komposition ist raffiniert. Chrétien bietet das Schauspiel eines Massenkampfes, in dem sich die Ritterschaft insgesamt darstellt. Dann unterbricht er den Massenkampf durch Einzelstechen (Tjoste), in denen sich Erec besonders auszeichnet. Schließlich geht der Blick wieder zurück zum Massenkampf, in dem Erec seine Mannschaft besonders tapfer anführt. Alle diese Szenen sind literarisch höchst kunstvoll geformt, weit entfernt von der Realität (Tjoste gab es noch gar nicht). Schon der Kampfplatz wird auf besonders farbenprächtige Gegenstände reduziert: auf Feldzeichen, Minnepfänder (die ominösen Ärmel), Waffen, Rüstung, Pferde – »so rot, so blau, so weiß, so grün, so gelb«. Lanzen und Schilde sind gleich bemalt, weiter gibt es gestreifte und scheckig gefärbte Ausrüstungsteile. Die Ritter selbst verschwinden fast unter diesem Glanz, bilden eine Oberfläche, auf der »das Sonnenlicht spielt«. Schließlich kommt Bewegung ins Spiel: der Angriff im Galopp, der ohrenbetäubende Lärm des Aufpralls, das Splittern der Lanzen, das Zerspringen der Panzer – aber kein Blut, keine Schmerzensschreie. Das Töten und Verletzen ist vollkommen ästhetisiert.

Dann wendet sich der Blick Erec zu. Der löst sich auf seinem weißen Pferd aus der Schlachtreihe und geht zum Einzelkampf über. Dreimal reitet er an, prallt auf, sticht mit der Lanze zu – der Gegner fällt vom Pferd. Jedesmal sind die Gegner mit Namen genannt, mit immer bedeutenderen, zuletzt ein König, in bester Ausrüstung und mit perfekter Zügelhaltung. Damit ist die Rangordnung ausgehandelt, Erec in eine höchste Position manövriert. Und doch folgt noch eine Steigerung. Vorangegangen war der Sturz eines Mitglieds der eigenen Partei, dessen drohende Gefangennahme. Erec rettet ihn und drängt dann alle anderen in ihr Revier zurück, indem er seine Geg-

Wie für so viele andere Szenen ritterlichen Lebens bietet der Codex Manesse auch für die Tjost ein Beispiel, und zwar bei der Darstellung von Albrecht Marschall von Rapperswill.

ner mit der Lanze vom Pferd sticht und mit dem Schwert Helme auf einen einzigen Streich spaltet. Schließlich stellt sich Erec ganz allein der gesamten gegnerischen Schlachtreihe und besiegt sie. Damit ist der Triumph perfekt. Das Wichtigste aber: Erec hat zu keiner Zeit nur für sich selbst gekämpft, sondern für die Gruppe. Nun stattet ihm die Gruppe den Dank ab, ja der fällt ihm auch noch von der Gegenpartei zu. Erec wird als »bester Ritter« anerkannt und gefeiert. Er bedankt sich für die Ehre bei Artus, der sie ihm ermöglicht hat.

Gewalt, so zeigt sich, ist nicht rohe Gewalt, nicht Gewalt um ihrer selbst willen, sondern steht im Dienst von »Höherem« – der Erringung von Ehre. Handelt es sich um Propaganda oder einen utopischen Gegenentwurf zur rauhen Realität? Wozu diese Verwandlung eines rohen Kriegertums in die Demonstration von perfektem höfischen Betragen, von Courtoisie? Wenn man an den mutmaßlichen Mäzen denkt, liegt die Antwort nahe: Ihm wird mitgeteilt, dass er auf dem richtigen Weg ist. Und das sonstige adlige Publikum? Auch in diesem Punkt muss man an eine Aufwertung denken. Es gibt eine Ritterwürde, kann nur der Schluss lauten, und vor allem: Diese Ritterwürde verdankt sich der Waffentat des Einzelnen, die zugleich der Gemeinschaft dient. Der Ritter, der in der Realität immer noch rigoros seine Interessen verficht, ist eine soziale Figur. Ob darin nun eine Disziplinierung von oben liegt (man hat sogar von einer »perfiden Zweckideologie« gesprochen) oder eine »Anbiederung« aufsteigender Gruppen, die den großen Herren ihre Unentbehrlichkeit demonstrieren wollten: Das Modell wird überall begeistert aufgenommen, auch in Deutschland. Chrétiens Erstling ist auch Hartmanns Einstieg. Auch Hartmann arbeitet für hochadlige Mäzene, ob es nun die Zähringer, die Welfen oder die Staufer waren. Und Hartmanns Turnierschilderung ist die erste (und seine einzige) in deutscher Sprache. Das bedeutet: Er musste einem Publikum erzählen, das anders als das französische das Turnier kaum kannte. Erläuterungen waren notwendig und vermutlich hochwillkommen.

Wie bei Chrétien beschließt das Turnier das Hochzeitsfest, aber diesmal ist es weniger in die Ereignisse am Artushof als in die Minnehandlung eingebettet: Erec will seiner Herzensdame, um die er ohne Liebe geworben hatte, seine nun erwachte (und bald zerstörerisch wirkende) Liebe demonstrieren. Dazu bedarf es eines entsprechenden Auftritts, für den Artus sorgt: Er stiftet dem jungen Mann zuerst einmal drei kostbare Ausrüstungen (Pferde aus Spanien, Helme aus Poitiers) in verschiedenen Farben, wobei auf allen Einzelgegenständen Erecs Wappen prangt, auf allen Schilden ein Minneärmel in Gold, Silber oder Zobel. Wenn die Helmzier von einem Engel gekrönt wird, deutet dies ebenso auf Enite wie die grüne Farbe des Waffenrocks, war doch Enite beim ersten Zusammentreffen in Grün gekleidet. Völlig neu aber ist Erecs Strategie. An den Vortagen vor dem eigentlichen Turnier, die Hartmann zu Chrétiens Vorlage ergänzt, kämpft er in bewusstem Understatement, zieht sich erst einmal bescheiden vom großen Trubel zurück (erste Sympathien, erste wohlwollende Berichte der Umstehenden). Am zweiten Tag, dem Vorturnier, erscheint er in aller Frühe, reitet ohne Zuschauer in fünf Tjosten fünf Gegner nieder, lässt die wertvollen Pferde laufen und ist weg – nicht ohne dass die später Hinzukommenden schließen, dies müsse Erec getan haben.

Entsprechend gesteigert ist die Erwartung beim Hauptturnier. Unter demonstrativer Todesverachtung tritt Erec am Vormittag erst einmal ungerüstet an, wieder ohne Zuschauer. Diesmal verbreitet sich die Nachricht wie ein Lauffeuer. Dann der Höhepunkt am Nachmittag. Beim Massentreffen übertrifft Erec alle Ritter an Glanz. Im Einzelkampf versticht er mehr Lanzen als jeder andere, im Gruppenkampf drängt er alle zurück, wobei er nicht einen, sondern gleich drei in Bedrängnis geratene Ritter seiner Partei (darunter Gawan) heraushaut. Dabei hatte er nicht einmal Zeit, den Helm aufzubinden. Schließlich fordert er einen Ritter zum sogenannten Damenstich heraus und findet nur einen einzigen, der sich noch meldet. Das Ende besteht in Anritt, Treffen an der empfindlichsten Stelle, nämlich zwischen den vier Schildnägeln (die Hörer/Leser sind entzückt über die Information), Reißen des Zaumzeuges, Sturz vom Pferd. Natürlich behält Erec nichts für sich. Der Rest geht in Bewunderung der höfischen Gesellschaft und ausdrücklichem Lob aus dem Munde von König Artus unter. Weisheit, Schönheit, Stärke, Freigebigkeit sind bewiesen und stellen Erec ausdrücklich noch über den klassischen Musterritter Gawan (der Erecs Hilfe benötigte). Enite reagiert als einzige verhalten, weil sie sich an den Ritt ohne Helm erinnert, bekennt dann aber, doch lieber einen Helden (hier *degen* genannt) geheiratet zu haben als einen Feigling. Das Publikum wird dieses Bekenntnis mit Beifall quittiert haben.

Aber fügen wir auch hinzu: Rein nichts von dieser Darstellung entsprach der Praxis – ausgenommen vielleicht die Schildnägel. Noch mehr als Chrétien hat Hartmann eine strahlende Lichtgestalt erfunden, eine Symbolfigur, einen Ritter ohne Furcht und Tadel, dafür mit durch und durch sozialen Ambitionen. Wirkliche Ritter hörten die Botschaft und werden sich ihre Gedanken gemacht haben. Einige wollten wohl so sein wie Erec und blickten nicht ohne Stirnrunzeln auf Figuren wie William den Marschall. Die Literatur übernahm also im wörtlichen Sinne eine Führungsrolle. Als im *Iwein*, dem zweiten hartmannschen Artusroman, der Titelheld Land und Frau gewonnen hat, mahnt ihn Gawan, seine Ritterpflichten nicht zu vergessen, wie es einst Erec passierte. Der zog sich nach seinem Triumph mit seiner Herzdame in die Kemenate zurück, »verlag sich«, wie es mit wunderschönem Neologismus heißt. »Wir müssen turnieren wie früher«, mahnt Gawan demgegenüber, sonst »löst sich die Ritterschaft in Luft auf«.

Deutlicher geht es nicht: Das Kämpfen ist in seiner Kunstform zum Beruf geworden, der alte Krieger kehrt wieder als eine Figur, die auf einer ebenso ausgelebten wie gezügelten Form von Gewalt beruht. Bereitschaft zum Einsatz auf Leben und Tod ist sein Markenzeichen, um das kostbarste Gut zu erlangen: Ansehen, genannt Ehre. Das hilft beim Erwerb von Land, der wirtschaftlichen Stütze, über die man nicht viel redet, wie von Frauen, möglichst schönen. Das Turnier ist ein Markt, auf dem die Ehre gehandelt, zwischen den Konkurrenten ausgehandelt wird. Wiederum im *Iwein* wird der Zweikampf zwischen dem Titelhelden und Gawan im Bild der Ökonomie beschrieben: »Sie teilten beide mit vollen Händen aus, und man brauchte doch nicht nach Geld zu schicken, denn sie hatten auf dem Kampfplatz Kapital und Zinsen mitgebracht und zahlten auf der Stelle reichlicher und schneller zurück, als man es haben wollte … Sie erzielten Gewinn damit wie zwei Händler, aber sie machten ihren Profit auf äußerst befremdliche Weise. Hätte ein Kaufmann ihre Methode gehabt, so hätte er damit bankrott gemacht, sie aber wurden damit reich.« Lohn gibt es für Risiko, das ist die Botschaft an die Realität, wobei sich dieses Risiko von dem des Kaufmanns in

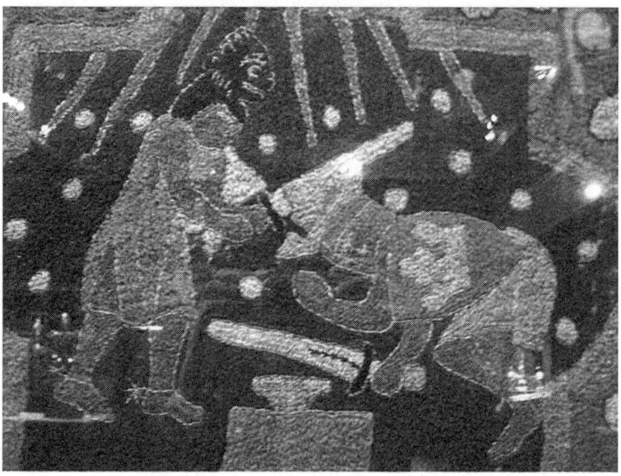

Zweikampfszenen aus den Artusromanen waren ein beliebtes Bildmotiv. Der Maltererteppich (um 1320) aus dem Kloster St. Katharina zu Adelhausen enthält zwei Szenen aus dem *Iwein*-Zyklus. Iwein besiegt Askalon im Gewitter bei einem Brunnen und gerät durch einen unsichtbar machenden Ring in die Hand Laudines. Vermutlich entstammt der Teppich, der heute im Augustinermuseum in Freiburg aufbewahrt wird, der Aussteuergabe der Nonne Anna Malterer, woher sein Name stammt.

einem wichtigen Punkt unterscheidet: Ritter, so heißt es ausdrücklich im Text, »rechnen« nicht, sondern verschwenden.

Damit hat der Artusroman eines seiner wichtigsten Themen gefunden. Aber die Darstellung ist überraschend vielfältig. Nur wenige Jahre nach Hartmann gestaltet Wolfram von Eschenbach in seinem *Parzival* ein Beispiel, das wieder einmal von der französischen Vorlage mehr als stark abweicht – es ist dort überhaupt nicht vorhanden. Erzählt wird die Vorgeschichte von Parzivals Vater Gahmuret, einem Zweitgeborenen, der nur als fahrender Ritter etwas werden kann. Das gelingt auch in der Ferne des Orients, er bekommt eine schwarze Königin samt Land, lässt aber die schwangere Ehefrau zurück, um nach »Ritterschaft« zu streben. Dazu findet er per Zufall in Frankreich Gelegenheit. In Kanvoleis im Lande Valois richtet Königin Herzeloyde ein Turnier aus, bei dem sie ihre Länder und sich selbst als Preis bestimmt. Natürlich zieht dies Ritter an, allerdings entsteht eine geradezu absurde Situation. Die meisten sind bereits verheiratet, könnten den Preis überhaupt nicht annehmen. Einer kämpft nur für seine eigene Frau, ein anderer will sich an seinem Erzfeind rächen, den meisten geht es lediglich um Gewinn. Gahmuret selbst, eigentlich zu spät angekommen, hört von der Mitwirkung eines Verwandten und will ihn unterstützen. Nur unterschätzt er seinen übertrieben prunkvollen Auftritt, nach dem er noch mitmachen darf. Der löst nämlich bei Herzeloyde Minneerwartungen aus. Dann überbieten sich die Absurditäten.

Schon am Vortag gerät der Kampf nach der Teilung der Scharen völlig außer Kontrolle. Gahmuret schert aus seiner eigenen Truppe aus, sticht ansonsten vorbildlich Gegner nieder. Herzeloyde sieht es mit Wohlgefallen, lässt den wilden Kampf abbrechen und erklärt Gahmuret zum Sieger des Turniers, obwohl überhaupt keines stattgefunden hat. Dann folgt der Höhe- oder auch Tiefpunkt: Gahmuret wehrt sich gegen den ausgesetzten Preis, also Herzeloyde, zumal er mitten im Kampf brieflich einen weiteren Minneantrag erhalten hat (worauf sich ein »Damenduell« zwischen Herzeloyde und der Neuen abspielt, die »minniglichere Minne empfangen und geben zu können« behauptet). Aber seine Mitkämpfer, alle froh, dass der Preis an ihnen vorübergegangen ist, zwingen den unglücklichen Sieger mit Rechtsmitteln dazu, den Preis anzunehmen. Gahmuret wird Herze-

Die Handschrift *Parzival* von Diebold Lauber aus dem 15. Jahrhundert zeigt Gahmuret im Turnier von Kanvoleis: vier miteinander kämpfende Ritter in Rüstung mit Turnierhelmen, Streitkolben und Schwertern, umgeben von Turnierschranken. Die Darstellung legt besonderen Wert auf Details der ritterlichen Ausstattung im Turnier wie Turniersattel und Turnierwaffen, Bauchreifen, Beintaschen, Armkacheln oder Achselscheiben.

loydes Ehemann, der Held lebt also (nach heutigen Maßstäben) in Bigamie, zeugt ein weiteres Kind, wieder einen Sohn: Parzival, der am Ende des Riesenromans seinen schwarzweiß gestreiften Halbbruder Feirefiz aus der ersten Ehe umarmen wird. Dabei bleibt Gahmuret auch Herzeloyde nicht wirklich treu, sondern verlässt sie zu weiteren Turnierabenteuern, die er nicht übersteht. So ist Parzival noch vor seiner Geburt Halbwaise, und seine Mutter versteckt ihn im Wald, um ihn nur ja davon fernzuhalten, was ihr als das Allerschlimmste vorkommt: Ritterschaft. Natürlich geht es schief, Parzival reißt aus und wird als erstes Ritter bei Artus.

Eine böse Kritik also mitten in der so turnierverrückten Realität. Interessant, dass Wolfram dabei die Realität gegen das eben entstandene Ideal ausspielt: gierige Turnierteilnehmer, wahre gegen geheuchelte Interessen, das Elend einer Ritterschaft, die beim Streben nach Ehre Tote, Witwen und Waisen erzeugt. Die Realität wurde aber auch gewissermaßen überspielt: Immer mehr dringt die Tjost, das Einzelstechen, vor. Im *Erec* wurde es zur Einstimmung am Vortag ausgetragen, im Laufe des 13. Jahrhunderts löst es das Massenturnier mehr oder weniger ab. Turniere sind nun Tjoste, und der Grund scheint klar: Beim Einzelstechen tritt der Ritter als Individuum stärker hervor, kann sich leichter auszeichnen. In der Realität war dies genauso, aber die Literatur geht hier schon deshalb voran, weil es viel besser zu ihrer Heldenverehrung passt. Das Turnier bekommt buchstäblich Showcharakter, wird vom freien Feld vor einer Stadt auf einen Kampfplatz mit festen Schranken verlegt und spielt sich vor Tribünen ab. Immer farbenprächtigere Ritter treten auf dieser Bühne auf. Den Höhepunkt in Deutschland stellt dabei der schon erwähnte Riesenroman in Strophen dar: der *Frauendienst* Ulrichs von Liechtenstein, datiert auf die Zeit um 1255. In diesem Roman, der als Autobiographie angelegt ist (die erste »Ritterbiographie« überhaupt), gibt es alle Formen des Turniers vom klassischen Massenkampf über das Tafelrundenturnier bis zur Tjost unterwegs. Eingebettet ist all dies in das Hauptmotiv ritterlichen Kämpfens: in den Versuch der Eroberung einer Dame (dazu später mehr). Aber man glaubt heute, dass sich dahinter möglicherweise eine politische Aussage verbirgt. Ulrich ist steirischer Landesministeriale, ein mächtiger und vor allem vermögender Herr mit Bergwerken, der seinem Landesherrn untersteht. Die Turniere bieten Gelegenheit zur Angleichung, fördern geradezu eine Vereinigung, wenn nicht einen Ausgleich der politischen Kräfte.

Das erste Turnier, an dem der gerade Ritter gewordene Ulrich teilnimmt, hat der Herzog in Friesach ausgeschrieben. Grund: Dort sollen zerstrittene Herren im ritterlichen Kampf Frieden schließen, regelrecht Blut vermeiden. Tatsächlich wird auch fleißig turniert, bis nach zehn Tagen der Herzog das für die Einigung ergebnislose Tjostieren abbrechen lässt und ein großes Massenturnier zur endgültigen Friedensstiftung anberaumt, bei dem er selbst mitsamt den Fürsten teilnimmt. Tatsächlich gelingt die Aussöhnung. Was als Zwang nicht zustande kam, erreicht das Spiel. Im Vordergrund aber steht die Schilderung mit allen Einzelheiten der Abläufe. Sechshundert Ritter ziehen aufs Feld, Fahnen überall, Rufer bringen Tjostierwillige zusammen. Dann zeigt sich die Kehrseite: »Da wurd' nach ritterlicher Art so manches Bein ›entzweigeritten‹, und mancher ritt da einen Stoß, sodaß er auf der Erde lag und sein Bewußtsein schnell verlor.« Pferde gehen verloren, die einen stechen »in Hochgefühl«, die andern »für Gewinn«. Trümmer von Waffen liegen überall. Und mittendrin ficht Ulrich, der schon am ersten Tag dreißig Speere verbraucht. Am nächsten Tag will er seinen Ruf dadurch steigern, dass er inkognito reitet – Erec lässt grüßen. Jedenfalls ist er eine tadellose Erscheinung in Grün, zwölf Knappen um ihn. Er sticht und wird (in den Arm) gestochen, wechselt des Verwirrspiels wegen die Rüstung. Dann der Abbruch durch den Herzog, dem die versammelten Bischöfe mit Klagen über unnütz verbrauchtes Geld und vor allem allzu großen Übermut beipflichten. Es folgt das Turnier, Speere krachen auf die Schilde, es gibt geschwollene Knie, Beulen, Wunden. Ulrich selbst hilft seinem Herzog, Helme fallen wie reife Birnen ins Gras, Ritter werden am Zaum ihres Pferdes weggeführt, hundertfünfzig insgesamt verlieren ihre Pferde, machen Verlust. Dann badet man nachts und geht am nächsten Tag zum Juden, um seinen Besitz zu verpfänden für das notwendige Lösegeld.

Ulrich selbst hat Glück, bleibt ungerupft. So besucht er ein nächstes Turnier in Brixen, bei dem er an der Hand verwundet wird. Dies hindert ihn dann, beim zweiten Friesacher Turnier mitzumachen, worauf ihm ein perfider Einfall kommt. Er wirbt die Ritter ab, in-

Ulrich von Lichtenstein als Venusritter im Codex Manesse.

dem er ihnen einen wertvollen Ring in Aussicht stellt, wenn sie mit ihm tjostieren. Das geschieht auf einer Fahrt, deren Route genau abgesteckt wird, so dass sich die Ritter entsprechend einfinden können: eine Art in die Länge gestrecktes Turnier zwischen einem einzigen Herausforderer und seinen Gegnern, wie es dem Tafelrundenturnier entspricht. Denn jeder teilnehmende Ritter soll Ulrich an sein Ziel folgen zum großen Fest. Er selbst verkleidet sich als Frau Venus, wie es die Manessehandschrift so schön abgebildet hat mit der Figur der Venus als Helmzier. Eine Frau also ist der Turnierheld, nicht nur die Adelsränge sind vertauscht, sondern auch die Geschlechter (mit derb-komischen Anspielungen, wenn die Dame einen Herrn sticht). Hunderte von Versen bringen nun die einzelnen Tjoste, bei denen Ulrich-Venus stets erfolgreich bleibt. Immer krachen die Speere, aber immer trifft es die anderen. Nur kommt auf diese Weise auch Einheit zustande: Einheit eines adligen Kreises, der sich gegen den drohenden Verfall in Szene setzt.

Denn darauf läuft es offenbar hinaus: Mit dem Tod des Herzogs lässt Ulrich das Ende des Rittertums einhergehen. Allerdings war dieser Tod in der Schlacht an der Leitha, der tatsächlich 1246 erfolgte, auch höchst spektakulär: Man fledderte die Leiche und trug den nicht mehr erkennbaren hohen Herrn in die Stadt. Vielleicht ist die Lesart (von Jan-Dirk Müller) richtig: In Friesach I dominierte der Landesfürst, in Friesach II wirkten die antagonistischen Interessen der Mitspieler zerstörerisch. Die Venusfahrt meidet die simultane Versammlung der Herren, die Artusrunde balanciert Spiel und Ernst in der Fiktion gegenseitigen Dienstes aus und entwirft ein Modell gewaltloser Selbstregulierung. In dieser Utopie gewaltfreier Ordnung würde die Minneherrin den Herrn ersetzen, Frauendienst politische Unterordnung, Rivalität im Spiel die realen Antagonismen der feudalen Oberschicht. Eine in Fehde und Raub sich zerstörende Adelsgesellschaft wird also für einen Moment wieder zusammengeführt. Neben der Idealisierung bei Chrétien und Hartmann und der Kritik bei Wolfram von Eschenbach hätte es so gesehen auch das Turnier als Utopie gegeben. In allen Fällen liegt allerdings eine literarische Schilderung zugrunde, die mit Bruchstücken der Realität frei umgehen konnte.

Peter Czerwinski: Die Schlacht- und Turnierdarstellungen in den deutschen höfischen Romanen des 12. und 13. Jahrhunderts. 1975; Jan-Dirk Müller: Lachen – Spiel – Fiktion. In: DVjs 58, 1984; Josef Fleckenstein (Hrsg.): Das ritterliche Turnier im Mittelalter. 1985 (bes. W. H. Jackson).

## 14
# Fahrende Ritter

Der Ritter der hochhöfischen Blütezeit bewährt sich aber nicht nur im Turnier. Mindestens genauso zeigt er seine Qualitäten in all den Kämpfen, die er tagtäglich ausficht. Denn noch öfter als zu den festen Terminen trifft der Ritter seine Gegner unterwegs, auf der Suche nach Aventüre, was nicht (zufälliges) »Abenteuer« meint, sondern (gesuchte) Herausforderung als fahrender Ritter (im Französischen heißt es noch plastischer: *chevalier errant*). Genau dieses Motiv hatte schon der am Hof Heinrichs II. von England wirkende Wace dem Artusstoff hinzugefügt, und Chrétien baut es aus zu den einzelnen »Ritterbiographien«, die nun wie Satelliten um das Zentrum des Artushofes kreisen, der selbst den Ruhepol mit einem oft sogar direkt untätig-schwachen König darstellt. Als Handelnde erscheinen dagegen die einzelnen Ritter, ganz besonders bei der Art von Auseinandersetzung, die beim Turnier anfangs nur Spezialität ist: bei der Tjost, beim Zweikampf.

Die unüberbietbare Definition hat schon Hartmann von Aue in seinem *Iwein* geliefert. Einer der Artusritter, Kalogrenant, erzählt, wie er durch den Wald streifte und auf einen schreckenerregenden Waldmenschen stieß (Kopf größer als der eines Auerochsen, Ohren vermoost, Zähne wie ein Eber, im Gegensatz zu jedem Ritter aber friedlich). Der fragte ihn, was er suche. Als Kalogrenant von Aventüre spricht, bittet der Wilde um Erläuterung und erhält sie: »Man nennt mich Ritter, und ich habe die Absicht auszureiten auf die Suche nach einem Mann, der mit mir kämpfe und der Waffen trägt wie ich. Schlägt er mich, so bringt ihm das Ruhm ein, siege aber ich über ihn, so sieht man einen Helden in mir, und meine Würde wächst.« Der Wilde antwortet: »Wenn es um dein Gemüt so steht, dass du nach Ungemach strebst und ein bequemes Leben ungern hast …, so will ich dir Bescheid sagen.« Dann verweist er ihn auf eine Burg mit einem Bewacher, der jede Herausforderung annimmt. Kalogrenant ist begeistert und bricht sofort auf, um die Aventüre zu bestehen.

1972 wurde auf Schloss Rodeneck bei Brixen ein Freskenzyklus zum *Iwein* Hartmanns von Aue entdeckt und freigelegt. Dazu gehört auch eine Darstellung des Waldmenschen. Die Entstehung wird in der Zeit zwischen 1200 und 1220 vermutet.

In dieser kurzen Zwiesprache sind alle wesentlichen Ingredienzien vorhanden: vor allem das Streben nach Ehre. Ritter, das wird deutlich, leben von dieser Ehre als einem »symbolischen Kapital«, das ständig erhalten und erweitert werden muss. Es bedarf also keines Anlasses, die Aventüre muss tatsächlich *gesucht* werden. Allerdings gibt es auch die besondere Situation, dass diese Suche als eine Art Wiedergutmachung nach einem Fehlverhalten Pflicht ist. Erec verlag sich in Enites Armen, Iwein tat das Gegenteil und vergaß seine Frau überm Turnieren. Dann beginnt der Mechanismus. Die Herren brauchen Gegner zu ihrer Rehabilitation. Riesen und andere Ungeheuer sind gut dafür, noch besser würdigere Exemplare, am besten Gleichwertige oder gar Bessere. Und immer ist das Schauspiel das gleiche. Man trifft sich, erkennt sich oft nicht in der Rüstung (weshalb sich Brüder und Freunde beharken), taxiert sich nach Ausstattung und Pferd, rennt gegeneinander mit eingelegter Lanze, fällt irgendwann vom Pferd und macht mit dem Schwert weiter. Hundert Male ist es beschrieben, in Heinrichs von dem Türlin (zwischen 1215 und 1240 entstandenem) Roman, der schon im Mittelalter den bezeichnenden Titel *Der Aventiure Crône* erhielt, in einer Serialität, die man heute für unkonsumierbar halten muss (wenn es der Hauptheld Gawan außer mit Rittern, Zwergen, Riesen auch noch mit unsichtbaren Händen und von selbst aus der Scheide fahrenden Schwertern zu tun bekommt). Nirgends aber wird der agonale Untergrund der feudalen Ethik, die Verknüpfung von Freiheit mit Gewalt, so deutlich wie im Zweikampf. Entsprechend geht es bei der Schilderung immer auch um Modelle der Konfliktbewältigung als Regulierung von Gewalt.

Nehmen wir als Beispiel noch einmal den *Erec* Hartmanns von Aue. Der Roman setzt ein (der eigentliche Beginn ist verloren) mit einer Beleidigung des Titelhelden durch den Ritter Iders vor den Augen der Königin. Weil Erec unbewaffnet ist, kann er sich nicht wehren. Aber er folgt dem Beleidiger und fordert ihn zum Kampf heraus. Erec hat sich nur notdürftig bewaffnen können, sein Gegner glänzt in perfekter Rüstung. Aber es nützt ihm nichts, er geht bei der Tjost zu Boden. Und nun beginnt das, was die Leser/Hörer wohl am meisten interessiert hat. Was macht ein perfekter Ritter mit einem am Boden Liegenden? Erec hält Distanz, »damit niemand sagen kann, er habe den Gestürzten erschlagen«. Er lässt ihn in Ruhe aufstehen. Dann sitzt er ab und beginnt den Schwertkampf. Funken stieben. Erec geht einmal nach einem Schlag auf seinen Helm in die Knie, rafft sich auf. Niemand gibt nach, der Kampf dauert Stunden. Da macht Iders einen Vorschlag. Das Ganze werde allmählich unritterlich, sagt er, die Schläge kämen wie von Frauenhand. Man solle sich doch erholen, bevor man weitermache. Erec sieht das sofort ein.

Die Ritter sitzen nebeneinander im Gras, lösen die Helme. Dann erst wird der Kampf fortgesetzt. Schließlich siegt Erec, reißt seinem Gegner schon den Helm ab, als wolle er ihn erschlagen. Aber das hat er nicht vor, will ihn nur zum Eingeständnis der Niederlage zwingen. Tatsächlich bittet Iders um Gnade. Erec wendet ein, im umgekehrten Fall hätte es wohl anders ausgesehen. Iders ist zerknirscht, formuliert eine Entschuldigung. Erec nimmt an, erbarmt sich, besteht nur darauf, dass der Gegner seine Niederlage der Königin meldet und berichtet, wer ihn gesandt hat. Das ist dann die Grundlage für den großen Empfang von Erec bei Hofe.

Das Schema ist typisch: Kampf, Sieg, Gnade – der gewalttätige Ritter ist ein guter Christ (wenn auch nicht kreuzzugsbedingt ein *miles christianus*). Das Böse in Gestalt von Übermut und Schlimmerem wird gezähmt, durch Regeln eingedämmt, die bei den wahren Helden sogar einseitig gehalten werden. Ruhm kann man nur mit Gewalt, aber nicht mit ihr allein erwerben, sondern in dieser zivilisierten Form. Unzivilisierte Gewalt ist langweilig oder aus anderen Gründen uninteressant. Der letzte Gegner Erecs, Mabonagrin, ist sein stärkster, hat bereits achtzig Ritter getötet und ihre abgeschlagenen Köpfe auf Stangen gespießt. Eine leere Stange ist für Erec vorbereitet. Aber Mabonagrin hat sich verrechnet, liegt am Boden. Auch er will Gnade (»Lasst mich noch ein wenig leben«), jedoch nur, wenn sein Gegner nicht von niedriger Geburt ist. Erec soll sich also buchstäblich ausweisen, gegen alle Regel als Sieger dem Unterlegenen als erster seinen Namen nennen. Erec tut das Unmögliche. Mabonagrin nennt darauf *seinen* Namen, akzeptiert Erec als jemanden, von dem man die Schonung ertragen kann, und wird begnadigt. Großes Happy End: zuerst Smalltalk der blutverschmierten Ritter im Gras, dann Meldung am Artushof, schließlich das große Fest. Erec »der wunderbare« hat einen Großen zur Strecke gebracht und sich dabei auch noch selbst überwunden. *Das* ist ein Ritter.

So laufen viele Aventüren ab. Einige Ritter in dieser Romanwelt sind Übeltäter, die sich an Frauen vergreifen, Mitmenschen unterdrücken oder sonst wie Böses anrichten. Aber es gibt die großen Artushelden. Sie sind unterwegs, suchen Aventüren wie Erec oder stolpern über sie wie Iwein, der sich kaum vor ihnen retten kann. Wiederholt nimmt er die zweite Aventüre an, bevor die erste zu Ende gebracht ist. Im übrigen bekommt Iwein die schlechteren Brocken ab, bei denen Gnade dann doch absurd wäre. Zweimal muss er gegen fürchterliche Riesen kämpfen, deren Untaten zu weit gehen. Einer will von einem Burgherrn die Tochter, nimmt dazu deren sechs Brüder gefangen und hat die ersten beiden schon vor den Augen des Vaters gehängt. So ein Ungeheuer kann man nur umbringen. Aber auch drei Ritter, die eine Jungfrau mit ihren Falschaussagen auf den Scheiterhaufen bringen wollen, enden ohne Gnade. Iwein muss gegen alle gleichzeitig kämpfen, was eigentlich gegen die Regeln verstößt (wobei ihm allerdings der Löwe hilft, den er einst rettete), sticht sie vom Pferd und lässt sie dann ungerührt auf den Scheiterhaufen bringen, der der Jungfrau zugedacht war. Es gibt also solche und solche. Nicht alle Aventüren eignen sich für christliche Gnadenerweise, das Entscheidende ist doch etwas anderes: die Erlösung. Aventüren sind Erlösungsgeschichten. Die Botschaft lautet: Es gibt in der Welt Erlösung – durch Ritter.

Am anschaulichsten wird dies bei Aventüren, die von vornherein als Aufgabe angelegt sind. Im *Parzival* gibt es ein Musterbeispiel. Der Zauberer Klinschor (so nennt ihn Wolfram von Eschenbach, in den französischen Versionen heißt er Merlin) ist für eine unzüchtige Tat mit Entmannung bestraft worden. Nun hält er auf seinem Zauberschloss Frauen gefangen. Sie können befreit werden, wenn ein Held fürchterliche Prüfungen besteht. Dazu gehören ein Zauberbett, das unter Pfeilbeschuss durchs Zimmer rast, ein gefräßiger Löwe und einiges andere mehr. Aber der Ritter, der die Tat vollbringen will, naht. Es ist Gawan, der große Musterritter der Artusrunde. Und der hat ein Motiv. Er liebt Orgeluse, die ihren bei einem Kampf gefallenen Ehemann an dessen Mördern rächen will. So schickt sie Gawan nach vergeblichen Abweisungen in den eigentlich sicheren Tod. Aber Gawan besteht die Aventüre, löst die Aufgabe, befreit das Schloss von seinem Fluch, führt die gefangenen Frauen im Triumph davon. Ein Sieg also, der sich der Tapferkeit verdankt, unglaublicher und auch eigentlich nicht zu verlangender Tapferkeit. Genau das richtige für einen Ritter wie Gawan. Das muss Orgeluse erweichen – und tut es. Orgeluse wird Gawan schließlich heiraten. Der humanitäre Zweck verbindet sich mit einem eigennützigen Motiv. Aber diese Art von Eigennutz ist moralisch erlaubt.

Und noch ein Fall, ein noch viel unwahrscheinlicherer. Die große Zusammenfassung des Artusstoffes einschließlich der Gralssuche ist mit dem Namen von Lancelot verbunden. Schon Chrétien hatte diesem Helden einen Roman gewidmet, der die ehebrecherische Liebe mit Artus' Gemahlin Ginover schildert (Ulrich von Zatzikhoven beließ es in seiner deutschen Fassung des *Lanzelet* bei der Liebe und verbarg den Ehebruch in einer Art Fußnote). Um 1220 entstand dann das Riesenwerk, von dem schon die Rede war: der *Prosalancelot*, der sofort auch ins Deutsche übersetzt wurde. Dort stellt sich Lancelot Aventüre nach Aventüre. Eine davon ist mit einer Burg verbunden, die wieder einmal von einem Fluch erlöst werden muss: die *Dolorose garde*, die schmerzerfüllte Wacht. Diesmal sind Ritter die Gegner. Zehn warten vor dem ersten Burgtor, weitere zehn vor dem zweiten, alle sind an einem einzigen Tag zu besiegen, andernfalls sind es wieder zehn – das ist »die Aventüre dieser Burg«, bekommt Lancelot zu hören. Und so verläuft dann der Kampf, von Anfang an gegen mehrere Burgritter gleichzeitig (Lancelots Kommentar: »Umso eher habe ich es hinter mir«). Lancelot bringt sie alle um. Einem zieht er den Helm ab und fordert ihn auf, sich gefangen zu geben. Aber der kann schon nicht mehr antworten: »Da hob er das Schwert und schlug es ihm in die Zähne bis hinter die Ohren. ›Gott soll mich verlassen‹, rief er, ›wenn ich Mitleid mit Euch fühle, ich töte Euch, da Ihr anders nicht zu besiegen seid.‹« Die Kämpfe ähneln mehr einem Gemetzel.

Lancelot, dies muss man in Rechnung stellen, ist eben ein fahrender Ritter, der von der Aventüre lebt. Er braucht den Erfolg, steigert ihn gelegentlich durch den Trick Erecs: Ständig vollbringt er Heldentaten unerkannt, lässt sich regelrecht suchen, spielt mit seiner Anonymität. Umso größer dann der Ruhm, wenn herauskommt, wer der Held war. Dies kann komische Züge annehmen, wenn sich die Artusritter am Hof darüber streiten, ob der weiße oder der rote Ritter »besser« gewesen sei, wo es beide Male Lancelot war. Und nicht immer ist es die uns heute so abstoßend erscheinende Brutalität wie bei der *Dolorose garde*, die sein Handeln auszeichnet. Auch Lancelot kann nicht nein sagen, wenn Unglückliche Hilfe brauchen, auch er gibt dem Gegner Zeit zur Erholung, wenn der Kampf nicht ritterlich genug verläuft. Im übrigen muss man sehen, dass dieser

Ritter-Aquamanile aus Hildesheim. Die Eingussöffnung war der durch eine Klappe verschließbare Helm des Ritters, Ausgüsse befanden sich in den Ohrmuscheln des Pferdes.

»beste aller Ritter« im Roman scheitert. Nicht er, der Ehebrecher, sondern sein Sohn findet den Gral. Und an der großen Schlacht, die Artus am Ende gegen den eigenen Sohn führt, ist er nicht mehr beteiligt, zieht sich in eine klösterliche Einsiedelei zurück. Noch vor Mitte des 13. Jahrhunderts kommen Zweifel am Artusritter mit seinen Aventüren auf, Zweifel am Sinn dieser Art von Suche nach dem

Glück. In der Literatur ist ein Ritterideal präsentiert worden, das in der Literatur auch wieder in Frage gestellt wird. Nicht diese turnierenden und aventürevernarrten Siegertypen setzen sich durch, sondern stillere, frommere Helden.

Die gehören zu neuen Zeiten. Aber die alten gehen nicht völlig unter. Man ließ sich die Burgwände nicht mit frommen Motiven ausmalen, sondern (wie auf Burg Rodeneck bei Brixen oder im Hessenhof in Schmalkalden) mit Szenen aus dem *Iwein*. Auch in die Ge-

Diese Gussform für eine Ritterfibel wurde 2005 in Magdeburg in der Nähe einer Feingießereiwerkstatt gefunden, die um 1280 ihren Betrieb aufgeben musste. Die Fibeln wurden serienmäßig für einen ritterlich-höfischen Kundenkreis hergestellt und fanden offenbar zahlreiche Abnehmer.

brauchskunst dringen ritterliche Motive ein. Gießgefäße zur Handwaschung bei Tisch, sogenannte Aquamanile, zeigen ebenso Ritterfigürchen wie die Fibeln, mit denen die Kleidung zusammengehalten wurde. Zum Repräsentieren erscheint nichts geeigneter.

Marie Luce Chênerie: Le chevalier errant. 1996; Gert Kaiser / Jan-Dirk Müller (Hrsg.): Höfische Literatur – Hofgesellschaft – Höfische Lebensformen. 1986 (bes. Ebenbauer/Wyss); Volker Mertens: Der deutsche Artusroman. 1998; Uwe Schulze (Hrsg.): Das Duell. Der tödliche Kampf um die Ehre. Frankfurt a. M. und Leipzig 1996 (bes. A. von Müller); Friedrich Wolfzettel (Hrsg.): Erzählstrukturen der Artusliteratur. 1999; Franz Viktor Spechtler / Barbara Maier (Hrsg.): Ich – Ulrich von Liechtenstein. 1999 (bes. U. Müller).

# 15
# Minneritter

Neben dem höfischen Ritter ist uns immer wieder die Figur begegnet, ohne die seine Bewährung nicht denkbar gewesen wäre: die höfische Dame. In den Jahrhunderten zuvor war die Frau in der Literatur kaum hervorgetreten und wenn, dann in feindseligen Angriffen auf ihre angeblichen Schwächen. Dies war die Sicht der Kleriker, die aus der biblischen Verführungsszene mit den bekannten Folgen ihre Warnungen ableiteten.

Und nun das gerade Gegenteil. Nichts geht über die Schönheit der Dame, die in festen Mustern immer neu beschrieben wird. Nichts aber macht auch die Entfernung zur Realität größer. Die mittelalterliche Geschlechterbeziehung ist geprägt durch dynastisches Denken. Männer benötigen Frauen, um Erben zu zeugen. Frauen dienen Familien dazu, Bande zu knüpfen, Besitz zu erweitern und Frieden zu sichern. Für Liebe ist kein Platz, wenn Kinder verlobt werden oder Sechzigjährige Dreizehnjährige heiraten. Aber die Literatur kennt kein besseres Thema. Und die Leser/Hörer sehnen sich offenbar nach diesen Geschichten, die die wahren Verhältnisse auf den Kopf stellen. Männer riskieren ihr Leben für Frauen, dienen den Schwachen und Wehrlosen, um erhört zu werden und manchmal nur um Anerkennung zu finden. An diesem Motiv hat man viel gerätselt. Hat es etwas mit dem Aufstieg sozial Niedriger zu tun, die ihren Dienst am Herrn in dem an der Dame verbergen? Steckt hinter dem Dienst an der verheirateten Herrin vielleicht die Anerkennung durch den Herrn? Aber was ist dann mit den feinsinnigen Darstellungen von Glück und Unglück, mit Forderungen nach Wechselseitigkeit als Grundlage gemeinsamen Glücks, wie es ein Walther von der Vogelweide in seinen Minneliedern formulierte?

Zunächst einmal kann man sich darauf berufen, dass das Thema der Liebe Wurzeln in der antiken Literatur hat, in der Liebe und Dienst etwa bei Ovid bereits eine Einheit bilden. Ob die ersten volkssprachlichen Zeugnisse im Südfrankreich des 11. Jahrhunderts etwas mit der cluniazensischen Aufwertung des Ritters zu tun ha-

Der Codex Manesse zeigt mehrere Darstellungen von Minnerittern, darunter die des Schenks von Limburg.

ben, ist wohl nicht zu beweisen. Aber der Dienstgedanke, der dem *miles christianus* so deutlich zugrunde liegt, prägt auch die neue Minneauffassung: als immerwährenden und maßlosen Dienst an der höfischen Dame. Und viel nimmt der Ritter in diesem Dienst auf sich, wie die Klagen verdeutlichen. Walther von der Vogelweide will sich metaphorisch seinen Rücken gebrochen haben, ein anderer Dichter buchstäblich alle Knochen. Ritter tragen Rüstungsausstattungen (ein Lederkoller) auf der bloßen Haut, verzichten ein ganzes Jahr auf standesgemäße Nahrung, begnügen sich mit Brot und Wasser. Dafür haben sich die Dichter allerdings auch gerächt. Es gibt Scheltlieder mit Drohungen und Verunglimpfungen der Dame, die wohl ebenso als literarisches Spiel verstanden werden müssen wie das topische Lob auch.

Dieses Spiel mit Abgrenzungen und Unterscheidungen hat einen Höhepunkt in einem Text, der zwischen 1180 und 1190 in Frankreich entstanden ist und möglicherweise auf einen Hofkaplan Philipps II. August zurückgeht: der Traktat *Über die Liebe* von Andreas Capellanus. Man kann die drei Bücher, von denen die beiden ersten die Entstehung und Bewahrung der Liebe, das dritte deren radikale Verurteilung beschreiben, nur im Kontext der romanischen Streitgedichte mit ihren fiktiven Minnegerichtshöfen sowie den scholastischen Disputationen verstehen. Denn mehr als die Hälfte des Textes besteht aus Musterdialogen, die möglichen Strategien zur »Überredung« von Frauen zur Liebe dienen. Der Witz liegt dabei in den verschiedenen Formen sozialer Konfrontation bzw. Schieflagen, die rhetorisch zu bewältigen sind. Wo Bürger auf Bürgerin trifft, wird der fehlende Geburts- durch den wichtigeren Tugendadel überspielt (und bei höherem Alter die Reife als Kompensation genannt). Wo ein Bürger eine Adlige anspricht, gibt es das Argument einer Unbesiegbarkeit wahrer Liebesleidenschaft oder die drohende Gefährdung der Weltordnung durch eine Missachtung der Stände. Und so treffen weiter Bürger und Hochadlige, Adliger und Bürgerin, Adliger und Adlige, Hochadliger und Bürgerin, Hochadliger und Adlige bis schließlich Hochadliger und Hochadlige zusammen, wobei alles diskutiert wird, was man damals mit Liebe in Zusammenhang brachte (zum Beispiel die Möglichkeit der »reinen«, sprich: körperlosen, im Gegensatz zur »vermischten«, sprich: geistigen *und* körperlichen

Liebe). Jede einzelne Aussage ist dabei Teil einer Strategie, zum Beispiel wenn die hochadlige Dame die »reine« Liebe als widernatürlich ablehnt. Es geht nicht um eine Definition der Liebe (wie man das Anliegen lange missverstanden hat), sondern um die Eignung des Themas Liebe als Unterhaltungsgegenstand. Ritter können sich in diesem Punkt durch Kenntnisse hervortun – oder eben blamieren.

Die Didaktik arbeitet also an einem Bild, das die Minne immer wieder als zivilisierende (wenn nicht direkt: pazifizierende) Kraft gestaltet. Der höfische Roman unterscheidet sich davon in dem Punkt, dass Minne/Liebe hier zur Ehe führt und damit die beiden Elemente zusammenfügt, die besonders ein Andreas Capellanus (mit der Stimme der Marie de Champagne) als unvereinbar auseinandergehalten hatte. Alle großen Ritter bewähren sich im Dienst einer Dame und erreichen auch ihr Ziel, indem sie heiraten. Damit können neue Konflikte entstehen wie im Falle von Erecs »Verliegen« oder Iweins »Verreiten«, die jedoch letztlich glücklich enden: Sie finden zur Ehe zurück. Wolframs Parzival erlebt keine dieser Krisen, im Gegenteil ist die Ehe mit Condwiramurs das wichtigste stabilisierende Element seines an Konflikten reichen Lebens, die Treue wird schon im Prolog als zentraler Wert beschworen. Dabei gehen die Bindekräfte wesentlich von der Frau aus. Als Erec den Kampf mit dem körperlich eher überlegenen Mabonagrin führt, ist es der Gedanke an Enite, der ihn stärkt und siegen lässt: ein für die damaligen Leser/Hörer ungemein überraschendes Moment, wenn man bedenkt, dass der Stärkere grundsätzlich im Recht ist (wovon noch näher die Rede sein wird).

Während in der Epik die Liebe zur Ehe führt, gestaltet die Lyrik eher den Reiz des Werbens mit seiner Vergeblichkeit und nicht zuletzt Gefährlichkeit. Dies aber drang auch in die Epik. Das Musterbeispiel, dem wir schon im Zusammenhang des Turniers begegnet sind, stellt der *Frauendienst* Ulrichs von Liechtenstein dar, dessen 1850 achtzeilige Strophen als Erlebnisbericht eines ebenso grandiosen wie vergeblichen Werbens angelegt sind. Man ist sich heute sicher, dass hinter dieser »Autobiographie« Szenen stecken, die lyriktypische Szenen regelrecht nachspielen. Dazu gehört bereits, dass Ulrich als steirischer Ministeriale seiner – verheirateten – Dame ständisch unterlegen, der Dienst also von vornherein hoffnungslos ist. Auch der Kontakt zur Dame über Boten, die ihr (insgesamt 58) Minnegedichte überbringen, stammt aus der Lyrik und ist nun breit ausgebaut: Der gesamte Roman liest sich als Kommentar zu diesen immer neu eingefügten Gedichten (wozu es im romanischen Bereich Vorbilder gab). Entscheidend aber sind die einzelnen Szenen selbst: Szenen einer Minne, wie sie jeder damalige Kenner der Lyrik vor Augen hatte. Es beginnt bereits in der Kindheit, die Ulrich zunächst als Pagen an einen fremden Hof bringt, wo er seiner späteren Minneherrin erstmals begegnet. Er pflückt ihr Blumen, trinkt das Wasser, das er ihr nach dem Essen über die Hände geschüttet hat. Die anschließende Tätigkeit als Knappe an einem anderen Hof führt zu ersten ritterlichen Taten im Dienst neuer Damen. Dann erhält er mit vierundzwanzig die Schwertleite am Wiener Hof, womit nun der wirkliche Minnedienst als Ritter beginnen kann.

Über die Turniere wurde bereits gesprochen. Sie stehen alle im Dienst seiner Herrin, genau wie bei vielen anderen Rittern auch (»so viele Ritter taten's nur für die so edlen, schönen Frau'n, und mancher wagte wohl das Leben«). Aber es gibt noch andere, sogar spektakulärere Bezeugungen der Minne. Die erste liegt in einer Operation. Als Ulrich hört, dass sich seine Dame vor seinem Mund ekelt, der durch eine Art Hasenscharte verunstaltet ist, lässt er sich kurzerhand operieren – mit anschließendem wochenlangen Wundfieber. Dann kommt es zu einer ersten Begegnung, aber Ulrich ist so aufgeregt, dass er kein Wort hervorbringt – die typische Minnestummheit. Nun sind es Kämpfe, in denen er Ruhm sucht. Als er sich dabei den Finger verletzt, glaubt ihm seine Dame dies nicht. Zum Beweis hackt er sich den Finger ab und schickt ihn der Angebeteten in einem Kästchen zu, in das diese immerhin nun jeden Tag hineinsieht. Schließlich stellt die Venusfahrt einen Höhepunkt des Dienstes dar. Tjost für Tjost ficht Ulrich für seine Dame und schickt die besiegten Ritter zu ihr – dieses Motiv stammt statt aus der Lyrik aus der Epik. Als Ulrichs Ruhm nicht mehr zu ignorieren ist, bahnt sich eine nächste Begegnung an, die diesmal nicht von der Dame gebremst wird, sondern von einem Zufall. Während sich Ulrich in der Verkleidung eines Aussätzigen im Burggraben versteckt, wird er von oben durch einen Urinierenden verunreinigt – ein Schwankmotiv, das mit der Verkleidung ein Vorbild in den Fortsetzungen des gottfriedschen

*Tristan* besitzt. Aber nicht bei diesem Besuch, sondern erst später erhält Ulrich (nach Selbstmordplänen) für einen kurzen Moment seinen Minnelohn. Dann ist er selbst es, der sich nach einer nicht geschilderten »Untat« der Dame von ihr abwendet und sich eine neue Minneherrin sucht, was wieder in der Lyrik ihr Vorbild besitzt. Für sie begibt er sich auf Artusfahrt, organisiert ein Tafelrundenturnier, wovon schon die Rede war.

Rittertum als Dienst an einer Dame also: Im *Frauendienst* könnte die Erinnerung an die Kultur der Minne bei aller komischen Übersteigerung als ein Gegengewicht zur Wirklichkeit der antagonistischen Adelswelt gedient haben (wie das schon behandelte Turnierwesen auch). Schon für die Zeit um 1200 hat man beim Konzept der höfischen Minne von einer Gesellschaftsutopie gesprochen. Man muss aber wohl auch auf das Legitimationspozential dieser Minne hinweisen. Ritter bewährten sich im Kampf und stellten dabei den eigenen Vorteil zugunsten der anderen zurück. Noch exklusiver musste dieser Kampf um die Liebe der Dame wirken. Wer sich dies leisten konnte und dabei auch noch Erfolg hatte, fand Anerkennung in einer adligen Gesellschaft, die Anerkennung dringend benötigte. Von oben engte der Landesherr die Spielräume des Adels ein, von unten drohte das Bürgertum mit Leistungsdenken und wirtschaftlichem Erfolg. Ehe diese Tendenzen zu einer Wende in der Positionierung des Rittertums führten, bietet Ulrich von Liechtenstein noch einmal eine Lösung mit den alten Mitteln an.

Jan-Dirk Müller: Lachen – Spiel – Fiktion. 1984; Joachim Bumke: Höfische Kultur. 1990; Josef Fleckenstein (Hrsg.): Curialitas. 1990 (bes. W. Rösener und R. Schnell); Jan-Dirk Müller: Höfische Kompromisse. 2007.

# 16
# Rittertum in der Stauferzeit

Der Ritter der Stauferzeit war eine Kopfgeburt: ein »ideologisches« Gebilde, das den Führungsanspruch einer kriegerischen Oberschicht im Bild des verantwortungsvollen und zivilisierten Waffenträgers zusammenfasste. »Ritterlich« bezeichnet dabei keine spezielle soziale Schicht und schon gar nicht einen Beruf, sondern eine Lebensform, die ganz unterschiedliche Personen aus unterschiedlichen Gründen annahmen. Nur stand diese Lebensform nicht jedermann offen. Sie war an adelige Herkunft gebunden, anfangs ist es gerade der hohe und höchste Adel, der sein Rittertum betont. Aber das Rittertum strahlt nach unten aus, dient Aufsteigern als Anreiz. So ist es vor allem in Frankreich und England, wo der niedere Adel im Ritterbegriff förmlich aufgeht. In Deutschland kommt die Komplikation ins Spiel, dass hier die Herrscher mit einem immer selbständigeren Adel zu tun haben und ihre Helfer in einer sozial anderen Schicht suchen: bei nichtadligen, im Prinzip unfreien Dienstleuten, den Ministerialen. Oft überflügeln diese Amtsleute an Macht und auch an Ansehen den niederen Adel. Klar, dass auch sie dann am Ritterimage teilnehmen, es als Möglichkeit weiterer Angleichung betrachten.

In Deutschland bildet die späte Regierungszeit Kaiser Friedrichs I. Barbarossa (1152–1190) in dieser Hinsicht eine entscheidende Phase. Um 1180 ist ein Zustand erreicht, den man als Abschließung des Reichsfürstenstands bezeichnet hat: Etwa 92 geistliche und 20 weltliche Große bilden die Spitze des Reiches, sind Teilnehmer an der Macht, was sich besonders bei den Königswahlen bemerkbar macht. Gleichzeitig gibt es Bedarf für eine Abgrenzung nach unten. 1186 verbietet Barbarossa Bauernsöhnen, Ritter zu werden – die Schwertleite bleibt dem Adel vorbehalten. Noch einmal zwei Generationen weiter schließt Barbarossas Enkel Friedrich II. in den sogenannten Konstitutionen von Melfi 1231 den Ritterstand ab, behält sich selbst aber Erhebungen nach einem festen Formular vor, in dem ausdrücklich beleidigende Äußerungen über den Aufsteiger verboten sind. Damit wird der Ritter eine greifbare soziale Figur: angesiedelt auf der untersten Stufe des Adels. Nur wenige Jahre früher, 1225, hat Eike von Repgow es in seinem *Sachsenspiegel* formuliert, der das Lehnsrecht der Zeit festhält: Sieben Stufen existieren danach im oberen Teil der Ständepyramide, sieben »Heerschilde«, wie er sich ausdrückt: ganz oben der König, dann die geistlichen und weltlichen Fürsten, weiter die Grafen, die Vasallen der freien Herren, deren (ministerialische) Vasallen und ganz unten die einfachen nichtadligen Helfer, die bald als sogenannte Einschildritter auftreten. Nun gibt es also in aller Form zwei Arten von »Rittern«: den Adligen, der auf hoher und höchster Stufe ein ritterliches Leben führt, und den Angehörigen des niederen, ja niedersten Adels, der sich Ritter nennen darf und eher ein bescheidenes Auskommen hat.

Entscheidend aber: Diese Ritter, ob hoch oder niedrig in der Ständepyramide, sind der »staatlichen« Ordnung unterworfen. In seinem 1152 verkündeten Reichslandfrieden regelt Kaiser Friedrich I. Barbarossa das Fehdewesen in allen Einzelheiten mit gesetzlichen Strafandrohungen: »Wenn ein Ritter gegen einen Ritter wegen Friedensbruch oder wegen einer todeswürdigen Rechtssache einen Zweikampf führen will, soll ihm nicht die Genehmigung zum Kämpfen erteilt werden, es sei denn, er könnte beweisen, dass er seit alter Zeit wie seine Eltern der Herkunft nach rechtmäßiger Ritter ist.« Zwar hatte es immer schon Möglichkeiten gegeben, einer Ausuferung dadurch Einhalt zu gebieten, dass Regeln der Deeskalation, der gütlichen Beilegung von Konflikten mit Hilfe von Vermittlern (*mediatores*), beschritten wurden. Vor allem unter den Ottonen- und Salierkönigen im 10. und 11. Jahrhundert sind zahlreiche Fälle bekannt, in denen besiegte »Friedensbrecher« ausgesprochen milde Strafen fanden. Demgegenüber griff Friedrich I. wieder auffällig hart gegen solche Übeltäter durch, machte die Verfolgung von Unrecht zur Königsaufgabe, um die »privaten« Fehden zu unterbinden. In dieser Hinsicht markiert der Mainzer Reichslandfriede von 1235 unter Friedrich II. einen Höhepunkt: Niemand dürfe länger »Rächer seines eigenen Schmerzes« sein, heißt es, niemand sein Recht auf eigene Faust suchen, »bevor er nicht seine Klage vor seinem Richter vorgetragen und dem Recht gemäß bis zu einem rechtskräftigen Urteil« gewartet hat.

Der staufische Ritter ist so gesehen ein im Prinzip disziplinierter Ritter, der Gewalt in immer klarer definierten Grenzen ausübt. Dazu ist er allerdings bestens ausgestattet, ja der staufische Ritter bietet erstmals das Erscheinungsbild, das sich fortan mit dieser Figur verbinden sollte. Seit der Mitte des 12. Jahrhunderts ist die Rüstung ausgereift. Bis etwa 1190 dominiert das kurzärmelige Panzerhemd mit seinen ineinander verflochtenen genieteten Ringen, das es in einer Vorform schon bei den Römern gab. Auf dem Kopf wird ein Helm (mit Naseneisen) getragen, an dem zum Schutz des Halses eine Art Kapuze befestigt ist: der Halsberg. Für die äußere Erscheinung wichtig ist der Waffenrock über dem Eisengewand. Weil damit der Ritter völlig verhüllt ist, kommen Wappenzeichen auf, zunächst auf dem Schild. Tierbilder wie Adler, Löwe, Drache sind am beliebtesten, auch der Doppeladler ist schon da (aus Byzanz stammend und bis zu den Hethitern zurückverfolgbar). Als Waffe dienen Speer und Schwert. Der Speer aus hartem Holz mit Eisenspitze misst mindestens drei Meter. Das Schwert hat eine Rinne, die es leichter und biegsamer macht. Bei einer Gesamtlänge von ca. 100 Zentimetern wiegt es 1100 bis 1200 Gramm.

Nach 1190 nimmt die Verhüllung von Mann und Ross noch zu, wahrscheinlich nach dem Vorbild der muslimischen Gegner auf den Kreuzzügen (die es wiederum aus der persischen Kultur übernommen haben). Das Kettenhemd wird verdoppelt, um Pfeile von Bögen und Armbrüsten abzuwehren. Platten tauchen auf, die die Rüstung noch schwerer und noch teurer machen, aber auch sicherer. Der Helm umfasst den gesamten Kopf, wird zum Topfhelm vorerst mit abgeplattetem Dach (im *Nibelungenlied* ist vom *helmfass* die Rede). Dafür wird der Schild kleiner, die ursprünglichen langen Gebilde erweisen sich als unpraktisch, zumal der Schutz nun auf die Panzerung übergegangen ist. In den nächsten Jahrzehnten erhält der Topfhelm die prächtige Helmzier. Zum Schutz der Beine dient ein Ringelgeflecht, die Eisenhose. Auch die Pferde werden gepanzert und erhalten darüber eine farbige Rossdecke. Die Wappen greifen nun auf die gesamte Rüstung über, neben dem Schild auf Waffenrock (besonders vornehm: mit Pelzfütterung) und Helm. Ein so gerüsteter Ritter ist eine prachtvolle Erscheinung. Er tritt uns auf Miniaturen entgegen, die dahersprengende Ritter in ihren Rüstungen zeigen, wie es der

Siegel von Richard Löwenherz, England 1189, grünes Wachs, Durchmesser 10 cm. Das Siegel wurde am 5. September 1189 erstmals genutzt, zwei Tage nach Richards Krönung zum König von England in Westminster Abbey. Auf der Vorderseite ist Richard als König von England zu sehen RICH[ardus Dei graci]A REX ANGLORUM, auf der Rückseite als Herzog der Normandie und Aquitaniens und als Graf von Anjou RICHARDUS DVX NORMANNORVM ET AQVITANORUM ET COMES ANDEGAVORUM.

Codex Manesse immer wieder vorführt, besonders eindrucksvoll am Beispiel Walthers von Mezze. Aber auch als Herrscher machen Ritter eine gute Figur, wie das Siegel von Richard Löwenherz mit dem prachtvollen Schwert zeigt.

Ebenso charakteristisch für die ritterliche Lebensweise aber ist die Wohnform: die Burg. Als Befestigungsanlage gehört sie ursprünglich

Über Walther von Mezze finden sich in den Urkunden keine Nachrichten. Nur sein Tod wird 1276 von Reinmar von Brennenberg beklagt.

zum Königsrecht, das jedoch nach und nach vom mächtigen Adel usurpiert wird. Erste Befestigungsanlagen gehen in frühe fränkische Zeiten zurück, bis zum Ende des 10. Jahrhunderts rechnet man mit mehr als 1000 Burgen in Europa. Heinrich I., der erste Sachsenkönig, gilt als »Burgenbauer« vor allem an der Ostgrenze des Reiches, gegen die Einfälle der Ungarn. Im 11. Jahrhundert ist das Baurecht noch fest in königlicher Hand, Heinrich II. verleiht es um 1000 etwa dem Würzburger Bischof als Schutz gegen einfallende Slawen.

Die klassische Epoche der siedlungsfernen Höhenburg ist dann die staufische Zeit. Otto von Freising gibt in den *Taten Friedrichs* an, am Rhein habe damals »die größte Kraft des Reiches« gelegen. Damit ist der Oberrhein gemeint, der nach Schwaben wie zum Elsass hin als erster von Burgen förmlich durchzogen war. Der Stauferherzog Friedrich II. von Schwaben nutzte die Burgenpolitik als erster systematisch. Ein berühmtes Wort hält dies bildkräftig fest: Er habe »am Schweif seines Pferdes stets eine Burg hinter sich hergezogen«, schrieb wiederum Otto von Freising. Herzog Friedrichs Sohn, Kaiser Friedrich Barbarossa, folgte ihm darin, ließ etwa in Ingelheim oder Kaiserslautern Wasserburgen als Kaiserpfalzen anlegen, die der Schutz- und Trutzfunktion das Repräsentative hinzufügen. Sein jüngster Sohn, König Philipp von Schwaben, besaß 350 Burgen, die seine Witwe dem ehemaligen Todfeind, dem Welfenkaiser Otto IV., in die neue Ehe einbrachte. Barbarossas Enkel Friedrich II. gibt zwei Gesetze heraus, die das Befestigungsrecht des Adels regeln. Um diese Zeit hält Eike von Repgow im landrechtlichen Teil seines *Sachsenspiegels* (zw. 1224 und 1235) Einzelheiten fest, wie hoch etwa eine Befestigungsmauer sein darf.

All dies aber ist nur verständlich vor dem Hintergrund einer neuen Vorstellung von Herrschaft. Der König wie der hohe Adel stützen sich auf möglichst zusammenhängende Territorien, auf gut durchorganisierte Landesherrschaften im Gegensatz zu den alten rein personal gebundenen Treueverbänden. Die Burg bietet dazu die idealen Voraussetzungen. In unzugänglicher Lage hinter dicken Mauern geschützt, lässt sich das umgebende Land kontrollieren, lassen sich Abgaben erheben, Zölle einziehen, Forstwirtschaft betreiben, Recht sprechen. Schon immer beruhte adlige Herrschaft auf einem System der Ausbeutung. Nun gerät sie in Hände, die diese Aus-

*Sachsenspiegel*, Wolfenbütteler Bilderhandschrift, zw. 1348 und 1371. Auf der zweiten Abbildung von oben zeigt ein Reiter mit dem Schwert, wie hoch die Mauer sein darf.

beutung lückenlos und wohlgeschützt betreiben. Alle großen Herren werden Burgenbauer bzw. gewinnen Personen, die für sie Burgen errichten und im Namen ihrer Herren die Herrschaft ausüben. Burggrafen oder Burgvögte übernehmen diese Aufgabe, teils Adlige, teils Ministeriale, die besser zu kontrollieren sind. Aber immer setzt das Ringen um Aufstieg ein. Das mit der Burg verbundene Lehen, das von Bauern bearbeitete Land, wird in vielen Fällen erblich, Ämter werden umgewandelt in Besitz. Jede Krise des Reiches gerät zum Sprungbrett. 1198, nach der katastrophalen Doppelwahl, als zwei Könige (der Staufer Philipp und der Welfe Otto) um die Herrschaft im Reich streiten, müssen Getreue belohnt werden, und prompt kommen Reichsburgen als Pfand oder Besitz in die Hände von Adligen. Jeder dieser Herren aber benennt sich danach. Wappen und Burg bilden eine Einheit.

Man sieht es gerade den staufischen Burgen an, dass nicht die Schutz- und Trutzfunktion allein den Bau bestimmte. Die Anlage dient auch der Repräsentation, ritterliche Lebensform entfaltet sich buchstäblich in der Burg. Die staufischen Pfalzburgen umfassen zahlreiche Gebäude, im Zentrum den Palas als Herrschaftssitz, wo Verhandlungen geführt und große Feste gefeiert werden. Auch die Kapelle, oft zweistöckig mit dem oberen Stockwerk für den Herrscher, wird repräsentativ ausgebaut. In allen Gebäuden gibt es reichen architektonischen Schmuck, wie ihn etwa die erhaltenen Reste der Fensterarkaden in Gelnhausen noch verdeutlichen. Rasch entwickeln sich verschiedene Formen: neben der Gipfelburg die Sporn- oder Ringburg, das auf regelmäßigem Grundriss beruhende Kastell und viele andere Typen, die sich nicht zuletzt der Landschaft verdanken. Am Mittelrhein, wo sich bis heute besonders zahlreiche Burgen als Touristenattraktion erhalten haben, dominieren die Höhenburgen mit Turm als Bergfried und Schildmauer. Ausgestattet aber waren vor allem die großen Säle auf repräsentative Weise. Um 300 Quadratmeter umfasste der Festsaal in Gelnhausen, auf der landgräflichen Wartburg waren es 400, die aquitanischen Herzöge logierten in 800 und in Westminster brachte es der englische König Heinrich II. auf ganze 1500. Nicht zufällig wurden bei der Ausmalung literarische Sujets gewählt, in der Burg Rodeneck bei Brixen sowie in Schmalkalden fanden sich, in freilich sehr viel kleineren Räumen, *Iwein*-Fresken jeweils aus dem 13. Jahrhundert. In der zeitgenössischen Literatur werden Ausstattungen beschrieben, die auf größten Prunk schließen lassen. In der Kaiserpfalz Hagenau soll Friedrich Barbarossa für Wandtafeln in Goldmalerei gesorgt haben, wie der Hofkaplan Gottfried von Viterbo berichtet. Und nicht nur innen glänzten diese Burgen. Um sie herum wurden Wildparks angelegt, die der Jagd dienten, wie überhaupt Burgen als Jagdschlösser entstanden. Die Bauten Friedrichs II. in Apulien, allen voran Castel del Monte in Apulien mit seiner bis heute atemberaubenden Herrschaftsarchitektur, dienten allein der Erholung des Kaisers. Ritterlicher Glanz ließ sich jedenfalls nirgends besser entfalten.

Entsprechend waren Burgen im Krieg wichtige Ziele der Zerstörung, die nicht erst im Zeitalter der Pulverwaffen auch gelang. Schon die Steinschleudermaschinen des 12. oder 13. Jahrhunderts schlugen Breschen in Mauern und führten zu oft überraschend mühelosen Eroberungen. Die Burg steht so gesehen im Zentrum der vielen Kriege

Burg Gutenfels bei Kaub, erbaut um 1200 und heute in Privatbesitz, bewahrt den einzigen noch weitgehend original erhaltenen staufischen Festsaal (Palas) unter den Burgen am Mittelrhein.

und Fehden, wird lange vor dem Spätmittelalter zur »Raubritterburg«, die dem Frieden entgegenstand und deshalb erobert und geschleift wurde. Allerdings gibt es genauso Fälle der Schonung, wenn es gelang, Fehden auf dem Verhandlungswege zu beenden. Statt Schleifen begnügte man sich mit geringfügigen Beschädigungen, Besatzungen konnten freien Abzug erhalten. Das schönste Beispiel dafür liefert die zur Sage ausgeschmückte Geschichte von den »Weibern von Weinsberg«, die Burg und Stadt (in der Nähe von Heilbronn) mit dem verlassen durften, was sie auf dem Rücken tragen konnten, und dabei ihre Männer mitnahmen. Das Ereignis fand 1140 statt, der König, der die Bedingungen mit seinem Gegner aushandelte, war der Staufer Konrad III.

Darstellung aus einer Handschrift der *Sächsischen Weltchronik*, die um 1270 entstanden ist. Die Thüringer belagern eine Burg der Sachsen.

Die Zeit der Staufer. Geschichte – Kunst – Kultur. Katalog der Ausstellung Stuttgart 1977 (bes. J. Fleckenstein); Lorenz Weinrich (Hrsg.): Quellen zur deutschen Verfassungs-, Wirtschafts- und Sozialgeschichte bis 1250. 1977 (bes. Nr. 52 und 119); Thomas Biller: Die Adelsburg in Deutschland. München 1993; Werner Paravicini: Die ritterlich-höfische Kultur des Mittelalters. 1994; Gerd Althoff: Spielregeln der Politik im Mittelalter. 1997; Josef Fleckenstein: Rittertum und ritterliche Welt. 2002; Johannes Laudage und Yvonne Leiverkus (Hrsg.): Rittertum und höfische Kultur der Stauferzeit. 2006; G. Ulrich Großmann / Hans Ottomeyer (Hrsg.): Die Burg. Dresden 2010. Bernd Schneidmüller [u. a.] (Hrsg.): Die Staufer und Italien. Katalog zur Stauferausstellung Mannheim 2010. 2010.

## 17
## Die Ritterschlacht bei Worringen

In der Realität tritt der Ritter am klarsten dort in Erscheinung, wo er sein »Handwerk« ausführt: in der bewaffneten Auseinandersetzung. Im Mittelalter sind die Bezeichnungen dafür schwankend. Die lateinischen Quellen sprechen von *bellum*, *guerra* oder *faida*, die deutschen von *kriec*, *urliuge* oder *vehede* (das *Nibelungenlied* bewusst altertümelnd von *reise*, das uns in dieser Bedeutung noch in den »Reisigen« bekannt ist). Sachliche Unterschiede sind damit kaum verbunden, insbesondere stehen »Krieg« und »Fehde« nebeneinander – erst im 15. Jahrhundert bezieht sich »Krieg« auf den großen Krieg zwischen Nationen, »Fehde« auf den Privat- oder Kleinkrieg (Götz von Berlichingen will an vier »Kriegen« und ungezählten »Fehden« teilgenommen haben). Wie auch immer die Bezeichnung ausfällt: Kriege bzw. Fehden sind im Mittelalter alltäglich, weil es trotz aller Bemühungen nicht gelang, das Recht des Adels auf Selbstverteidigung auszuschalten. Allerdings sind große Aufgebote selten, antike Größenordnungen (wie in der Schlacht bei Cannae mit ca. 80 000 Römern und 50 000 Karthagern) kommen nicht vor. An der sogenannten Tübinger Fehde (mit der Schlacht bei Weinsberg), bei der Welf VI. gegen den Pfalzgrafen Hugo von Tübingen kämpfte, weil dieser widerrechtlich einige von dessen Ministerialen hatte hängen lassen, waren 2200 Kämpfer beteiligt – schon eine ungewöhnlich hohe Anzahl. Die ganz große Ausnahme stellt die Schlacht bei Worringen im Norden von Köln dar, die 1288 stattfand. Sie ist auch ein Paradebeispiel für die Durchführung einer Fehde insgesamt.

Wie so oft war der Anlass ein Erbstreit: Es ging um das Limburger Land, das sowohl der Kölner Erzbischof Siegfried von Westerburg wie der flandrische Herzog Jan von Brabant für sich beanspruchten. Hätte sich der Kölner durchgesetzt, wäre damit eine Großmacht am Niederrhein entstanden, eine Landesherrschaft, um die sich alle Fürsten im Reich bemühten. Dagegen kämpfte der Brabanter, zusammen vor allem mit dem Grafen von Berg auf der ande-

Darstellung der Schlacht von Worringen in den *Brabantschen Yeesten* des Jan van Boendale aus dem 15. Jahrhundert.

ren Rheinseite, der sich genauso vom Erzbischof bedroht sah. Mit diesem waren die Grafen von Luxemburg und von Geldern verbündet. So standen sich zwei große Heere gegenüber: 6100 Reiter mit mindestens 10000 Pferden. Über dreihundert Namen mit ihren Wappen sind ausgemacht worden, die uns auch die genauere ständische Zugehörigkeit erkennen lassen. So finden wir die adligen Führer mit ihren Lehnsleuten, beim Erzbischof etwa den Grafen von Neuenahr oder den Burggrafen von Drachenfels sowie kleinere Adlige, die als Ritter bezeichnet werden, wie etwa Ludwig von Wolkenburg. Weiter gab es die von hohen Herren ausstaffierten Söldner (die Serjanten), die unter dem Wappen ihres Dienstherrn kämpfen, dann die Knappen in leichterer Rüstung (Kettenpanzer und Eisenhut). Dazu kamen schließlich etwa 4000 Mann Fußvolk, unter denen die Bergischen Bauern mit ihren nägelgespickten Keulen eine besondere Rolle spielen sollten.

Zu dieser Schlacht gibt es nun eine ausführliche Darstellung in einer Chronik, die Jan van Heelu als Lob Jans von Brabant anfertigte, und zwar auf Niederländisch (um dessen englischer Schwiegertochter die Volkssprache beizubringen). Man kann also keine Objektivität erwarten, der Verfasser übt Heroenverehrung, preist Jan als großen Turnierhelden (und erwähnt sogar seine Teilnahme an Tafelrundenturnieren). Er stilisiert die Schlacht als Ritterschlacht, mit direkter Berufung auf Roland und Parzival, daneben auch auf die alttestamentlichen Makkabäer und Alexander den Großen, stellt den Herzog als Inbegriff ritterlichen Daseins dar. In der Schlacht selbst hebt er das Handeln der Beteiligten nach ritterlichen Idealen von Ehre, Tapferkeit, Treue, Fairness hervor, von denen ein Teil der Gegner umso deutlicher abweicht. So wird es also kaum gewesen sein. Und doch erfahren wir viel, wenn man die im einzelnen wohl genaue Darstellung recht zu lesen weiß. Vor allem kommt heraus: Die große Schlacht, die nach van Heelu nur vom Kampf um Troja übertroffen worden sei, erweist sich auch in der heroisierten Wiedergabe als eine böse Schlächterei. Mehr als tausend Tote lagen zum Schluss auf dem Acker, darunter zahlreiche Große wie der Graf von Luxemburg mit beiden Brüdern, während ein Bruder des Erzbischofs erst später an seinen Wunden starb.

Die Greuel beginnen bereits im Vorfeld, und gerade daran ist Jan von Brabant selbst äußerst aktiv beteiligt. Als sich der Krieg ankündigt, fällt der Herzog zuerst einmal in die Lande des Erzbischofs ein, um Feuer zu legen: »Von Friesheim bis Blatzheim wurde das Land des Bischofs ihm zur Schande mutig verwüstet, so tapfer, dass die Tat eines der größten Wunder schien, die man je geschehen sah.« Und dies wird dann auch noch »tausendfach« durch weitere Verwüstungen und Brandschatzungen übertroffen. Burgen werden genommen, Mühlen und Häuser gehen in Flammen auf, bei Bonn wird ein Weinberg gerodet: Wie immer in mittelalterlichen Kriegen sucht man zuerst einmal die Existenzgrundlage der grundbesitzenden Herren zu treffen. Nicht ohne Genüsslichkeit wird vermerkt, dass der Erzbischof buchstäblich vor seiner Haustür »den Rauch aufsteigen sah«. Ganz unüblich sogar im Winter, als besonders in den Ardennen alles verschneit und vereist ist, tritt Jan zur Verwüstung an, »wie es noch nie von einem Ritter unternommen« wurde. Auch Menschen trifft es hart: Ritter, die tapfer ihre Burg verteidigen, geraten in Gefangenschaft und verderben im Gefängnis, soweit man nicht Geld aus ihnen presst. Zur Schwächung des Gegners tritt die Stärkung der eigenen Leute. Ein Teilnehmer wird damit zitiert, dass

In einer Ausstellung des Kölner Stadtmuseums wurde eine rekonstruierte Rüstung Jans von Brabant gezeigt.

er gerne Jans Ritter sei – nachdem der die Beute in Form von Pferden und anderem Gut verteilt hat.

Im anderen Lager ist dies alles nur viel schlimmer: Als der Erzbischof hört, dass der Herzog vor Worringen liegt, erklärt er seinen Parteigängern, ein »Walfisch« sei gelandet, der sie alle »reich machen« werde, »viel zu fett für ihn allein«. So bittet er alle, »zu kommen und sich davon ihren Teil zu holen, er vermöchte ihn nicht alleine zu verzehren«. In der Predigt, die der Erzbischof vor der Schlacht hält, ist dies bereits der Running Gag: Der »Walfisch« soll brüderlich geteilt werden, »Gut und Pferde für alle, für ihn selbst nur der Herzog« (worauf die Limburger dessen Tod verlangen). Dem folgt die Absolution für die eigenen Leute und der Kirchenbann über die Gegner. Damit ist die Kölner Seite vernichtend charakterisiert: reine Beutelust ihrer Ritterschaft. Demgegenüber bereitet sich der Herzog ebenfalls mit einer Messe vor, allerdings in Demut. Ausdrücklich wird der Friedenswille beteuert, der nur am Unrecht der anderen Seite scheiterte. Hätte der Herzog das ihm zustehende limburgische Erbe erhalten, wäre es weder zu Brandschatzungen noch zur Schlacht gekommen. Und der Chronist geht sogar noch einen interessanten Schritt weiter. Er stilisiert die Auseinandersetzung zum Kreuzzug. Man habe die Feinde wie die »Sarazenen« erwartet, heißt es: »denn so selig ist die Mühe, Raubritterburgen zu brechen, wie um das Heilige Grab zu streiten.« Tatsächlich ging es nicht nur um dieses Erbe, sondern auch um eine Burg, die der Erzbischof in Worringen anlegen ließ, um die Rheinschifffahrt zu kontrollieren. Genau dies hatte die Kölner Bürger erst im letzten Moment ins gegnerische Lager getrieben.

Den Hauptteil des Werkes bildet dann die ausführliche Schlachtbeschreibung. Zunächst besteigt Jan von Brabant sein Ross: prächtig gerüstet, vom Helm bis zur Satteldecke mit goldenem Löwen auf schwarzem Grund. Als wahrer Ritter will der Herzog für alle erkennbar sein, und man erfährt auch, dass es weniger Tapfere bzw. Trickreiche gab: »Nie hätte er einen anderen zum Tragen seiner Rüstung veranlasst, den man deswegen erschlagen hätte.« So stellt er sich mit seinen Brabanter Gefolgsleuten in die vorderste Schlachtreihe. Als der Feind bereits im Anrücken begriffen ist, gibt es noch einmal eine kurze Pause. Jan lässt einige junge Männer zu Rittern schlagen, während Vertreter des Deutschen Ordens zwischen den Linien in allerletzter Minute Frieden zu stiften versuchen. Aber es ist viel zu spät. Und so ergeht das Kommando des Herzogs: Er wolle voranreiten und nur gegen Angriffe von hinten und von der Seite geschützt werden. Zwei seiner besten Ritter sind dazu abgestellt. Die wahre Tapferkeit aber zeigt sich darin, dass er erschlagen werden will, sollte er fliehen. Dann sieht man die Gegner losreiten. Es muss ein prachtvoller Anblick am 5. Juni gewesen sein: sämtliche Ritter in ihre wappengeschmückten Waffenröcke gekleidet, Pferdedecken und Wimpel in gleicher Ausstattung. Van Heelu tut viel, um den Glanz dieses Treffens hervorzuheben. Aber zwischen den Zeilen wird auch die Realität deutlich.

Es ist charakteristisch, dass in dieser wie in allen bekannten Ritterschlachten des Hochmittelalters von Taktik kaum die Rede sein kann. Man bildete lediglich eine Schlachtreihe mit Zentrum und Flügeln, jeweils mit drei hintereinandergestaffelten Linien. Die Anführer der einzelnen Abteilungen entschieden selbst über ihren Einsatz, Koordination gab es nicht. Der Herzog wird damit zitiert, dass er Wald, Wege, Gräben »geringachte« und sich ganz alleine »auf seine Rüstung verlasse«. Danach ist denn auch die Schlacht. Genau das, was ein Ritterheer schwächt, wurde besonders auf erzbischöflicher Seite praktiziert: Der rechte Flügel brach wohl aufgrund deutlicher Übermacht beim ersten Ansturm durch die gegnerischen Reihen, sammelte sich dann aber nicht zu erneutem Vorstoß, sondern machte gleich zwei verhängnisvolle Fehler. Während die einen in die Mitte strebten, um den Herzog gefangen zu nehmen (des Lösegelds wegen), jagten die anderen weiter ins herzogliche Lager, um Beute zu machen. Damit ist die Überlegenheit verspielt. Die verbliebenen Scharen rennen sich an der geschlossenen Schlachtreihe der Brabanter und ihrer Verbündeten fest. Genauso wenig hätte man in Köln »durch die Stadtmauer reiten« können, heißt es. Hier also auch nicht viel Taktik, aber im entscheidenden Punkt das Richtige: Jan van Heelu gibt wiederholt den Ruf wieder, mit dem man sich gegenseitig zur Geschlossenheit ermuntert. Man weiß, dass die Brabanter sowohl die größeren Pferde besaßen als auch im Lanzenkampf besser geübt waren. Auch dies muss die zahlenmäßige Unterlegenheit ausgeglichen haben.

Ansonsten berichtet van Heelu über zahlreiche Einzelkämpfe, über Tapferkeit auf beiden Seiten. Vor allem der Graf von Luxemburg, »einem guten und tapferen Rittergeschlecht« entstammend, tut sich hervor, sucht den Zweikampf mit Jan von Brabant, haut sich zu ihm durch und steht ihm schließlich gegenüber. Zuerst schlagen die Kontrahenten mit den Schwertern aufeinander ein, dann beginnt ein eher weniger ritterlicher Ringkampf mit dem Ziel, den andern vom Pferd zu reißen. Jan behält die Oberhand, aber ein treuer Gefolgsmann des Luxemburgers kommt seinem Herrn zu Hilfe und versucht, Jan mit einem Messer in die Seite zu stechen, woraus eine Verwundung am Arm resultiert. Der Täter wird gefangen genommen und trotz der unritterlichen Kampfweise später ehrenvoll behandelt. Unritterliches gibt es auch sonst, und zwar ebenfalls auf beiden Seiten. Die Brabanter machen vor Ende der Schlacht keine Gefangenen, sondern töten ihre Gegner. Nur noch schlimmer die Ritter des Erzbischofs, die man schon an ihrem grässlichen Grölen als Barbaren erkennen kann: »›Schlagt nieder, tötet und raubt alles, was ihr vorfindet, und lasst weder Lasttiere, Karren noch Wagen zurück …‹«, heißt es. Dieses Rauben hat aber eine noch viel schlimmere Seite: »So ließen sie ihre Herren im Stich.«

Dann entsteht eine kritische Situation für die Brabanter. Man sticht Jan zwei Pferde unterm Leib nieder, worauf er selbst für einen Moment als gefallen gilt – häufig ein Anlass zu allgemeiner Flucht. Aber der Herzog rafft sich auf, mäht mit nur zwanzig Mitkämpfern die Feinde nieder – »weder Herkules noch Achilles noch Oliver oder Roland vollbrachten eigenhändig eine Tat von größerer Ritterschaft«. Anders geht es dem Grafen von Luxemburg, der auf der gegnerischen Seite ebenfalls tapfer kämpft, erst sein Pferd verliert (»die Gedärme quollen auf den Boden«) und dann selbst ein Schwert »zwei Fuß tief in den Leib« gestoßen bekommt. Dagegen kommt der Erzbischof erst gar nicht an den Herzog heran, obwohl »bis auf den Bischof Turpin« im *Rolandslied* niemand tapferer mit dem Schwert kämpfte und keiner ihm anmerken konnte, »dass er die Tonsur trug oder etwas Kirchliches oder Geistliches an sich hatte; denn er zeigte sich als lobenswerter Ritter, sowohl im Angriff als auch in der Verteidigung«. Er wird dennoch überwältigt und gefangen genommen, angeblich nur deshalb nicht erschlagen, weil er ge-

Das Fresko befand sich im Erdgeschoss des Overstolzenhauses, das um 1230 in Köln erbaut wurde, als die Patrizier der Stadt einen ritterlichen Lebensstil zu pflegen begannen. Das romanische Wohnhaus wurde im Zweiten Weltkrieg mit Ausnahme der Fassade zerstört, beim Wiederaufbau konnten die Fresken nicht mehr wiederhergestellt werden.

schwächt war. Aber die Diskussion über das Lösegeld ist schon auf dem Schlachtfeld im Gange, auch über die Abführung durch den Grafen von Berg, der das nächstgelegene Gefängnis besitzt. Schadenfroh berichtet van Heelu über die vielen Stricke, die man im feindlichen Lager fand, um die vermeintliche Beute für Lösegelderpressung herzurichten. Übrigens kämpfte auch auf Brabanter Seite ein Kleriker mit dem Schwert: der Bruder des Herzogs, der ein Stück seiner Nase verlor.

Eine typische Ritterschlacht also mit allen Ingredienzien, die der Chronist für angemessen hielt. Umstritten ist dabei besonders ein Element, das aus Kölner Sicht die Schlacht berühmt gemacht hat: das Eingreifen der Bergischen Bauern. Van Heelu selbst stilisiert das gänzlich unritterliche Auftreten als nicht gerade schlachtentscheidende, aber doch in der Endphase wichtige Aktion. Sogar die aufpeitschende Rede eines Mönchs wird wiedergegeben. Tatsächlich besiegten erst einige Jahrzehnte später erstmals Fußtruppen Ritterheere. Davon kann in Worringen nicht die Rede sein. Und ganz so effektiv kämpften sie nicht, brachten sie doch mit ihrer Unkenntnis nicht nur Feinde, sondern auch Freunde um, ganz zu schweigen von den Gefangennahmen, als sie merkten, dass man aus Rittern Geld pressen kann. Zu ihrem Anführer machte sich ein Kölner Patrizier, Gerhard Overstolz, der an Rüstung und Waffentechnik den Rittern wohl kaum nachstand, wenn man an die Fresken mit Turnierdarstellungen in seinem prachtvollen Wohnhaus denkt. Aber er stieg vom Pferd und fiel, bevor er überhaupt in den Kampf eingriff.

Philippe Contamine: War in the Middle Ages. 1984; Werner Schäfke (Hrsg.): Der Name der Freiheit. 1988 (darin: Jan van Heelu: Die Schlacht von Worringen).

## 18
## Krieg und Fehde in der Literatur

Noch viel mehr als das Turnier sind auch Krieg und Fehde in der Literatur dargestellt worden. Der Ritter, das wird auf diese Weise deutlich, ist von Beruf Soldat. Nur die Artusepik, und dabei in erster Linie die deutsche, verdeckt ein wenig dieses Bild, wenn der Krieg hier allenfalls am Rande auftaucht. Aber Chrétien, der Erfinder der Gattung, hat in seinem *Cligès*-Roman, von dessen deutscher Übersetzung nur Fragmente erhalten sind, auch Schlachten behandelt. Der byzantinische Thronerbe mit Namen Alexander geht an den Artushof und empfiehlt sich dort als großer Ritter eben nicht in Turnieren, sondern mit Kriegstaten. Als Artus von einem ungetreuen Statthalter in seiner Stadt London angegriffen wird, kommt es zu einer großen Schlacht, in der sich gerade Alexander durch ein Morden auszeichnet, bei dem die Gehirnfetzen fliegen. Als man über die Behandlung der Gefangenen diskutiert, wird Hängen, Schinden, Brennen vorgeschlagen, Artus selbst plädiert für Zerreißen.

Möglich, dass dabei die Antikenromane mit ihren Schlachtschilderungen eine Vorbildrolle gespielt haben. In den beiden großen Stoffkreisen um die *Ilias* (mit dem Kampf um Troja) sowie um den makedonischen Alexander (mit seiner Welteroberung) waren Kriege geradezu formkonstituierend. Und immer sind die Ereignisse in großer Grausamkeit geschildert. Das *Liet von Troye*, das Herbort von Fritzlar nach einer französischen Vorlage im Auftrag des Landgrafen Hermann von Thüringen (gestorben 1217) als Vorgeschichte des *Eneasromans* von Heinrich von Veldeke gewissermaßen nachlieferte, trieft einmal so sehr von Blut, dass Pferde darin ertrinken. Hector schwimmt in einem ganzen See von Blut, das auch noch mit Hirn vermischt ist. Allerdings darf man gerade hier das rhetorische Moment nicht übersehen. Hectors Wüten wird in einer Aufzählung abgeschlagener oder herausgerissener Körperteile dargestellt: »Jener lag ohne Kopf, dieser ohne Hand, ein anderer ohne Bein, jenem traten Herz und Lunge aus dem Bauch, einem andern hing die Zunge halb auf den Zähnen, die Nase lag diesem auf den Barthaaren …«

Und weiter: »Der lag erschossen, der lag erstochen, dieser zerbrochen, dieser zerquetscht, dieser ertrunken ...« Wer weiterliest, wie Därme aus Leibern treten und Maden aus den Toten kriechen, mag glauben, es mit Phantasien aus Splatter-Filmen zu tun zu haben. Allerdings ist auch hier wieder ein Vorbild auszumachen. Die französische Quelle greift auf antike Darstellungen wie Lukans *Bürgerkrieg* (mit der Hexe Erichtho, die aus rauchenden Totenleibern die Zukunft liest) zurück, die in solchen Details schwelgte, worauf übrigens noch Mary Shelley in ihrem *Frankenstein*-Roman zurückgreifen sollte.

Umso interessanter, dass es auch den Fall einer Darstellung gibt, die »ritterlichen« Idealen in wichtigen Zügen näherkommt. Ausgerechnet das *Nibelungenlied*, das zum Schluss in ein exorbitantes Morden mündet, bietet zu Beginn geradezu den Paradefall eines »normalen« Krieges. Die Könige von Sachsen und Dänemark lassen

Wie in den literarischen Texten die Grausamkeiten immer mit besonderer Freude für das Detail geschildert sind, so auch in den Illustrationen. In einer Handschrift der *Weltchronik* Rudolfs von Ems (entstanden im 14. Jahrhundert) ist die Schlacht Gideons gegen die Midianiter (Ri 7,16–22) dargestellt, in der sich die erschreckten Midianiter gegenseitig totschlagen.

König Gunther in Worms eine förmliche Kriegserklärung durch Boten überbringen: Er solle (über Tribut) verhandeln oder es folge eine Heerfahrt (*reise*). Man verhält sich gegenüber den Boten zuvorkommend und überlegt dann, was zu tun ist. Da schaltet sich Siegfried ein, der gerade um Kriemhild wirbt und eine Chance zur Bewährung wittert. Er bietet sich an, mit tausend Wormsern gegen den überlegenen Feind – zusammen mehr als 60 000 Mann – anzutreten. Natürlich sind die Zahlen reine Show, auch die Abläufe klingen (bis auf Raub und Brand im Land des Gegners vorweg) wenig realitätsnah. Bevor die Schlacht beginnt, werden die Truppenteile mit ihren Führern aufgeboten, auch die Nachhut nicht vergessen. Dann kommt ein unhistorisches, aber gut bekanntes Element ins Spiel: Siegfried stellt sich dem Dänenkönig Lüdegast vor den Heeren von Mann zu Mann. Es wird also eine Tjost geritten, bei der Lüdegast nicht schlecht aussieht, aber letztlich verliert. Mit drei starken Wunden fleht er um sein Leben und bietet dafür sein Land. Als dreißig Helfer ihn heraushauen wollen, tötet Siegfried alle bis auf einen, der die Botschaft überbringt (»die Wahrheit konnte man an seinem roten Helm sehen«).

Dann zieht man gegen die Sachsen, diesmal in einer regulären Schlacht. Blut fließt in Strömen, viele Helden fallen, aber es geht in einem wichtigen Punkt »ritterlich« zu: »Da sah man über Sättel das Blut fließen. So warben um die Ehre diese Ritter kühn und gut.« Siegfried schlägt sich zum Sachsenkönig durch, der gerade gehört hat, dass sein Bruder gefangen wurde. Man stürmt aufeinander ein, Siegfrieds Pferd strauchelt, der Kampf geht zu Fuß weiter. Als der Sachse an der Schildbemalung erkennt, wen er vor sich hat, will er gegen diesen »Teufel« nicht weiterkämpfen und kapituliert mit gesenkter Fahne. Damit ist alles entschieden, nachdem beide Führer ausgeschaltet sind. Auf dem blutgetränkten Schlachtfeld machen die Wormser Beute, die Geschlagenen ziehen ab, die Wormser mit ihren Geiseln unter Ankündigung durch Boten nach Hause. Kriemhild befragt einen von ihnen heimlich über den Triumph ihres Bräutigams und seine Waffentaten und hört die Aussage, auf die es ankommt: »Er hat alle Vorzüge eines mutigen und guten Ritters.« Dann wird bilanziert: Fünfhundert Geiseln sind gesund, achtzig liegen todwund auf Bahren. König Gunther, der zum Schutz in der

Im sogenannten Hundeshagenschen Kodex des *Nibelungenliedes*, entstanden ca. 1425, ist der Kampf zwischen Siegfried und dem Dänenkönig Lüdegast dargestellt.

Heimat geblieben war, begrüßt die verwundeten und unverwundeten Sieger, dankt für ihren Einsatz. Schließlich folgt ein ausgemachtes Happy End: Die Geiseln werden gut behandelt, dürfen sich gegen Eid frei bewegen, die Verwundeten bekommen bestmögliche ärztliche Hilfe, und die blutigen Sättel versteckt man, um die Frauen nicht zu erschrecken. Schließlich dürfen alle nach Hause, sollen aber nach sechs Wochen zu einem gemeinsamen Fest zurückkehren. Der letzte Satz gilt Siegfried in einem Punkt, der noch wichtiger ist als die Hervorhebung seiner Stärke: Er habe das alles nicht für Sold getan, sondern Kriemhilds wegen.

Ein Krieg also *statt* eines Turniers, kein Vergleich mit Herborts *Liet von Troye*. Wer sich an die Gleichung hält: in der Artusepik harmlose Turniere mit edlen Rittern, in der Antikendichtung und in der Heldenepik schrecklicher Krieg mit unedlen, muss sich korrigieren. Überhaupt stimmt die Gleichung nicht. Grausame Ritter treffen wir in allen Gattungen und bei allen Gelegenheiten. Und auch das Argument, in Frankreich sei alles schlimmer gewesen als in Deutschland, verfängt nicht. Zwar ist Hartmann von Aue tatsächlich bekannt dafür, dass er Chrétiens Darstellung regelmäßig »mildert«. Als Iwein der bedrängten Dame von Narison in einem Krieg hilft, ist bei Chrétien unter ausdrücklichem Verweis auf Roland von Aufschlitzen und ähnlichen Barbareien die Rede. Hartmann streicht Roland genauso wie das Aufschlitzen – aber kaum aus »Humanität«. Auch bei ihm landen im gleichen Epos die falschen Ankläger auf dem Rost, »wie es Sitte war«. Und auch er verzichtet nicht auf Darstellungen von Grausamkeit, wenn sie zur Sache gehören. Der Ritter, dem in Chrétiens *Erec und Enide* von zwei Riesen die Haut in Fetzen gerissen wird, wird auch in Hartmanns *Erec* malträtiert (die Riesen brechen »Ritters Recht«). Besser als die Frage nach dem Wie scheint die nach dem Warum. Warum schwelgen Dichter in diesen Horrorszenarien?

Dabei darf man kaum an einen modernen Roman wie Erich Maria Remarques *Im Westen nichts Neues* denken, wo das Grauen der Materialschlachten im Ersten Weltkrieg der Abschreckung dienen sollte (was die Nazis merkten und das Buch verboten). Vielmehr gilt: Ein Ritter *ist* ein Krieger, zu seinem Rittertum gehört die Teilnahme an dieser Art von Kämpfen, gehören die Grausamkeiten, die jeder aus der Realität zur Genüge kannte. Schlachten ohne viele Tote sind die Ausnahme wie im Falle von Brémule bei Rouen 1119, wo die Ritterheere Heinrichs I. von England gegen Ludwig VI. von Frankreich kämpften und es nach dem Bericht des Benediktiners Ordericus Vitalis nur drei Tote gegeben haben soll. Blut floss vielmehr tatsächlich genügend, und auch Verstümmelungen waren an der Tagesordnung. Dass die Schilderungen jedes reale Maß überschreiten, lässt sich un-

Eine weitere Illustration im Hundeshagenschen Kodex (s. Abb. S. 149) zeigt die Burgunden in der Schlacht mit den Bayern, die den Tod des Fährmanns beim Übergang der Burgunden über die Donau rächen wollen. Dabei fällt der bayerische Graf Gelfrad, im Vordergrund ist seine abgeschlagene Hand zu sehen.

ter rhetorischen Gesichtspunkten erklären: Wie bei der Angabe von Größe die Zahlen übertrieben werden, so bei der Wiedergabe des Tötens das Blut. Noch wichtiger aber scheint etwas anderes gewesen zu sein: Die Ritter bei Chrétien, Hartmann und all den anderen mittelalterlichen Autoren konnten sich nur in ihrer Ritterlichkeit darstellen, wenn sie sich *in* diesen Grausamkeiten als überlegen zeigten.

Bei den Turnierdarstellungen haben wir es schon gesehen. Für den Krieg gilt das gleiche. Ein gutes Beispiel bietet uns der *Prosalancelot* mit seinen überreichen und übergrausamen Kriegsdarstellungen.

Eine davon erinnert an das *Nibelungenlied*. Ein König, Galahot, fordert Artus durch einen Boten förmlich heraus, will ihm Land und Frau wegnehmen. Artus antwortet zurückweisend, aber gemessen. Dann kommt es zur ersten Schlacht. Galahot, der einmal der beste Freund des Titelhelden wird und auch sonst ein vorzüglicher Ritter ist, hat einen Volksstamm dabei, der mit vergifteten Pfeilen schießt. Als er jedoch sieht, dass Artus' Heer zu klein ist, lässt er nur eine reduzierte Mannschaft antreten – so viel Edelmut muss sein. Diese Truppe kämpft dann allerdings berserkerhaft: »Sie ritten ohne Ordnung, wer schneller voran konnte, wartete nicht auf den letzten, so kampflustig waren sie.« Artus hätte wenig Chancen gehabt, aber es naht Hilfe. Lancelot taucht inkognito auf, als roter Ritter. Er siegt mit viel Blutvergießen, wird aber auch selbst schwer verwundet: »Sein ganzes Gesicht war geschwollen von den schweren Schlägen, die er den Tag hatte hinnehmen müssen. Die Nase war zerschunden, der Hals fleckig von der Rüstung, die Brauen ganz zerstoßen. Die Arme waren ihm überall blau von Schlägen, die Schultern und Achseln vielfältig wund, die Hände geschwollen und ganz blutig von schweren Hieben ...« Für eine Dame, die längst in ihn verliebt ist, wirkt er damit allerdings erst recht attraktiv. Sie will ihn küssen, ahnt, dass solche Taten nur für eine sehr hohe Dame vollbracht werden können, was ja tatsächlich der Fall ist (denn Lancelot kämpft im Dienst von Ginover). Als Galahot dann in der zweiten Schlacht dank des Eingreifens von Lancelot, wieder inkognito, aber diesmal als schwarzer Ritter, endgültig besiegt wird und kapitulieren muss, söhnt er sich mit Artus aus, und Lancelot ist an seinem Ziel: Galahot führt Lancelot als den »besten Ritter der Welt« Artus' Ehefrau Ginover als Geliebte zu. Das viele Blut hat sich eben gelohnt. Man kann sicher sagen: Auf keinem anderen Weg wäre der Erfolg möglich gewesen.

An welche Grenzen mittelalterliche Autoren dabei gehen konnten, zeigt eine weitere Szene im *Prosalancelot*. Das Freundesquartett Lancelot, Gawan, Galahot und Artus zieht gemeinsam in einen Krieg gegen die Sachsen, der diesmal trotz Verwüstungen im Land turnierähnliche Züge annimmt. Vor allem gibt es eine Zuschauerin: Ginover. Lancelot will sich also besonders auszeichnen und tut dies, indem er zuerst auf der Seite von Artus kämpft, dann aber mit Erlaubnis Ginovers auch auf der anderen (bis Ginover mit einem Mantelzeichen zum Wechsel aufruft). Dreimal stürzt Artus, zweimal werden ihm die Pferde unterm Leib erstochen, das dritte bricht sich den Hals, aber Lancelot hilft jedes Mal seinem Konkurrenten um die Liebe zu Ginover. Die anerkennt Lancelots Leistung: »Er und seine Gefährten erschlugen da im Graben so viele, dass das Wasser vom Blut eindickte. Die Furt, in der die Leute dort erschlagen wurden, erhielt den Namen Blutfurt, und so heißt sie noch heute. Aber auch Gawan und Hector und all ihre Gefährten gaben ihr Bestes: wer unter sie geriet, musste sterben, wurde gefangen genommen oder ertrank im Graben. Lancelots Helm wurde ihm auf dem Kopf zerschlagen …« Dann kann die Königin das Gemetzel nicht länger mit ansehen und befiehlt Lancelot, die Feinde fliehen zu lassen. Anschließend tasten die Damen die Körper ihrer Helden nach Wunden ab. Artus erhält die Einladung der Burgherrin, sie nächtlich aufzusuchen. Während ein fremder Ritter in Lancelots Bett liegt, ist dieser bei Ginover. Das reichliche Töten endet in einer wilden Liebesnacht.

Und fügen wir noch eine letzte Szene aus dem *Prosalancelot* hinzu. Nach der Liebesnacht folgt die nächste Schlacht, die schlimmste von allen. Ginover selbst setzt Lancelot den Helm auf und reicht ihm Artus' Schwert Secace. »Da endlich konnte man Lancelots Kampfkraft an den großen Taten bewährt finden, die er an seinen Gegnern vollbrachte: er schlug Köpfe, Arme und Beine ab, er tötete so unzählig viele Pferde und Reiter, dass ihn alle Welt wie ein Wunder bestaunte. Was ihm in den Weg kam, war entweder des Todes oder musste zu Boden, sowohl Pferd wie Reiter. Er gebrauchte seine Waffen so wirksam, dass es allen, die ihn in der Schlacht sahen, schien, als kämpfte überhaupt nur noch er allein …« Während alle fliehen, schlägt Lancelot ihrem Anführer noch ein Bein ab: »Man hob ihn auf ein Pferd, und sein Bein blieb liegen, wie es ihm da unterhalb des Leibgürtels abgeschlagen worden war. Sein Pferd war eine Elle breit in die Rippen getroffen, dass ihm die Gedärme herausfielen …« Der Ritter tötet sich anschließend wegen seiner Schmerzen selbst. Lancelot aber treibt die Sachsen ins Wasser: »Es wurde so rot von ihrem Blut, dass es nur noch aus Blut zu bestehen schien …« Zweitausend weitere Gegner geraten in einen Sumpf und kommen darin um. Andere verfolgt Lancelot und »tötete so viele, dass er und sein Pferd ganz mit seinem eigenen und mit ihrem Blut beschmiert waren und man ihn nicht mehr erkennen konnte …« Schließlich ist der Sachsenfels erobert und der darin per Zauber gefangen gehaltene Artus befreit. Der macht Lancelot zum Ritter der Tafelrunde. Der fürchterliche Krieg hat Lancelot die Liebe Ginovers und den Titel des Artusritters gebracht.

Gert Kaiser / Jan-Dirk Müller (Hrsg.): Höfische Literatur – Hofgesellschaft – Höfische Lebensformen. 1982 (bes. D. Welz); Horst Brunner (Hrsg.): Die deutsche Trojaliteratur des Mittelalters und der frühen Neuzeit. 1990 (bes. D. Huschenbett); Kurt Gärtner [u. a.] (Hrsg.): Spannungen und Konflikte menschlichen Zusammenlebens in der deutschen Literatur des Mittelalters. 1996 (bes. R. Hahn und H. Brunner); Dorothea Klein / Elisabeth Lienert (Hrsg.): Vom Mittelalter zur Neuzeit. 2000 (bes. E. Lienert); Hans-Hugo Steinhoff: Kommentar zu Ausgabe und Übersetzung des *Prosalancelot*. 2004.

## 19
## Das Problem der Gewalt in der Literatur

Es ist eine Sache, zu verstehen, dass Ritter ihr Rittertum in Turnier bzw. Krieg bewähren und dies zu einer Obsession des Tötens führt. Eine andere Sache ist es, wo dabei die Moral bleibt, mindestens die Beachtung des Tötungsverbots in den Zehn Geboten. Immerhin war bereits wiederholt von Schonung die Rede, auch wenn ihr ein Motiv jenseits von Moral zugrunde lag. Wenn Erec oder Iwein besiegte Gegner nicht töteten, sondern sie mit der Meldung ihrer Niederlage an den Artushof schickten, ging es um eine Reputation, die den Wert des Sieges noch erhöhte. Schonung aus wirklich moralischen Gründen ist selten. Ausgerechnet in einem Werk mit so vielen brutalen Szenen wie Wolframs *Willehalm* findet Gyburg entsprechende Worte mit Hinweis auf die Gotteskindschaft aller Menschen, auch der Heiden – aber diese Worte verhallen dann im Waffenlärm. Weniger als von Schonung gehen »philosophische« Überlegungen von der Frage des Rechts aus. Immer wieder kommt es zu Erörterungen, die nicht die Moral des Tötens behandeln, sondern dessen Erlaubt-, ja Gebotenheit.

Dazu gibt es eine besonders klare Aussage in einem Werk, das der Darstellung von Gewalt ansonsten eher wenig Raum gibt: im *Tristan* Gottfrieds von Straßburg. Sofort nach seiner Schwertleite möchte Tristan eine Rechnung begleichen. Herzog Morgan hatte seinen Vater erschlagen und sich dessen Land Parmenien angeeignet. Nun soll der Mord gerächt und das Land zurückgewonnen werden. Marke stattet seinen Schützling dazu mit Männern und Waffen aus, dann zieht man nach Britannien. Tristan trifft Morgan auf der Jagd und fordert ihn heraus. Der lehnt anfänglich ab, weil er nicht gegen einen unehelich Geborenen kämpfen will. Tristan zieht jedoch sein Schwert und tötet ihn in bewährter Rittermanier, indem er ihm zuerst von oben durch Schädeldecke und Hirn bis zur Zunge schlägt und auch noch ins Herz sticht. Dann weitet sich die Auseinandersetzung bis zum Krieg aus, in dem Tristan siegt, sein angestammtes Land übernimmt und es seinem Ziehvater zur Verwaltung überlässt.

Tristan erschlägt den unbewaffneten Morgan. Darstellung in einer *Tristan*-Handschrift, die um 1240–1250 entstanden ist.

Nichts Ungewöhnliches also, Gewalt gegen Gewalt, wobei der Verteidiger im Recht ist und siegt. Weil Tristans Truppe zahlenmäßig unterlegen war, hatte man sich getarnt, die Rüstung unter einem Mantel getragen, also List angewandt. Im Dienst der Gerechtigkeit ist diese List angemessen. Auch die Unerfahrenheit Tristans gegenüber dem großen Morgan wird durch die Gerechtigkeit ausgeglichen.

Gleich danach die nächste Bewährungsprobe. Tristan kehrt nach Cornwall an Markes Hof zurück und hört, dass Morold von Irland unter Kriegsandrohung den jährlichen Zins in Form von dreißig Kindern fordert. Tristan mahnt zur Gegenwehr und bietet sich, als niemand gegen einen Mann mit der Stärke von vieren kämpfen will, selbst an – man erkennt deutlich die David-Goliath-Situation. Diesmal ist direkt vom Recht gegen nackte Gewalt die Rede, auch davon, dass Sieg und Glück von keiner »Ritterschaft« abhängen, sondern »allein von Gottes Macht«. Als Morold sich zwischen Zweikampf oder Krieg für den Zweikampf entschieden hat, vertritt Tristan noch einmal das Prinzip: Macht muss mit Macht, Gewalt mit Gewalt beantwortet werden. Dann rüstet er sich, Marke selbst schnallt ihm die Sporen an und setzt ihm den Helm auf, Damen haben einen prächtigen Wappenrock genäht, alles glänzt. Auch die Haltung ist erlesen (die Beine schön), die innere Gesinnung noch besser: Tristan tritt geradezu als Verkörperung der Gerechtigkeit auf, als »untadeliger Ritter«. Selbst Morold bedauert, einen so prachtvollen Gegner erschlagen zu müssen. Aber er täuscht sich natürlich: Zwar macht Tristan mit dem Schild einen Fehler, worauf er schwer verletzt wird. Schon verlangt Morold triumphierend, Tristan solle aufgeben, weil das Schwert vergiftet war. Aber der besiegt ihn im anschließenden Fußkampf. Er schlägt ihm mit dem Schwert die rechte Hand ab, dann durch den Helm bis in die Schädeldecke, ehe er ihm unter Verhöhnung den Kopf samt Kopfschutz abhackt. Der an sich viel Stärkere geht schrecklich unter, wenn er im Unrecht ist.

Das wollte das damalige Publikum offenbar lesen bzw. hören. Wo Gewalt als Gegengewalt auftritt, ist sie erfolgreich, lautet die (optimistische) Botschaft. Ausgesucht grausame Details, wie das Zerhacken des Rechtsbrüchigen, bestätigen den Anspruch des Rechts. Bei einem Chronisten mit dem Namen Saxo Grammaticus findet sich im 13. Jahrhundert die klare Rechtfertigung des Zweikampfs als Rechtsprüfung: Rühmlicher als mit Worten zu streiten, sei der Streit mit der Körperkraft, heißt es in der *Geschichte der Dänen*. Im *Prosalancelot* ist einmal ausdrücklich die Rede davon, dass das Recht den an sich Schwächeren stärker macht. Hinter all dem steht die archaische Vorstellung vom Recht des Stärkeren, aber auch von der Offenbarung der Rechtlichkeit im Sieg. Iwein muss einmal in einem Gerichtskampf gegen drei Gegner antreten. Seine Überlegenheit verdankt sich gewiss seiner ritterlichen Stärke (und dem Löwen, der sich zum Schluss einschaltet). Aber Iwein kämpft auch für die gerechte Sache. Als er wenig später wiederum bei einem Gerichtsstreit gegen seinen eigenen (unerkannten) Freund Gawein kämpft, spitzt sich die »moralische« Problematik zu. Nachdem sich die Gegner endlich erkannt haben und den Kampf abbrechen, sprechen sie sich gegenseitig den Sieg zu, ehe Gawein die salomonische Lösung findet, die der Gerechtigkeit hilft und keinen Ritter benachteiligt: »›Die Jungfrau, für die man mich hier kämpfen sieht, hat unrecht: ihre Schwester ist hier im Recht. Nun hat auch Gott immer dem Gerechten geholfen, darum wäre ich von seiner Hand getötet, hätte es die Nacht nicht verhütet. Nachdem mir das Unheil einmal zugefallen ist, so ist mir nach all dem Missgeschick viel lieber, mein Freund habe mich überwunden als auch noch erschlagen.‹« Wo es um Recht geht, besteht am Zeugnis des Sieges kein Zweifel.

Aber *sind* Ritter immer im Recht? Muten die mittelalterlichen Autoren ihren Lesern/Hörern auch kompliziertere Verhältnisse zu, zum Beispiel im »Unrecht« überlegene Ritter? Dazu gibt es sogar eine Standardsituation. Heinrich von Veldeke hat in seinem *Eneasroman* die beiden großen Kontrahenten um die Hand der Lavinia und damit um Rom durchaus gleichwertig gestaltet: Sie sind beide vorbildliche Ritter. Als es zur persönlichen Auseinandersetzung im Kampf kommt, gewinnt Eneas die Oberhand. Er besiegt Turnus, und alles deutet nun auf ein »ritterliches« Ende hin, auf Schonung. Aber da sieht Eneas einen Ring am Finger des Gegners, der von seinem Freund Pallas stammt (den Turnus getötet hatte). Das ist zu viel. In seiner Wut erschlägt er den schon wehrlosen Gegner. Die gleiche Situation wiederholt sich in Wolframs *Willehalm*. Der Titelheld hat in der Schlacht zahllose Verwandte, darunter den geliebten Neffen Vivianz, verloren. Nun besiegt er einen Gegner eher zufällig (weil sich dessen Beinschiene gelöst hat). Er hackt ihm das ungeschützte Bein ab und geht danach auf kein Flehen des völlig Wehrlosen um Gnade ein. Willehalm tötet ihn, zieht ihm auch noch die Rüstung aus und schlägt ihm den Kopf ab. Die Begründung für den Leser/Hörer ist die gleiche wie bei Heinrich von Veldeke: Rache. Es ist klar, dass dies keine moralische Entschuldigung sein kann. Aber insgeheim wertet sie den Ritter trotzdem auf. Wut ist menschlich, etwas, was man einem Ritter nachsehen muss. Ritter können sich nicht immer in der Hand haben. Auch in der Wut steckt ein Stück »Gerechtigkeit«.

Und doch gibt es klare Grenzen der Gewalt. Die wichtigste bezieht sich auf das weibliche Geschlecht als Inbegriff des Schwachen. Wo Ritter sich an Frauen vergehen, ist die Verurteilung ebenso reflexartig wie die Rechtfertigung bei der Wut. In Hartmanns *Erec* begehrt ein Graf Enite und versucht es mit Überredung. Der Titelheld ist schwer verwundet, scheint tot. Der Graf bietet Enite die Ehe, sein Reichtum scheint überzeugend. Aber Enite will selbst dem toten Gatten noch die Treue bewahren. Da greift der Graf zu Gewalt, schlägt die Wehrlose. Die freut sich über die Schläge und hofft, getötet zu werden. Erec erwacht von Enites Schreien und tötet den Gra-

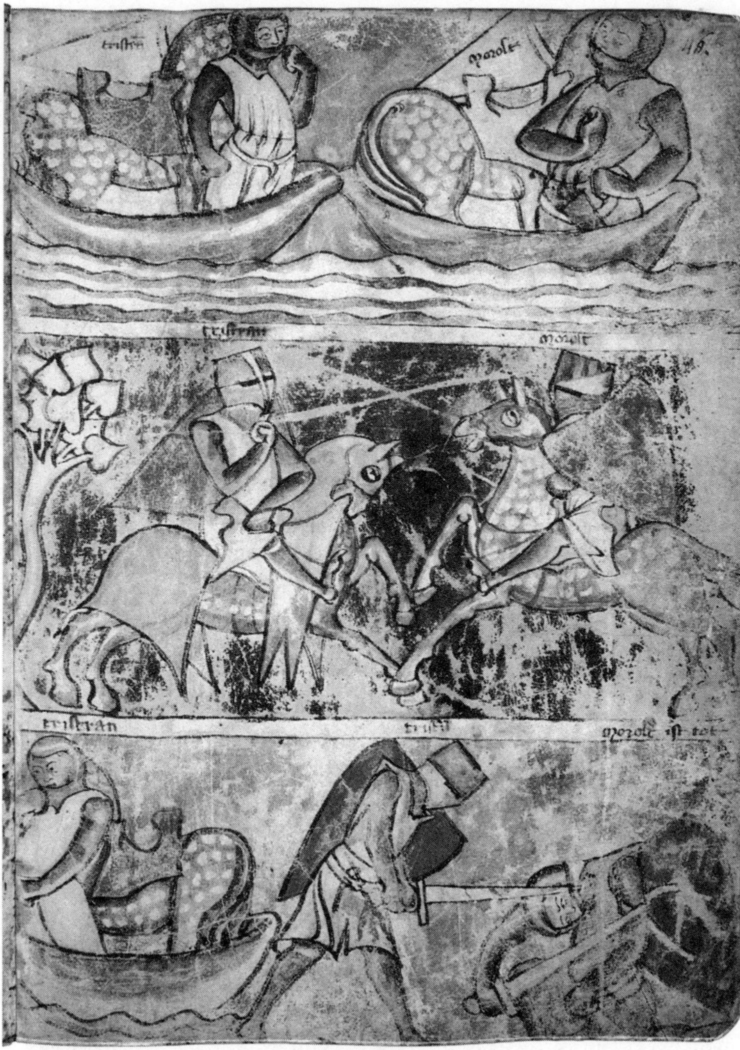


Zweikampf Tristans mit Morold: Die Kontrahenten fahren mit dem Schiff zum Kampfplatz, es folgt der Kampf zu Pferd mit Lanzen, dann zu Fuß mit Schwertern. Anschließend kehrt Tristan als Sieger zurück.

Turnus zieht dem sterbenden Pallas den Ring vom Finger. In einer Handschrift des *Eneasromans*, die um 1230 entstanden ist, ist der spätere Zweikampf durch diese Darstellung vorbereitet.

fen. Ritter verfehlen sich also in diesem wichtigen Punkt, üben Gewalt an Frauen, aber dies wird strengstens verurteilt und auch gerächt. Eine ähnliche Situation in Wolframs *Parzival*. Die Ritter, denen der im Wald aufgezogene Parzival begegnet und die er aufgrund ihrer glänzenden Rüstung für Gott hält, verfolgen (wie man viel später erfährt) den Frauenschänder Meljakanz, um ihn zur Rechenschaft zu ziehen. Auch ein weiterer Frauenschänder wird im *Parzival* zuerst zum Tode verurteilt, dann allerdings zu einer entehrenden Strafe begnadigt: Urians muss vier Wochen lang mit Hunden aus einem Napf fressen. Daneben gibt es im *Parzival* allerdings auch schwerverständliche Stellen von nicht geahndeter Gewalt gegen Frauen. Der Titelheld selbst bringt eine Dame mit seiner Zudringlichkeit (immerhin *vor* seiner »Erziehung« zum Ritter) in Lebensgefahr. Und der Musterritter Gawein lässt sich sogar zu einer Zudringlichkeit hinreißen, die von Vergewaltigung nicht weit entfernt ist, aber trotzdem hinterher nicht bestraft wird.

Gewalt hat also Grenzen, auch wenn die Literatur sie weit zieht. Man hat von einem »Anerzählen« gegen das Recht des Stärkeren gesprochen und muss doch sehen, dass die Modelle der Bewältigung vielfältig, die Moral dehnbar ausfällt. Im entscheidenden Punkt jedoch lautet die Überzeugung: Der Ritter *darf* Gewalt ausüben, Gewalt gehört zur »Herrschaft«. Nie kommt ein Zweifel auf, dass der Einzelne sein Recht selbst zu suchen hat. Im Gegenteil bildet die jederzeit mögliche Anwendung von Gewalt zur Verteidigung des eigenen Rechts den Kern dessen, was Rittertum ausmacht: seine wirkliche Freiheit. Dies ist wohl der entscheidende Grund, weshalb Gewalt so mitleidlos gleichsam »ausgestellt«, die eigene Überlegenheit buchstäblich im Zerhacken des Gegners sichtbar gemacht wird. Im *Prosalancelot* füllen die grausamen Details zahllose Beschreibungen. Eine davon mag die uns unverständliche Ungerührtheit dokumentieren, mit der gerade »der beste aller Ritter« Gewalt übt. In einem Gerichtskampf hat er es mit drei Gegnern zu tun. Der erste wird geköpft, dem dritten werden handtellergroße Stücke aus dem Leib geschlagen, das Schwert fährt bis auf die Knochen durch die Kopfschwarte. Aber beim zweiten sind auch diese Details noch getoppt. Lancelot spaltet ihm voll Zorn den Kopf bis auf die Schultern. »Dann trocknete er das Schwert vom Blut und sagte: ›Ach, edles Schwert, wie froh darf der sein, der dich zum Freund hat!‹« Die Aussage wird durch keinerlei Erzählerkommentar eingeschränkt.

Es gibt sogar noch Irritierenderes zu berichten. Gewalt ist ein Thema der Komik, besonders offenbar in der von Gewalt in besonderem Maße lebenden Heldenepik. Wolframs *Willehalm*, in dem Gyburg ihre Aufforderung zu Schonung und Friede verkündet, kennt in beinahe shakespearescher Manier Szenen komischer Gewalt bei der Figur des übermenschlich starken Rennewart. Der kämpft betont unritterlich, statt mit Lanze und Schwert mit einer riesigen Stange, die sonst nur von mehreren Männern getragen werden kann. Die Köche, die ihn in der Küche reizen, bekommen dies zu spüren: Er lässt einen von ihnen an einer Säule zerplatzen, einen

Roland spaltet den Heiden Alderot. Das Blut spritzt, der Spalt im Körper Alderots wurde mit Gold ausgefüllt. Beiden Anführern folgen ihre Heere, wobei die Heiden an ihrem spitzen Helm zu erkennen sind.

anderen steckt er in den Ofen – der »gebratene Koch« wird zum Witz. Auch bei der Beschreibung des Kampfs zwischen Christen und Heiden ist Platz für Komisches: Die gefallenen Heiden werden einmal zum »Teppich« für die Pferde der Christen. Im *Nibelungenlied* ist Volker ein Musiker, der die Helden mit seinem Spiel unterhält. Im Kampf wird sein Töten als »Musizieren« bezeichnet. Und so lassen sich die Beispiele aufzählen, auch die ausgesprochenen Witze. Als Roland in Strickers *Karl dem Großen*, der eine neue Rolandsdichtung darstellt, seinen Gegner mit dem Schwert in zwei Hälften spaltet, fragt sich der Erzähler, welche Hälfte wohl größer war. Beispiele dieser Art sind in Fülle gefunden worden. Im Artusepos *Daniel von dem blühenden Tal*, ebenfalls ein Werk des Strickers, zerbricht ein Riese einen Ritter wie ein Huhn. Fast kommt man auf den Gedanken, im Lachen eine Art Selbstschutz zu sehen. Unmöglich, dass die Spannung zur (christlichen) Moral nicht fühlbar gewesen sein soll.

Kurt Gärtner [u. a.] (Hrsg.): Spannungen und Konflikte menschlichen Zusammenlebens in der deutschen Literatur des Mittelalters. 1996 (bes. Ch. Huber und M. H. Jones); Matthias Meyer (Hrsg.): Literarisches Leben. 2002 (bes. B. Kellner); Manuel Braun und Cornelia Herberichs (Hrsg.): Gewalt im Mittelalter. 2005 (bes. U. Friedrich, M. Schnyder und M. Braun); Jan-Dirk Müller: Höfische Kompromisse. 2007; Kai Malcher: Die Faszination von Gewalt. 2009.

## 20
## Der komische Ritter

Die höfische Epik, Artusroman wie Heldenepos, zeigt den Ritter als Kämpfer, sei es in Auseinandersetzung von Mann zu Mann oder im Krieg. Dabei hat er ein Motiv, ohne das die Artusepik nicht denkbar wäre, das aber auch in die Heldenepik eindringt: den Frauendienst, den Kampf zur Erringung weiblicher Gunst. Der Kampf mit dem Konkurrenten ist in der Regel auch der Kampf um eine Frau. Vor allem gilt: In dieser Kombination liegen die entscheidenden Konflikte. Wie lassen sich Minne und Gewalt in ein sinnvolles Verhältnis bringen? Es ist charakteristisch, dass in der zweiten Hälfte des 13. Jahrhunderts eine neue Gattung epischen Erzählens auftaucht, die diese Problematik in ein neues Licht taucht und damit die Ritterdarstellung grundlegend verändert. Statt in der Form des großen Romans mit seinen endlosen Verwicklungen erzählen häufig anonyme Autoren kurze Geschichten, die Vorläufer der Novelle, die im Französischen als *fabliaux*, im Deutschen als *maere* bezeichnet werden. Die Themen der ritterlichen Kultur werden darin pointenhaft zugespitzt, auch auf klare Lehren wie bei der alten Gattung der Fabel, von der die Versnovelle in der französischen Bezeichnung nicht ganz zufällig abstammt. Vor allem aber verlieren sie den quasi idealistischen Schwung, ja überhaupt die Ernsthaftigkeit der Problematik. Die Ideale des Ritters kommen weniger auf den Prüfstand als unter die Räder, und das nicht nur da, wo er zur Schwankfigur wird.

Ein instruktives Beispiel bietet ein Text von immerhin fast zweitausend Versen: der anonyme *Mauricius von Craûn*, datiert auf die hochhöfische Zeit (allerdings mit Schwankungen von der Zeit Hartmanns bis mindestens zu der Wolframs von Eschenbach). Zu Beginn liefert der Autor einen »historischen« Abriss des Rittertums von der Antike bis zu Karl dem Großen. Das Signal ist klar: Es geht um ritterliche Ideale. Die Geschichte aber lehrt deren Verabschiedung. Der Ritter Mauricius wirbt lange vergeblich um eine verheiratete Dame. Die bietet ihre Gunst schließlich für eine Leistung. Sie hat noch nie ein Turnier gesehen, Mauricius soll ihr den Wunsch erfüllen. Der tut es in höchst ungewöhnlicher Form. Um seine Dame zu beeindrucken, kommt er per Schiff. Aber nicht zu Wasser, sondern zu Lande: Das Schiff ist ein Prachtschiff auf Rädern (aus dessen Segel sich zum Schluss beschenkte Helfer ihre Hemden schneidern). Dann beginnen die Gefechte mit einem Zwischenfall: Der Ehemann der Dame sticht einen Ritter versehentlich zu Tode. Mit Mühe lässt er sich dazu überreden, das Turnier fortzusetzen. In diesen Kämpfen zeichnet sich nun Mauricius aus, geht als Sieger hervor. Aber es folgt eine überraschende Wende. Als er seinen Minnelohn einlösen soll, schläft er in der Kemenate ein. Die Dame verlässt ihn wütend. Mauricius erwacht und geht nun geradewegs in deren Schlafzimmer. Der Ehemann glaubt den Geist des Getöteten vor sich zu haben, stößt sich beim Aufspringen so sehr den Kopf, dass er in Ohnmacht fällt, und der Minnelohn wird nicht ohne Gewalt eingelöst. Selbst dies ist nicht das Ende der Geschichte. Mauricius verlässt vielmehr die Dame, die ihn später vergeblich auf der Burgmauer herbeisehnt.

Wie auch immer man diese Geschichte voller Komik liest: Von Rittertum ist hier allenfalls parodistisch die Rede. Das Turnier ist ein Witz, Mauricius ein Komödiant, die Minne ein Geschäft, die Dame eine Katastrophe. Aber man kann hinzufügen: Die Geschichte ist gut erzählt, die Pointe perfekt zugespitzt. Dies gilt auch für eine weitere Verserzählung, für die sich zahlreiche Vorlagen und Abwandlungen gefunden haben. Es gehe um ein Beispiel wahrer Liebe in einer Zeit, in der diese sich im Verfall befinde, sagt der Erzähler Konrad von Würzburg, eigentlich Spezialist für das große Epos, das im Falle seines *Trojanerkriegs* 40 000 Verse umfasst. In seinem kurzen *Herzmaere* ist ein Ritter in die Frau eines anderen Ritters verliebt. Der Ehemann merkt es, will mit seiner Frau auf Pilgerreise gehen, um die beiden zu trennen. Da bittet diese ihren Liebhaber, für sie die Fahrt anzutreten. Es geschieht, der Liebhaber stirbt und lässt der Angebeteten sein Herz zur ewigen Erinnerung schicken. Auch das findet der Ehemann heraus, setzt seiner Frau das Herz als Mahlzeit vor und erzählt ihr hinterher, was sie gegessen hat. Die stirbt darüber aus Verzweiflung, womit rein äußerlich das Ende des *Tristan* von Gottfried von Straßburg (mit dem Liebestod der Protagonisten) erreicht ist, den Konrad bewunderte und nachahmte. Nur heißt es auch, die Geschichte lehre, wie sehr die Minne heutzutage verfallen, die Zeit wahrer Liebe also vorbei sei. Der Held ist so gesehen nicht eigentlich ein verliebter Ritter, sondern einer, der seinen Gegner ausspielt, und das auch noch mit den für einen Ritter untypischen Mitteln des Verstandes. Mag sein, dass ein Beispiel wahrer Liebe erzählt ist, ebenso aber eines, das zeigt, wo deren Grenzen in der Realität liegen.

Die Spezialität der Versnovelle ist die Einbeziehung des Alltags, der gerade auch das bäuerliche oder auch städtische Milieu umfasst. Hier vermischt sich Kritik mit ironischen, parodistischen, komischen Seiten. Wo der Ritter nun auftaucht, geschieht dies in einer Welt, in der das Schwert keine Rolle spielt und Minne bevorzugt als Ehebruch vorkommt. Dabei hängt dies nicht etwa mit Veränderungen auf Seiten der Autoren oder des Publikums zusammen. Auch die Versnovelle wird von gebildeten Verfassern für eine adlige Zuhörerschaft geschrieben, selbst wenn aufgrund der Anonymität so häufig alle Belege fehlen. Hin und wieder gibt es jedoch bekannte Namen, etwa Herrand von Wildonie, der ein naher Verwandter Ulrichs von Liechtenstein war. Von ihm sind vier Versnovellen überliefert, darunter *Die getreue Gattin*. Dort hat ein hässlicher Ritter eine schöne Frau geheiratet. Als er bei einem Turnierunfall auch noch ein Auge verliert, will er nicht mehr nach Hause zurückkehren. Die Frau erfährt davon und sticht sich selbst ein Auge aus. Darauf kehrt der Ritter beschämt zurück. Wer nun glaubt, hier sei die »Moral« das allein Entscheidende, also der Preis unerschütterlicher Liebe, sollte eine weitere Versnovelle desselben Verfassers lesen: *Der betrogene Gatte*. Die an Verwicklungen reiche Erzählung handelt von nichts anderem als erotischer Überlistung, die die Frau eines alten Ritters so klug inszeniert, dass dieser ihr nicht einmal auf die Schliche kommt, als er den Liebhaber leibhaftig erwischt. Moral oder Unmoral: Im Vordergrund steht die gut konstruierte Geschichte, die verblüffende Pointe. Wo Ritter auftauchen (und dies gilt nicht nur für Herrand), sind sie Figuren wie die anderen auch. Das adelige Milieu ist so gut wie das bäuerliche geeignet. Wenn allerdings das adelige, dann spielt Parodie eine wesentliche Rolle. Dabei steht oft das Turnier bzw. Turnierwesen im Zentrum.

Ein Beispiel ist die Versnovelle *Der Gürtel* von Dietrich von der Glezze, dank der Verfasserangabe in die Zeit um 1300 datierbar. Die

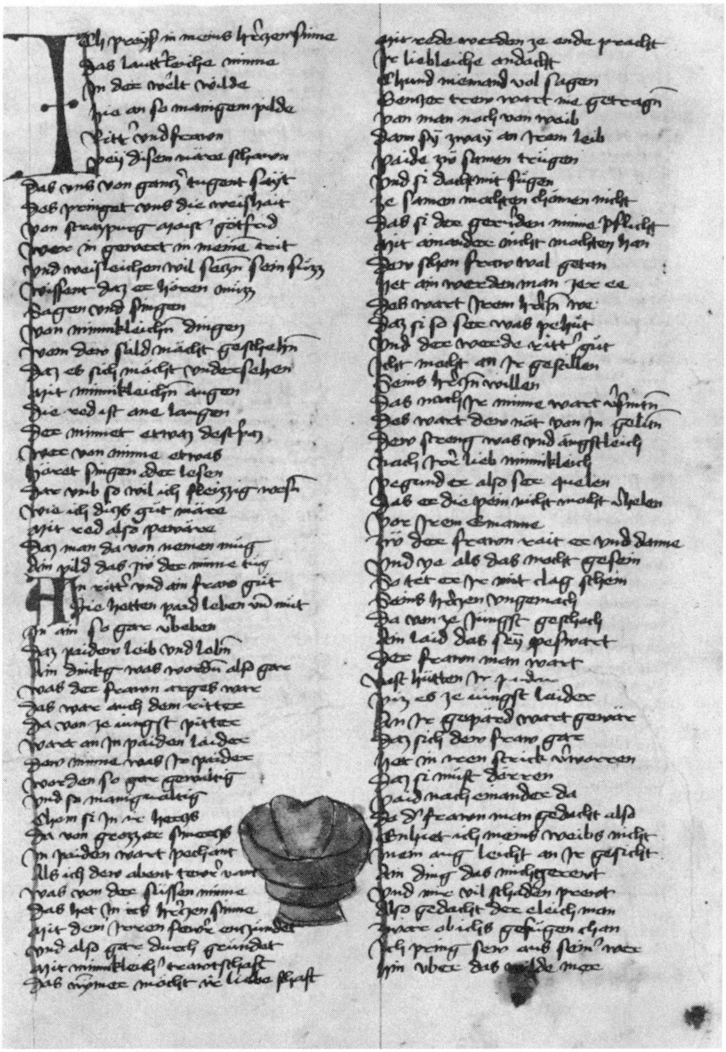

In einer Südtiroler Handschrift von 1456, die kleine Reimpaardichtungen sammelt, ist auch das *Herzmaere* aufgenommen und mit einer kleinen Illustration versehen, die das Herz in einer Schale wiedergibt.

Frau des Ritters Konrad lässt sich verführen, um einige Tiere und einen Wundergürtel zu erhalten, der stets Sieg verleiht. Als ein Knecht die Dame verrät, verlässt Konrad sie und geht ins Turnierland Brabant. Seine Frau reist ihm daraufhin als Mann verkleidet nach und besiegt dank Gürtel einen bislang ungeschlagenen Turnierhelden. Konrad freundet sich mit dem vermeintlich fremden Ritter an und bittet ihn um die prächtigen Tiere. Der fremde Ritter verspricht dies, wenn Konrad »ihm« zu Willen sei. Als der nach langem Zögern einwilligt, gibt sich der fremde Ritter als seine eigene Frau zu erkennen. Sie hält ihm vor, die Sünde, die er gerade begehen wollte, sei unnatürlicher als ihr früherer Versuch, für ihn den Wundergürtel zu erhalten. Als »Moral« ist notiert, die Männer sollten ihre Frauen ehren. Aber natürlich ist die pikante Verwicklung das Spannendere. Das Turnier spielt nur im Hintergrund eine Rolle, hält die Handlung in Gang. Dass eine Frau daran teilnimmt und sogar siegt, mag man als Parodie lesen. Die Finesse liegt jedoch in der Behandlung des vollzogenen und des geplanten Ehebruchs. In keinem Fall ist Liebe im Spiel, sondern jedes Mal ein Geschäft. Erst recht ist es nicht Liebe, die dieses Ehepaar zum Schluss zusammenbringt, sondern pure List.

Die Versnovelle sollte im Spätmittelalter ihre volle Entfaltung erfahren, wobei die erotischen Motive bis zur Obszönität zunehmen, ja ausgekostet werden. Auch wenn dabei auf der Handlungsebene »Ritterliches« ins Zentrum des Geschehens rückt: Probleme der ritterlichen Welt kommen kaum zur Darstellung. Die Figur des Ritters, ihr Wandel im 14. Jahrhundert, der uns noch beschäftigen wird, ist in dieser Gattung nicht zum Thema geworden. Gelegentlich spielt die Armut der Ritter gegenüber dem Reichtum der Städter eine Rolle. Ansonsten sind die Figuren glatt austauschbar. Unter dem Dach der Komik werden sie überwiegend gleich behandelt.

Hanns Fischer: Studien zur deutschen Märendichtung. 1968; Klaus Grubmüller: Kommentar zu: Novellistik des Mittelalters. 1996; Marc Chinca [u.a.] (Hrsg.): Mittelalterliche Novellistik im europäischen Kontext. 2006 (bes. T. Reuvekamp-Felber); Klaus Grubmüller: Die Ordnung, der Witz und das Chaos. 2006.

## 21
## Antike Wurzeln höfischen Benehmens

Bislang war vom Ritter als Turnierheld oder Krieger die Rede. Aber es gibt eine zweite Seite: seine Aufgabe als Hofmann im Gefolge des Fürsten oder eines anderen ranghöheren Herren. Der Glanz eines Hofes bemisst sich geradezu an seiner Ausstattung mit dieser Form von Helfern. Dabei spielt nicht nur ihre Zahl eine Rolle, sondern auch ihre Qualität im Auftreten. Die Ritter müssen die höfischen Gepflogenheiten bis hin zum Minnedienst beherrschen. Zu all dem bedurfte es entsprechender Erziehung wie beim Waffenhandwerk auch. Darüber berichten wiederum sowohl historische wie poetische Quellen. Es gibt didaktische Darstellungen und satirische Berichte, die jeweils auf ihre Weise der Realität nahekommen oder sie mit nicht immer erkennbarer Tendenz verfälschen. Das wird uns noch beschäftigen. Zuvor stellt sich aber ein ganz anderes Problem. Woher stammen eigentlich die Maßstäbe bzw. Normen? Gibt es hier Kontinuitäten seit der Antike? Wo wurden sie aufgegriffen und den eigenen Zeiten angepasst? Nach einem äußerst polemisch geführten Streit über diese Fragen zeichnet sich in der heutigen Forschung eine Bejahung der Kontinuität ab. Gebildete Kleriker an den Hofkapellen der Kaiser und Könige seit karolingischen Zeiten haben offenbar antikes Bildungsgut gekannt und in Bischofsviten sowie Fürstenspiegeln zur Geltung gebracht, bis sich die hochhöfischen Erzähler daraus bedienten.

Leider gibt es keine direkten Berufungen auf Quellen, die alle Diskussionen überflüssig machen würden. Was man zunächst beobachtet, ist die hohe Bewertung dessen, was auf Lateinisch *curialitas* hieß und im Deutschen als »Zucht« (*zuht* und *schoene site*) auftaucht. Tatsächlich führt dies auf einen wichtigen Punkt der antiken Kultur im allgemeinen und der ciceronianischen Ethik im besonderen. Diese Ethik, niedergelegt in der Schrift *Über die Pflichten* (*De officiis*), orientiert sich nach griechischem Vorbild an den Tugenden, die damals zu den vier Kardinaltugenden geworden waren: Gerechtigkeit, Klugheit, Tapferkeit, Maß. Es gehört zur großen Leistung

Ciceros, dass er die ersten drei dieser Tugenden als in einem engeren Sinne moralisch auffasste. Sie sollten das Handeln aus einer »inneren« Einstellung heraus anleiten. Die vierte Tugend aber begriff Cicero als etwas, das auch nach außen sichtbar sein durfte und sollte. Er nannte dies das Geziemende (*decorum*), man könnte auch vom Anstand sprechen. Cicero hat diesen Punkt sehr eingehend behandelt, indem er Mittel angab, wie man sich beim anderen Achtung erwirbt, wie man eine von allen anerkannte Persönlichkeit wird. Während die damaligen Stoiker auf solche Äußerlichkeiten ausdrücklich verzichteten, bezieht Cicero diesen Bereich also in die Moral ein. Moralisch im weiten Sinne ist es, wenn man innere Werte verkörpert *und* sie nach außen zeigt. Es entstand mit anderen Worten das Bild eines römischen Gentlemans mit perfekten Sitten, das vor allem vom senatorischen Adel getragen wurde.

Die große Überraschung liegt nun darin, dass in der Spätantike ein christlicher Autor auftrat, der dieses Konzept bis auf ganz wenige Korrekturen übernahm: Ambrosius von Mailand in seiner Schrift *Von den Pflichten der Kirchendiener*. Der in Trier geborene Sohn eines hohen römischen Beamten war hoch gebildet und stand auf dem Sprung, Karriere als Politiker zu machen. Fast zufällig lässt er sich auf die damals neue Karriere eines Bischofs ein und schreibt in dieser Funktion theologische Werke. Aber am Ende seines Lebens hat er eben auch diese Ethik für Kleriker verfasst. Ausdrücklich verteidigt er den Rückgriff auf den »Heiden« Cicero, der inhaltlich ohnehin nur gut formuliere, was das Alte Testament schon immer gewusst habe. Ambrosius übernimmt also Ciceros Tugendlehre, und er übernimmt sie in Zuspitzung auf die Thematik des Anstands. Wo er die Frage der Sittlichkeit, also der Tugenden insgesamt, als Problem erläutert, tut er es nicht anhand von Klugheit, Gerechtigkeit und Tapferkeit. Er beginnt vielmehr mit den Dingen, an denen die Sittlichkeit *abgelesen* werden kann: an Bewegung, Haltung, Gang. Ein Christ (und eben besonders ein christlicher Kirchenmann) kennt natürlich seine Pflichten auf ethischem Gebiet aus der Bibel und den Lehren ihrer Ausleger. Was er offenbar nicht oder zu wenig kennt, ist diese Seite der Pflichten: das Verhalten in der Welt, der Umgang mit dem anderen, das Zivilisatorische. Ein Christ soll also auch gewandt sein, ja Ambrosius berichtet über zwei Männer, die er trotz ihres fleißigen Dienstes nicht als Kleriker aufnahm, weil ihn ihre »unziemliche« Haltung irritierte bzw. weil ihm ihr »unziemlicher Gang« auffiel. Später seien sie von der Kirche abgefallen: »Sie entpuppten sich in ihrer inneren Nichtsnutzigkeit als das, als was sie bereits das äußere Auftreten verriet ...«

Der Punkt ist deshalb von so großer Bedeutung, weil Ambrosius in einem weiteren Aspekt der ciceronianischen Pflichtenlehre einen ganz anderen Weg einzuschlagen scheint. Cicero hatte zwischen vollkommenen und mittleren Pflichten unterschieden und bei diesen mittleren eine Art richtige und falsche Anwendung gesehen. Adel zum Beispiel macht nicht per se tugendhaft, vermag jedoch zur Tugend anzuspornen, auch Reichtum kann, muss jedoch nicht ins Unglück führen. Ambrosius verfährt in diesem Punkt rigoristischer, verurteilt zum Beispiel Schönheit heftig. Damit scheint nicht viel übrigzubleiben für das Äußere, scheint der Anstand so schnell zu versinken, wie er aufgetaucht ist. Aber dies täuscht. Nicht nur, dass sogar der Schönheit eine Hintertür geöffnet wird, wenn Ambrosius die Anmut (»wenn nicht gekünstelt«) als angenehm empfindet. Es folgt ein ganzer Paragraph zur Schicklichkeit im Reden, der die ciceronianischen Akzente voll übernimmt: gefällig, wohlwollend, ohne Beleidigung, einfach, aber nicht ohne Anmut soll das Reden sein. Sogar Scherzen ist nicht verboten, sondern nur mit der Warnung versehen, es nicht zu übertreiben. Der tugendhafte Mann ist also ein zuvorkommender, der gut zu sprechen weiß. Zivilisiert bedeutet zurückhaltend, mit besonderer Berücksichtigung in der Kommunikation.

Erst danach behandelt Ambrosius die Kardinaltugenden nach ihrem systematischen Aufbau: Klugheit, Gerechtigkeit, Tapferkeit, Maß. Ihre Umformung im christlichen Geist ist hier nicht im einzelnen zu verfolgen. Interessant aber, dass unter der Gerechtigkeit die Wohltätigkeit mit Wohlwollen und Freigebigkeit besondere Aufmerksamkeit findet. Zum Wohlwollen heißt es geradezu: »Nimm das Wohlwollen aus dem menschlichen Verkehr, und es wird sein, als hättest du die Sonne aus der Welt genommen. Ohne dasselbe ist ja ein menschlicher Verkehr undenkbar.« Dabei kommt dieses Thema noch einmal bei der Behandlung an seiner systematischen Stelle zum Zuge: beim Maß als vierter Kardinaltugend. Ganz nach Cicero geht es um die äußere Erscheinung als Spiegel der inneren Werte (»Das Schickliche ist sonach etwas, was in die Erscheinung tritt«). Dazu dient etwa »eine liebenswürdige Redensweise«. Und wie Cicero im zweiten Buch seiner Ethik das Nützliche behandelt, geht es auch bei Ambrosius um das Ringen, ja den Kampf um Beliebtheit als eleganter Partner unter seinesgleichen. Ohne Scheu stellt Ambrosius die Freigebigkeit als Ursprung dieser Geschätztheit dar. Wohlwollen mit Gefälligkeit und Liebenswürdigkeit vollendet, was die Freigebigkeit begonnen hat.

Noch einmal: Was Ambrosius mit Ciceros Hilfe zeichnet, ist das Bild eines Klerikers als Gentleman. Genau dieses Buch lag in zahlreichen Abschriften in mittelalterlichen Bibliotheken. Und nun liest man Bischofsviten und stößt auf die gleichen Ideale. Ein Bischof muss moralisch einwandfrei sein, aber er soll dies auch in seiner Erscheinung zeigen: in Redegewandtheit, in liebenswürdigen Umgangsformen, im Verzicht auf Beleidigungen und Provokationen. Möglicherweise taucht das Konzept erstmals an den karolingischen Hofschulen auf, wo Bischöfe rekrutiert wurden. Auf jeden Fall ist damit in den Kapellen der Ottonen, Salier und Staufer zu rechnen, deren Könige teilweise (besonders Otto III.) selbst hoch gebildet waren. Otto der Große hatte seinen Bruder Brun zum Kölner Erzbischof gemacht, von dem wir wissen, welchen Wert er auf ein ausgefeiltes Erziehungssystem legte. Der Biograph Ottos von Bamberg berichtet ausdrücklich, wie Kaiser Heinrich IV. von dessen Vornehmheit eingenommen war. Otto von Freising rühmte in seinen *Taten Friedrichs* an Rainald von Dassel, Erzbischof von Köln, die *mansuetudo*, die Sanftmut (ausdrücklich gegenüber der Wildheit mit dem Schwert, der *gladii severitas* des Pfalzgrafen). Natürlich gab es auch Gegenbilder wie den Bischof Adelbert von Bremen, den Kidnapper von Heinrich IV., der als Schmeichler Karriere machte und sein Bistum mit Protz und Prassen ruinierte. Aber das Vorbild war klar und lässt sich in zahlreichen Punkten auf das ciceronianisch-ambrosianische Bild zurückführen. Die Stichworte lauten: Eleganz (*elegantia morum*), Benehmen (*disciplina*), perfekte Sitten (*mores*).

Man hat dies besonders an der Entwicklung eines Begriffs verfolgt, der das antike Ideal auf den damaligen Ort seiner Anwendung bezog, auf die Stadt: als *urbanitas*. Bei Cicero spielt der Begriff nur am Rande eine Rolle. Im Frühmittelalter gibt es erste Belege, schon bei Alkuin am Königshof oder in einer Bischofsvita des 10. Jahrhunderts, wo die *faceta urbanitas*, die mit Scherzen verbundene Liebenswürdigkeit, eines Bischofs gelobt wird. Im 12. Jahrhundert scheint das Stichwort dann eine regelrechte Renaissance zu erleben, wobei klar eine Verschiebung des Ortes vorliegt: von der Stadt auf den Hof.

Dabei zeigt sich eine deutliche Differenz: Es gibt eine kritische Verwendung, die eine dekadente *urbanitas* gegen eine edle *rusticitas* ausspielt, wie es schon Augustinus in seinen *Bekenntnissen* vorgab und wie sie Gregor der Große in seinen Predigten (den *Moralia in Job*) forderte. Die *urbanitas* kann direkt als *perversio mentis* (Pervertierung des Geistes) verurteilt werden, als *peccatrix eloquentia*, sündhafte Beredtheit, die der *sancta rusticitas*, der heiligen Einfalt, entgegensteht. Aber es gibt eben auch eine befürwortende Verwendung, die den ciceronianisch-ambrosianischen Spuren folgt. Herbord von Michelsberg bezeichnet in der *Vita* Ottos von Bamberg um 1156/59 seinen Helden als *elegans* und *urbanus*. An Erzbischof Albero von Trier hebt sein Biograph die ungewöhnliche Redegewandtheit hervor, die den königlichen Hof Konrads III. entzückte. Er wird bei seiner Ankunft als Sehenswürdigkeit (*spectaculum*) herumgereicht, worauf es heißt: »Mit seinen scherzhaften Reden und seinen amüsant eingeworfenen Sprichwörtern pflegte er den König und die Fürsten zu ergötzen.« Solche Fähigkeiten wurden nicht nur hohen geistlichen Herren zugeschrieben. Es gibt auch weltliche, denen sie eignen. Herzog Friedrich II. von Schwaben liebte es, seine ungebildeten Ritter mit feinem Spott zu behandeln (was ein Bischof ausdrücklich rügte). Otto von Freising erwähnt positiv die Fähigkeit, moderat zu scherzen. Wenn Petrus Damiani von übler Possenreißerei am päpstlichen Hof berichtet, kann man unterstellen, dass die Kommunikation ein gewisses Niveau erreicht hatte: als weltgewandte Bildung, die weniger Gewandte irritierte.

Auffällig ist bei all dem die enge Verbindung von *urbanitas* mit Kommunikation, die Fixierung von höfischem Auftreten auf diese Art von sprachlicher Eleganz. In wichtigen lateinischen Erziehungstexten wie den als Schultext verwendeten *Disticha Catonis* oder dem *Facetus* aus der Mitte des 12. Jahrhunderts geht dies in die Lehre vom Verhalten bei Tisch ein: sowohl hinsichtlich des Sprechens wie des Verhaltens überhaupt. Vor Höheren aufzustehen und sich auf Geheiß zu setzen, gehört ebenso dazu wie beim Gespräch den Hut abzunehmen. Im *Urbanus magnus*, einem Text, der um 1180 am Hof Heinrichs II. von England entstand, werden *clericus* und *miles* angesprochen und auf anmutiges Verhalten im Zeichen der *urbanitas* festgelegt. Mit entsprechenden Sitten finde man bei der Umgebung Anerkennung, zum Beispiel im Verzicht darauf, Mitmenschen für ihre Fehler zu verspotten. Die ganze Palette von der Tischzucht über Sitzordnung, Regeln für Speisenträger, Minne, Hausbau, Behandlung von Dienern, Kindererziehung ist unter den Gesichtspunkt einer *vita urbana* subsumiert, wie es schon der zweite Vers signalisiert. Übrigens wird Heinrich II. selbst als ausgesprochen leutselig hingestellt, als *urbanus* mit guten Tischmanieren, Selbstzurücknahme.

In hochhöfischer Zeit ist die Anknüpfung an antike Vorstellungen also belegbar. Im fortschreitenden 13. Jahrhundert gilt dies aufgrund der damaligen Aristoteles-Rezeption noch viel mehr. Denn auch Aristoteles hatte in seiner *Nikomachischen Ethik* den Umgangsformen einige Paragraphen gewidmet, die auf ein gewinnendes Auftreten in der Welt hinausliefen. Thomas von Aquin knüpft daran in seiner *Summa theologiae* (1266–1273) unter ausdrücklicher Berufung auf Ambrosius an, und zwar bei den Umgangstugenden im zweiten Teil des zweiten Teils (der *Secunda secundae*), speziell zur Freundlichkeit (*amicitia*) und Leutseligkeit (*affabilitas*). Auch die Fürstenspiegel des 13. Jahrhunderts stützen sich offenbar auf dieses Wissen. In *De regimine principum* des Aegidius Romanus aus der zweiten Hälfte des 13. Jahrhunderts ist die *urbanitas* im Kapitel über Kommunikation wohlverankert: Zuvorkommend, scherzend, aufrichtig soll das Sprechen sein. Besonders ausführlich ist das Thema im *Speculum virtutum* (ca. 1300) des Engelbert von Admont ausgebaut. Hier gibt es vierzig (heutige) Druckseiten zum Thema einer gefälligen Konversation, die Themen wie den unterschiedlichen Umgang mit Höheren und Gleichgestellten anspricht. Wenn in der Renaissance Texte entstehen, die diese Fragen dann ganz unabhängig von der großen Moral behandeln, ist eine neue Stufe erreicht. Aber der Sache nach war das Thema auch schon vorher präsent.

Josef Fleckenstein (Hrsg.): Curialitas. 1990 (bes. P. G. Schmidt und Th. Zotz); C. Stephen Jaeger: Die Entstehung höfischer Kultur. 2001; Rüdiger Schnell (Hrsg.): Konversationskultur in der Vormoderne. 2008 (bes. R. Schnell); Karl-Heinz Göttert: Zeiten und Sitten. 2009.

## 22
# Hofkritik in der lateinischen Didaktik

Interessanterweise finden sich die Vorstellungen von höfischem bzw. elegantem Betragen mehr als in positiven Berichten in der Form einer Kritik am Rittertum. In der *Lebensbeschreibung* Bruns, des Bruders von Otto dem Großen, wird die Schlichtheit des Geistlichen hervorgehoben, die wohltuend absteche von in Gold strahlenden Rittern. Der Auftritt in der Welt ist also offensichtlich missverstanden worden: Aus Vornehmheit wurde Protz.

Diese Kritik muss allerdings nicht immer aus der Sicht einer Kritik an Kriegertum und Gewalt stammen. Es gibt auch das gerade Gegenteil, wenn Ritter dafür kritisiert werden, dass sie über ihre hofmännischen Pflichten die kriegerischen versäumten. In den *Historien* des Rodulfus Glaber kurz vor Mitte des 11. Jahrhunderts wird die Verdorbenheit in Sitten und Kleidung angeprangert, gilt die Kritik den Ausschweifungen, den Verzierungen der Pferde, den langen Haaren und gestutzten Bärten (wie bei Schauspielern), den obszönen Strümpfen und Gamaschen. Schon vorher hatte Ordericus Vitalis in seiner *Kirchengeschichte* von 1142 gegen die Schnabelschuhe des Herzogs Fulco von Anjou polemisiert. Was dieser seiner deformierten Füße wegen getragen hatte, war Mode geworden – passend zu weiteren »perversen« Sitten, während früher Krieger geschickte Reiter und schnelle Läufer gewesen seien. Anderswo ist von einem Gang mit Hüftschwung (bei denen »die Hüften vorgeschoben« werden) die Rede. Noch schlimmer der Bericht, dass Kleriker einen reformerischen Bischof aus Passau hinauswarfen und die Stadt in ein »Bordell für Hurenmeister« verwandelten. Vergleichbares lässt sich auch in der volkssprachlichen Dichtung belegen. In der *Kaiserchronik* (um 1150) bedeutet *höveschen* bei der Darstellung von Kaiser Justinian glatt »Unzucht treiben«. Umgekehrt wird im *Priesterleben* des Heinrich von Melk (ebenfalls um 1150) höfisches Wesen (*höfscheit*) mit Keuschheit identifiziert, wogegen der Verfasser einen Kleriker kritisiert, der über so viele höfische Sitten verfüge wie ein Esel über Verstand.

Was in solchen Fällen eher nebenbei an Kritik einfließt, wurde auch systematisch vorgetragen. Die wichtigste Gestalt in diesem Zusammenhang ist Johannes von Salisbury. Als junger Mann widmete er sich den theologischen Studien, die er bei den Besten seiner Zeit absolvierte, zuletzt bei Peter Abaelard. Nach der Priesterweihe wurde er Sekretär der päpstlichen Kurie und von Bernhard von Clairvaux höchstpersönlich Thomas Becket, dem Erzbischof von Canterbury, als Sekretär empfohlen. Damit geriet Johannes ins Machtzentrum eines Staates, der unter Heinrich II. nicht nur ein riesiges Territorium (das angevinische Reich) vereinte, das von Schottland bis zu den Pyrenäen reichte. Es war auch einer der ersten modernen Staaten mit zentraler Verwaltung durch einen Beamtenapparat. Von Anfang an zeichnete sich eine Spannung zur Kirche ab, Thomas Becket entwickelte sich vom Kanzler des Königs zu seinem schärfsten Kritiker. Dabei vertrat er selbst höfisches Wesen in nicht unproblematischen Formen. Als er 1158 zu Verhandlungen über die Hochzeit Heinrichs II. mit Eleonore von Poitou, gerade getrennt vom französischen König, reiste, nahm er 200 Ritter mit. Festgewänder, Teppiche, Hunde, Vögel, Mobiliar, Bier in Eisenfässern, Tafelgeschirr und sogar ein langgeschwänzter Affe waren dabei, alles auf acht Wagen gepackt. Genau in diesem Kontext entstand der *Policraticus* (geschrieben zwischen 1156 und 1159), in dem sich Johannes von Salisbury auch an Thomas Becket selbst wendet, seine Prachtliebe im Feldlager von Toulouse kritisiert (wofür er vorher mit einer Sondersteuer das Volk auspresste) und das Leben im Kloster dem Leben am königlichen wie bischöflichen Hof vorzieht.

Wenn man den Untertitel dieser ersten großen Staatsschrift des Mittelalters (mit einer Rechtfertigung des Tyrannenmords) liest, wird die Stoßrichtung deutlich: *Von den Narreteien der Höflinge und den Fußstapfen der Philosophen* (*De nugiis curialium et vestigiis philosophorum*). Es geht also um Satire, von der in der Einleitung gesagt wird, dass sie den Höflingen zum Ergötzen dienen solle. Andererseits wird das Bild eines idealen Staates entwickelt, mit einem Fürsten, der bei mangelhafter Bildung der Führung durch Geistliche bedürfe. Aus der Antike sind Beispiele für vorbildliche Fürsten angeführt, etwa Philipp von Makedonien, den Vater von Alexander dem Großen, der diesem Aristoteles als Lehrer gab. Das fünfte Buch ist am berühmtesten geworden: Es behandelt den Staat als Körper nach Plutarchs angeblichem Brief an Kaiser Trajan. Die Hände stellen die Beamten und die Soldaten (*officiales et milites*) dar, man kann auch sagen: die Ritter in ihrer Doppelfunktion als Hofmänner und Krieger. Magen und Eingeweide stehen für die Finanzverwaltung, die Bauern sind die Füße. Wie im Ständemodell des frühen 11. Jahrhunderts geht es um das Zusammenwirken der einzelnen Funktionen. Im sechsten Buch hat Johannes von Salisbury die bewaffnete Hand (für das blutige Kriegshandwerk) und die unbewaffnete (die ›Kriegsdienste‹ fürs Recht leistet) ausdrücklich als notwendig hingestellt: »Denn für das Gemeinwesen ziehen nicht nur diejenigen in den Krieg, die, durch Helme und Harnische geschützt, ihre Schwerter und alle möglichen Waffen zum Einsatz bringen, sondern auch die Prozessführer …«

Aber die eigentliche Stoßrichtung des Buches ist die Kritik. Schon dem eben zitierten Satz folgt der vielleicht erste Heuschreckenvergleich der Geschichte: Johannes von Salisbury bezieht ihn auf eigennützige Beamte. Vorher hatte es bereits im fünften Buch geradezu wütende Invektiven gegeben. Wo die Rede ist von den Höflingen als Helfern des Fürsten oder des Gemeinwesens, die durchaus der Versorgung bedürften, folgt eine Litanei der Torheiten und Verbrechen. Den Beginn macht die Jagd, der königliche Sport, der fast ein Drittel Englands in Forste verwandelt habe. Scharf wendet sich Johannes gegen die rein weltliche Kultur. Anhand einer Terenz-Komödie mit der Figur des prahlerischen Soldaten geht es gegen Schmeichler und Parasiten. Zu den eigenen Beobachtungen gehört das Herumstolzieren und übertriebene Zeremoniell bei Tisch bis hin zur Geißelung der Homosexualität. Ganz nach Juvenals dritter Satire zieht Johannes gegen Luxus und Schmeichelei zu Felde, weiter gegen Korruption, an der sich auch Kleriker beteiligten. Der Schmeichler ist nur die schlimmste Figur in diesem Gruselkabinett. Und immer wieder wird das Gegenteil benannt: das Leben als Philosoph, die Auseinandersetzung mit der akademischen Wissenschaft. Übrigens legt Johannes diese Wissenschaft auch dem Soldaten nahe. Kriegswesen sei nicht Sache von großmäuligen Helden, sondern wolle im Sinne von Strategie und Taktik studiert sein. Das Vorbild ist wie im gesamten Mittelalter die spätantike Autorität Vegetius mit seinem *Auszug aus dem*

*Militärwesen* (*Epitoma rei militaris*). Tapferkeit folgt für Johannes geradezu aus solchem Wissen. Ausdrücklich wird die kleine, aber gut ausgebildete militärische Einheit der dummen Masse als überlegen hingestellt. Dies geht bis zur Forderung nach einem nichtadligen Berufssoldatentum.

Die Formulierungen von Johannes von Salisbury sind zu Topoi der Hofkritik geworden, die in einem Zitat von Lucan gipfeln: »Verlasse den Hof!« Es wird aber auch deutlich, worin die Kritik gründet: Die guten Sitten ciceronianisch-ambrosianischer Tradition haben sich in ihr Gegenteil gewendet. Die äußere Erscheinung, das Auftreten in der Welt, um die Gunst der andern zu gewinnen, wird am Hof zur bloßen Jagd nach Erfolg. Die höfischen Sitten, Kultiviertheit im Auftreten haben das Gegenteil dessen bewirkt, worauf sie ausgerichtet waren. Dies aber liegt nicht an den Sitten als solchen. Das 8. Buch gibt eine breite Darstellung zu den Vorzügen geselliger Unterhaltung, das 9. rühmt die Freuden eines geselligen Gastmahls. Dass ein freundlicher Scherz und liebenswürdiges Lachen das Leben erleichtern, ist ebenso hervorgehoben wie die Tatsache, dass ein falscher Scherz zu Verletzung führt. Dennoch wurde der *Policraticus* in erster Linie als Kritik gelesen. Es hat zur Wirkung wohl nicht wenig beigetragen, dass wenige Jahre nach seinem Erscheinen ganz Europa die Praxis des höfischen Sündenpfuhls vorgehalten bekam. 1170 wurde Thomas Becket, der zeitweilig ins französische Exil geflohen war, in seiner Kathedrale auf Befehl von König Heinrich II. vor den Augen von Johannes von Salisbury ermordet. Die Heiligsprechung des Erzbischofs, die Reue des Königs, der viel Geld für den dritten Kreuzzug spendete, machten den Fall zur Ikone höfischen Verfalls. Fortan wird der *Policraticus* zum Zitatenschatz antihöfischer Polemik.

Man kann regelrecht von einer antihöfischen Literatur sprechen, die die Ausbildung höfischen Benehmens wie ein Schatten begleitet. Wiederum im Milieu des Hofs von Heinrich II. schreibt ein weiterer Autor ein Werk, das im Mittelalter allerdings nicht entfernt die Wirkung des *Policraticus* erreichte, wenn man berücksichtigt, dass nur eine einzige Handschrift des 14. Jahrhunderts erhalten blieb: *Über die Nichtigkeiten der Hofleute* (*De nugiis curialium*), 1182/83 verfasst von Walter Map, einem Kleriker. Seine theologische Ausbildung hatte er auf dem Kontinent erhalten, kam 1173 als Jurist an den englischen Hof und fiel König Heinrich auf, der ihn als Abgesandten zum 3. Laterankonzil schickte. 1186 wurde er Kanzler in Lincoln, 1196/97 Archidiakon in Oxford, erreichte allerdings nicht wie Thomas Becket das Bischofsamt. Maps Thema ist das Leben am Hof in satirischer Form, er kritisiert aber auch die Orden (besonders die Zisterzienser), warnt vor der Ehe, bietet Geschichten von Wiedergängern, Meerjungfrauen und Rittern, die sich nach Heldentaten in Luft auflösen. Allerdings hat Walter Map in einem Prolog zum Ausdruck gebracht, was das eigentliche Ziel dieser satirischen Geschichten sein soll: Er will den Höflingen Stoffe zur Unterhaltung liefern, zur Zerstreuung nach anstrengender Arbeit, aber auch zur Weiterverwendung in den eigenen Gesprächen – gewissermaßen als Würze. So ähnlich hatte sich schon Johannes von Salisbury ausgedrückt.

Eine uneingeschränkte Verurteilung des Hoflebens formuliert demgegenüber ein Geschichtsschreiber mit dem Namen Saxo Grammaticus. In dessen *Geschichte der Dänen* (*Gesta Danorum*), entstanden zwischen 1186 und ca. 1218, wird das Eindringen verfeinerter Sitten gegen die alten heroischen Ideale ausgespielt. Als Ausgeburt des Teufels gilt ihm König Sven, der die Sitten Kaiser Barbarossas aus Deutschland nach Dänemark importiert habe. Scharf geht es gegen den *ritus Germanicus*, den *cultus Saxonicus* mit einer falschen Kultiviertheit der Esskultur unter Abschaffung der heilsamen *rusticitas* (Schlichtheit, eigentlich bäurisches Wesen) der Vorfahren. Um den *luxus militium* (den Aufwand der Ritter) zu finanzieren, seien die Abgaben der Bauern erhöht worden. Demgegenüber lobt der Kleriker die Hofreform durch Knut den Großen, der die gewaltsam und streitsüchtig gewordenen *milites* an seinem Hof wieder erzogen habe. Gegen den Geist der *militia* steht die *fraterna caritas* (brüderliche Liebe), gegen *audacia* (Tapferkeit) die *comitas* (anderes Wort für *urbanitas*). Der Platz bei Tisch sei wieder nach der Anciennität des *munus militare* vergeben worden (also der Anzahl der Jahre des Kriegsdienstes), wobei der König sogar Bestimmungen erließ, wie bei Zuspätkommen zu reagieren sei. Diese Sitzordnung soll zum ehrerbietigen Umgang erziehen als Grundlage für die richtige Einstellung gegenüber dem Fürsten. Bei Speisen und in der Kleidung erscheint ihm Deutschland als Jauchepfuhl.

Claus Uhlig: Hofkritik im England des Mittelalters und der Renaissance. Berlin / New York 1973; Rolf Köhn: ›Militia curialis‹. In: Albert Zimmermann (Hrsg.): Soziale Ordnungen im Selbstverständnis des Mittelalters. Bd 1. 1979; Josef Fleckenstein (Hrsg.): Curialitas. 1990 (bes. P. G. Schmidt und Th. Strabó); Rüdiger Schnell (Hrsg.): Konversationskultur in der Vormoderne. 2008 (bes. R. Schnell).

## 23
## Hofkritik in der deutschen Didaktik

Wo Kleriker das Bild des Ritters als Hofmann zeichnen, ist Satire nicht überraschend – der Ritter stand seit je im Fadenkreuz kirchlicher Kritik. Daneben hat es aber auch die positive Formulierung gegeben: die Lehre, und zwar genau im antiken Sinne als Ausgestaltung von feinem Benehmen als unverzichtbarem Merkmal hofmännischer Erscheinung. Ein frühes Beispiel stellt die *Disciplina Clericalis* eines Arztes dar, der sich nach seinem Gönner, König Alphons von Kastilien, als Petrus Alphonsi bezeichnete. Hier werden im frühen 12. Jahrhundert Anstandsregeln (keine Ausschweifungen, kein Geiz usf.) neben ritterlichen Fertigkeiten wie Reiten, Schwimmen oder Bogenschießen vermittelt. All dies erscheint noch im 12. Jahrhundert in weiteren lateinischen Werken (wie dem *Facetus*), aber auch auf Deutsch wie etwa im Gedicht *Der heimliche Bote* (um 1170–1180). Der wichtigste Begriff für gutes Benehmen ist dabei die *hövescheit* (nach französisch *courtoisie*). Als die spätantiken *Disticha Catonis*, eine lockere Spruchsammlung zum Thema Verhalten in der Welt, im 13. Jahrhundert ins Deutsche übersetzt wurden, gibt *hövescheit* die *urbanitas* der Vorlage wieder. Diese Gleichung ist dann allgegenwärtig, das erste Auftauchen von *hövescheit* im Sinne des feinen Benehmens datiert bereits ins 12. Jahrhundert, als erster Beleg gilt *König Rother* (um 1170).

Was diese *hövescheit* im einzelnen bedeutet, ist aber auch in aller Breite und Systematik ausgeführt worden. Das wichtigste Werk in mittelhochdeutscher Sprache entstand 1215/1216 am Hof des Patriarchen von Aquileia (südlich von Udine, fast an der Grenze zum heutigen Slowenien) und stammt von einem Italiener mit Namen Thomasin von Zerclaere, der seine Abstammung im Titel zum Ausdruck brachte: *Der welsche Gast*. Dieser Kleriker war studiert, kannte die lateinisch geschriebene Moral seiner Zeit, deren Anschluss an die Antike auf der Hand liegt. Das Riesenwerk bietet eine Art Anwendung dieser Moral für (unstudierte) Ritter und spart nicht an heftiger Kritik am Hofleben seiner Zeit, die Johannes von

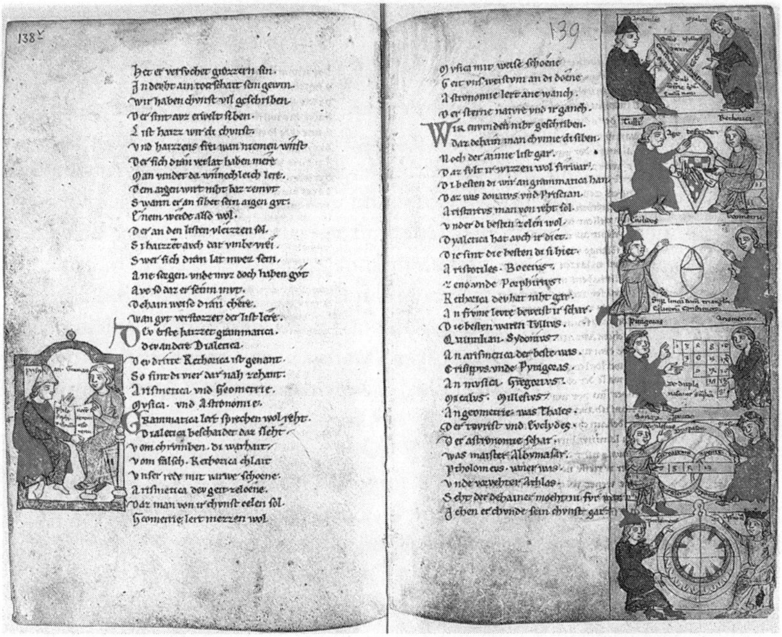

Darstellung der *Septem artes liberales* in einer Handschrift des *Welschen Gasts*: Priscianus repräsentiert die Grammatik, Aristoteles die Dialektik, Tullius (Cicero) die Rhetorik, Euklid die Geometrie, Pythagoras die Arithmetik, Milesius die Musik und Ptolemaios die Astronomie.

Salisbury in nichts nachsteht. Aber Thomasin vermittelt eben auch die positiven Seiten, formuliert Werte, die ein Ritter als Hofmann zeigen muss, auch die *Septem artes liberales*, die Sieben freien Künste. Dabei wird deutlich, dass der ciceronianisch-ambrosianische Samen (in welcher Vermittlung auch immer) aufgegangen ist: Der ritterliche Hofmann zeigt Anstand, Benehmen. Zur Moral, das ist das Entscheidende, gehört diese Außenseite.

Man sieht es am deutlichsten im ersten Buch, das auch als Hofzucht bezeichnet wird, weil es nach Angabe des Verfassers eine Erziehungslehre für die *kint* darstellt, worunter die männliche und weibliche Jugend zu verstehen ist – neben den künftigen Hofmännern also auch die Hofdamen. Dabei fällt sofort das Schlüsselwort: *hüfsch*, höfisch, sollen die Manieren sein. In der ersten Definition ist von *sich schamen* die Rede: Wer sich schäme, kenne weder Hochmut noch Lüge, weder Spott noch Boshaftigkeit. Scham drücke sich aus in den richtigen Worten, den richtigen Gesten und überhaupt im richtigen Tun. Eine gute Tat entbehre der Krone, heißt es, wenn eine Frau sie ohne die richtigen Worte und Gesten ausführe. Hier ist also von Innen und Außen die Rede und vor allem davon, dass beides zusammengehört. Und es kommt noch ciceronianischer, so nahe, dass man glauben möchte, Thomasin habe es aus dessen Ethik: Die Grundlage jeder Zucht sei es, dass niemand den andern beleidige, seiner nicht »spotte« – bei Cicero war von *neminem laedere* (niemanden verletzen) als Grundlage des Anstands die Rede (worin er den Gegensatz zum Recht sah, wo körperliches Verletzen den Gegenstand bildet). Hochmut, sich selbst zu rühmen, gilt als eine besonders dreiste Form dieses Beleidigens. Gut hundert Verse hält sich Thomasin bei diesem Laster auf, hier liegt für ihn ein Musterbeispiel von unhöfischem, »unzüchtigem« Benehmen.

Nach diesem Rahmen kommen konkrete Verbote zur Geltung. Sie beginnen mit Aufforderungen zur Zurückhaltung im Gespräch, zum Verzicht auf Krakeelen (wenn junge Leute unter Rufen wie »Wein her!« ins Wirtshaus einfallen), aber auch zur Feinheit wie der, dass Frauen nicht die Beine übereinanderschlagen sollen, weil dies eine Richter- oder Dichtergebärde darstellt (siehe das Porträt von Walther von der Vogelweide in der Manessehandschrift). Ein ganzer Abschnitt gilt dem Benehmen bei Tisch, zu dessen Darstellung Thomasin an lange Traditionen anschließen konnte. Gerade hier scheint die Herkunft sehr deutlich: Solche Tischzuchten begegnen früh in klösterlichen Gemeinschaften, so dass gerade an diesem Beispiel der Weg von den Klerikern zu den Rittern einmal besonders greifbar ist. Aber es ist auch wieder ein Beleg für den Wert, den man auf die Außenseite legt: Am Tisch zeigt sich Tugend als Selbstbeherrschung, wenn man nicht dem andern in den Arm fällt oder durch Sichschneuzen Ekel erregt. Äußere Formen gibt es weiter im Gespräch. Ein höfischer Mensch redet nicht wie ein »Rind«.

Neben das Benehmen tritt die Bildung: Ein höfischer Mensch liest. Seit dem 12. Jahrhundert mehren sich die Fälle literalisierter

Adliger. Das Wort vom *rex illiteratus* als *asinus* (Esel) macht die Runde. Thomasin bietet einen regelrechten Literaturexkurs, und zwar nach Geschlechtern getrennt. Junge Frauen sollen sich Enite, die Frau von Erec, zum Vorbild nehmen (die ihrem Mann unbeirrt diente). Auch Penelope wird genannt, die Frau des Odysseus (die zehn Jahre auf ihren Mann wartete und alle Freier abwies). Junge Männer sollen die komplette Artusepik lesen, also Hartmanns *Iwein* oder den *Parzival* von Wolfram von Eschenbach, weiter die Heldenepik um die Figur Karls des Großen (etwa das *Rolandslied*), womit zweifellos der Ritter im Dienst der Kirche den Zielpunkt darstellt. Thomasin kennt durchaus das Problem, dass Bücher eigentlich etwas für die Gelehrten sind. Aber die Romanliteratur lässt sich bildlich verstehen, die jungen Leute sollen die notwendige Moral demnach über »Bilder« lernen, ja die romanhafte Phantastik (Thomasin spricht von *lügen*, in die die *wârheit* gekleidet ist) ist genau das Richtige für sie. Auch daraus lernen sie Benehmen.

Bleibt als letztes großes Thema die Frau bzw. die Minne. Interessanterweise polemisiert Thomasin dabei zunächst gegen die Schönheit, die in der ritterlichen Kultur eine so große Rolle spielte. Besser seien andere Werte, lernbares höfisches Benehmen mit Gesten und Worten. Schönheit beeinträchtige dagegen den Verstand (der Männer), sie sei nichts wert ohne die Krone der Zucht. Schönheit soll den Charakter, nicht den Körper zieren. Außerdem schlage innere Verkommenheit bei einem schönen Äußeren rasch durch, man erkenne es an Zeichen wie etwa den falschen Gesten. Besonders interessant schließlich, dass Thomasin eine Minnelehre in über 500 Versen (als *buoch von der hüfscheit*) anfügt: eine ausdrückliche Befürwortung dieses höfischen Spiels. Sie mache Weise weiser, heißt es (allerdings auch Toren törichter). Dass diese Minne anstrengend sein sollte, verlangten die Ritter sogar selber, für »rohe« Liebe hätten sie andere Möglichkeiten. Und so hört man denn, was dazu gehört, richtig zu minnen: Gewalt ist völlig ausgeschlossen, aber auch der Geldbeutel ist tabu (»gekaufte Minne ist ohne jede Kraft«). Der Verstand darf nicht auf der Strecke bleiben, die Sinne sollten nicht dominieren, was wieder gegen die Schönheit geht (beim Rosskauf achte man auch nicht auf das Zaumzeug). Treue könne man nur mit Treue begehren, Liebe nur gegen Liebe gewähren. Im übrigen bildet der

Dienst das genaue Äquivalent dessen, was der Ritter seinem Herrn entgegenbringt, ja der Minnedienst spiegelt diesen Dienst in einem Bereich, der wie das Spiel zum Ernst passt, allerdings auch als Training für den Ernst begriffen werden kann. Minne ist ein Kampf, ein Turnier mit anderen Mitteln.

Höfisches Benehmen dient demnach als Ergänzung bzw. Eingangstor zur Moral. Der Hofmann, dies geht aus Thomasins weiteren neun Büchern hervor, ist keineswegs ein auf äußeres Benehmen festgelegter Mensch, sondern er ist auch im Inneren moralisch. Diese Moral folgt allerdings nicht der Lehre von den Kardinaltugenden, sondern legt Begriffe zugrunde, die im wesentlichen um das Problem der Ordnung kreisen: Stetigkeit (*staete*), Maß (*mâze*), Treue (*triuwe*) stehen im Zentrum, später Gerechtigkeit (*reht*) und Billigkeit (*milte*). Die Gewährsmänner sind Seneca und vor allem Boethius mit dem *Trost der Philosophie*, wo es jeweils um das Scheitern in der Welt geht. Aus dieser Sicht aber resultiert viel Kritik, ja man kann sagen: Nach der Zubilligung eines höfischen Auftretens folgt die Warnung vor dem moralischen Verfall. Ein Hauptpunkt ist das Geld, das Streben nach Reichtum, bei dem man »Diener des Pfennigs« werde und schon deshalb in Angst lebe, weil man Diebe fürchten müsse. Ein anderer Hauptpunkt gilt den Vergnügungen, besonders der Jagd. Erst laufe man Hasen nach, die man zum Schluss kaum wegtragen könne, dann kämen Eber und Hirsch an die Reihe, zum Schluss vergrößerten die Falkner die Unruhe. Was ist den Mächtigen beschert als Mühsal bei Tag und in der Nacht? Der Größere will den Kleineren unterwerfen, wer kritisiert, wird erniedrigt – so sei es bei Rittern tagtäglich der Fall. Auch die Mächtigen lebten gefährdet, sie könnten nicht alle überwinden, machten sich nur Feinde. Grafen, hier wird Thomasin konkret, verlören ihre Grafschaft, Kaiser hätten zum Schluss nicht einmal die Macht von Königen – das Buch entstand während der großen Reichskrise nach der Doppelwahl, als sich ein staufischer und ein welfischer König gegenseitig bekriegten. Macht bereitet Kummer, das ist das »politische« Fazit.

Daneben beschreibt Thomasin das Treiben am Hof. Das Stichwort ist hier rein topisch: die Schmeichelei (nach Senecas 7. Brief an Lucilius). Aber die Beispiele stammen aus der Gegenwart. Diesmal fällt ein kritisches Licht auf Artus: Sein Ruhm sei längst dahin, heißt es, ihm hätte ein Paternoster mehr genützt als seine Siege. Dann kommen die Herolde ins Visier, die bei Turnieren den Ruhm ihrer Herren verkünden – als Ausschreier (*krîierer*). Wir hören sogar ihre Stimme: *Heissa, chevaliers, rîter guot, / edel und ouch hochgemuot*, worauf sich derjenige als Löwe vorkomme, der in Wirklichkeit eine Schande seiner tapferen Mitkämpfer darstelle. Thomasin lässt dem noch einige gängige »Sprüche« folgen: dass ein Tugendhafter lieber um Gottes als des Ruhmes willen gut sein will, dass das Werk den Handelnden loben soll, dass man besser leise zum Himmel auffährt als laut hinab zur Hölle. Daran schließt sich der gängigste Topos in diesem Zusammenhang überhaupt an: die Lehre vom Tugendadel, der jeden Ritter mit Stammbaum vor den Kopf stoßen musste. Ganz nach Boethius (und auch nach der *Disciplina clericalis*) heißt es, dass edler nicht besser bedeutet, dass edel nur ist, wer sein Herz »an rechte Güte« wendet. Wer wohlgeboren ist, aber den Adel der Gesinnung verloren hat, den schände sein Adel sogar. Vom Vater her sei ohnehin jeder adlig: als Kind Gottes. Niemand solle adlig heißen als der, der Rechtes tue. Dann das Donnerwort, das die Ausführungen des ersten Buchs einigermaßen verunklart: »Höfisch ist, wer in der Welt edel ist, Höfischkeit ist Recht tun.« Die Ausführungen enden mit Bemerkungen zu den Leidenschaften: zu Spielen, Essen, Trinken, Frauen. Tendenz: wenig Tugend dabei.

Es gibt noch ein weiteres Buch unter den neun, das in unserm Zusammenhang von Interesse ist: das fünfte zur Güterlehre. Eigenartigerweise hat sich hieran in der Wissenschaft ein Riesenstreit geknüpft, der sich um die Frage drehte, wieweit man von einem ritterlichen Tugendsystem nach Cicero sprechen könne. Aber Thomasins Lehre von den fünf Gütern (Gott, Tugenden, Teufel, Untugenden und den sechs Werten, die sowohl tugendhaft wie böse sein können) knüpft höchstens an Ambrosius' Weiterführung von Cicero an und hat mit der Systematik der Tugendlehre wenig zu tun. Es ist charakteristisch, dass hier die Gelegenheit genommen wird, die sechs (»mittleren«) Güter Adel, Macht, Leidenschaften, Name, Reichtum und Herrschaft gehörig abzuqualifizieren. Das hat keinem Ritter eingeleuchtet, ihm eher aufgezeigt, wohin sein Streben geht. Interessanter waren damals wohl die Ausführungen zur unrechtmäßigen Herrschaft, die Thomasin zu einer Kritik an den Höflingen ausweitet. Denn sein Hauptargument lautet: Die Untugend wird heute am Hof mehr geschätzt als die Tugend. Kommt ein Tugendhafter an einen Hof, will kein Herr ihn sehen, kommt ein Bösewicht, wird er mit Ehren überhäuft. Jeder sagt sich deshalb, er müsse ein Bösewicht werden, um Ansehen zu erwerben. Das ist in der Tat die Kehrseite zum ersten Buch, nach dem Ansehen aus den guten Sitten entspringen soll. Thomasin sieht in diesem Punkt nur Verfall: »Wo sind Erec, Gawan, Parzival, Iwein?«, ruft er rhetorisch aus. Alles komme daher, dass wir keinen Artus mehr besäßen. Die Bösen ließen von ihrer Bosheit, wenn denn die Herren sie entsprechend bestraften. Das gleiche gilt im übrigen für die Kleriker, die klerikalen Hofleute. Warum zur Schule gehen, wenn nur Untugend wirklich weiterhilft? Am Hof bekommt man Pfründen nicht für Tugend, sondern für Bosheit. Wer seinen Herren lobt, der gilt als höfisch und gesittet (*ja, herre* muss man sagen). Bischöfe wollen Geistliche ohne Kenntnisse. Wer von der Schule kommt, wird am Hof für ein »Rind« gehalten. Was zählt, ist Reichtum, alle streben nach Gewinn.

Der Ritter als Hofmann kommt in der Sicht des Klerikers Thomasin insgesamt also schlecht weg, aber die Kritik sollte sogar noch zunehmen. Im 13. Jahrhundert erschienen zwei Schriften, die man als Lehrwerke der Moral für Laien bezeichnen kann, weil sie in der Volkssprache geschrieben wurden. Das eine stammt von einem Verfasser, der sich Freidank nennt, und trägt den Titel *Bescheidenheit* (was so viel wie Wissen, Kenntnis bedeutet), entstanden um 1220–1230. Wie Thomasin hält der Verfasser die Hoffart für die größte Sünde und klagt über die Tatsache, dass niemand seinen »Orden« beibehält, auch nicht Könige und Fürsten. Von der Zunge kommt für Freidank nur alles Übel. Ein eigenes Kapitel ist der Lüge gewidmet, die vor allem am Hof herrsche – sowohl am kaiserlichen wie am päpstlichen. Für eine Hofzucht im Sinne des ersten Buchs von Thomasin ist kein Platz.

Das gleiche gilt für das Werk eines Lehrers in Bamberg mit Namen Hugo von Trimberg. Dieser Kleriker schrieb unter dem Titel *Der Renner* (der mit seiner Lehre durchs Land »rennt«) eine komplette Moral entlang den sieben Todsünden, vollendet im Jahre 1300. Zum Sprechen findet man Warnungen im Kapitel zur Hoffart. Die Hofkritik ist ausgeprägt. Die Herren wollen »Halbgötter auf Erden«

sein, heißt es. An Höfen brauche man sieben Zungen. Nach guter Tradition ist es vor allem die Schmeichelei, die alle Beziehungen zerstört. Und diesmal bleibt kaum ein gutes Haar an den Dichtern: Nur Walther von der Vogelweide (mit seiner Spruchweisheit) macht eine positive Ausnahme, während Erec, Iwein, Tristan und Parzival verdammt werden. Gier nach Reichtum zerstöre alles: Jeder wolle reich werden, niemand in seinem Orden bleiben, wobei sich der Hauptzorn gegen die aufstiegsbegierigen Städter wendet. Ausdrücklich ist der *wol gezogen man* kritisch gesehen: ein Betrüger, bei dem außen Gold, innen Kupfer herrscht. Damit können nur die Ritter gemeint sein. Beim *frâz* als dritter Todsünde kommen sie auch namentlich in den Blick, und zwar mit einem ruinösen Turnierwesen (wogegen Hugo es mit der Devise hält: »besser feige als tot«). Die Didaktik – so lässt sich zusammenfassen – wird immer kritischer. Am Hofmann hat sie zuletzt kein gutes Haar gelassen.

Arno Borst (Hrsg.): Das Rittertum im Mittelalter. ²1989; Josef Fleckenstein (Hrsg.): Curialitas. 1990 (bes. P. Ganz und S. Krüger); Rüdiger Schnell (Hrsg.): Konversationskultur in der Vormoderne. 2008 (bes. R. Schnell); Karl-Heinz Göttert: Zeiten und Sitten. 2009; Henrike Lähnemann und Sandra Linden: Dichtung und Didaxe. 2009.

## 24
# Höfische Freude in der Literatur

Vom Hof und vom Hofmann wurde im Mittelalter aber auch ein ganz anderes Bild gezeichnet: in der volkssprachlichen Literatur. Auch hier sind Kleriker am Werk wie (wahrscheinlich) im Falle von Chrétien de Troyes, aber sie setzten in der Regel auf etwas anderes als Kritik: auf Vorbildlichkeit. Das hängt mit der Auftragssituation zusammen, mit der Bestellung bzw. Erwartung von Lobpreis im literarischen Gewand. Umso erstaunlicher, dass dabei nicht nur Plakatives herausgekommen ist.

Dies gilt zunächst für die Wiedergabe der vielen Feste, die die Literatur durchzieht und die auf ein einziges Ziel programmiert ist: auf die Darstellung höfischer Freude. Interessanterweise wissen wir gerade bei einem der frühesten Beispiele aus hochhöfischer Zeit, dass hier eine direkte Übereinstimmung mit der Realität vorliegt. Als Heinrich von Veldeke in seinem *Eneasroman* die Hochzeit seines Helden mit Lavinia schildert, teilt er mit, er könne nur ein einziges Fest nennen, das genauso prächtig war. Das habe er selbst erlebt, nämlich die Feier der Schwertleite, die Kaiser Friedrich Barbarossa 1184 für seine beiden Söhne in Mainz gefeiert habe (dazu s. o., S. 64). Und so wird einiges in Romanform sichtbar, was einmal höfische Festfreude ausgemacht hat, auch wenn Heinrich gewaltig übertreibt. »Viele tausend Mark« seien für Geschenke ausgegeben worden, niemals seien »ebenso viele Fürsten und Leute aller Stände zugegen gewesen«. Wundergeschichten davon würden »bis zum Jüngsten Tag« erzählt werden. Eneas erscheint also prächtig gekleidet (»in einem Gewand, das er auch zu Ostern hätte tragen können«), inmitten von fünfzig Rittern: »in schönen Gewändern und nach Ritterart, nämlich in seidenen Gewändern nach neuestem Zuschnitt, viel rotem, purpurfarbenem und grünem Samt.« Dass der Schmuck Blumen und Gras als »farblos« verblassen lässt, mag übertrieben sein, nicht jedoch das Heer von Musikern, die »mit Pfeifenspiel, Gesang, Trommeln und der Musik von Saiteninstrumenten« aufwarten. Festliche Stimmung kommt damit auf, Ritter und Fürsten sitzen fröhlich und

In einer Handschrift mit Werken Wolframs von Eschenbach ist auf drei von vier illustrierten Blättern ein Festmahl dargestellt. Hier das Festmahl am Artushof mit Parzival, König Artus und dem Ritter Gramoflanz.

plaudern mit den Damen. Einige besichtigen Gebäude und Türme, nehmen Notiz von prächtig ausstaffierten Wohnräumen mit Teppichen an den Wänden und auf den Fußböden, die auch noch mit farbigen Decken aus Samt, Seide und Dimit (einem Stoff mit doppeltem Faden) bedeckt sind. Wo Eneas Damen begrüßt, ist von deren Kleidung und Schmuck die Rede, die der Held durch Geschenke noch verbessert.

Für die Festtagsfreude entscheidend erscheint die Vielzahl und nicht zuletzt der hohe Rang der Gäste. Beides wird entsprechend betont: »Groß war der Zulauf, aus allen Himmelsrichtungen kamen die Fürsten von weither in Schiffen und auf der Straße und dazu unzählige Ritter.« Wichtig weiter das große Tafeln, »jeder an seinem Platz«, was übrigens in der historischen Realität von Mainz einen Zwischenfall ausgelöst hatte. Der Kölner Erzbischof sah den Platz zur Linken von Kaiser Barbarossa durch den Abt von Fulda besetzt, beschwerte sich und konnte nur mit der Drohung seiner Abreise durchsetzen, diesen Ehrenplatz einzunehmen (zur Rechten saß der Mainzer Metropolit, in dessen Erzbistum das Fest stattfand). So etwas blieb Eneas' Schwiegervater erspart, vielmehr läuft alles wie gewünscht ab, wobei der Lärm so groß wird, dass es die kleinen Leute kaum aushalten konnten. Sie erhalten dafür reichlich Geschenke von den anwesenden Fürsten: Herzöge und Grafen und mächtige Könige achteten nicht des Verlustes: »Sie schenkten ganze Saumtiere, beladen mit Schatz und Kleidern.« Dies gehört ins Kapitel *largitas* als Herrschertugend. Macht äußert sich in Freigebigkeit.

Feste sind die Spezialität der Literatur, höfische Freude entfaltet sich nirgends besser als bei großen Festmählern. Dabei kann man in der Artusepik geradezu von einem Dauerfest sprechen. Wo Artus residiert, wird keine Gelegenheit ausgelassen, ob es sich um Schwertleiten, Hochzeiten oder nur Turniersiege handelt. Als Erec seinen Gegner, den Fürsten Iders, besiegt hat, geht er mit Enite an den Artushof, wo Artus persönlich das Hochzeitsfest arrangiert. Auf seinen späteren Aventüre-Fahrten kehrt Erec zwischenzeitlich am Artushof ein, bis dann zum Schluss nach dem Sieg über Mabonagrin das ganz große Siegesfest ebendort stattfindet. Auch andere Artusromane wie der *Wigalois* des Wirnt von Grafenberg oder Strickers *Daniel von dem blühenden Tal* enden mit einem großen Fest, auf dem die Konflikte aufgehoben werden. Im *Prosalancelot* sind es immer wieder Siegesfeste, die die zahllosen Aventüren unterbrechen. Der Zusammenhalt der Artusritter in der Tafelrunde ist schon von seiner ganzen Anlage her auf Fest und Feier ausgerichtet. Die Dramen spielen sich immer draußen ab, als fürchterliche Kämpfe in Kriegen und Turnieren. Aber es gibt stets die Rückkehr zum Hof bzw. zu den verschiedenen Höfen, an denen Artus für Zusammenkünfte und Feste sorgt: in Logres (London) ebenso wie in Camelot und an vielen anderen Orten.

Wie kompliziert sich solche Feste allerdings dann doch gestalten konnten, zeigt sich an zwei Beispielen, die Wolfram von Eschenbach in seinem *Parzival* bietet. In beiden Fällen steht nicht der Titelheld im Mittelpunkt, sondern sein Freund Gawan, Neffe von Artus und ausgesprochener Musterritter. Im Dienst seiner Dame, der äußerst widerspenstigen Orgeluse (die allerdings schon einmal einen Mann in Ritterkämpfen verlor), hat er ein Zauberschloss erlöst, in dem Klinschor Ritter und Damen gefangen hielt. Nun ist der Spuk zu Ende, und ein Fest soll die Befreiung krönen. Aber dieses Fest verläuft eigenartig: Trompeten erklingen, Gobelins und Teppiche werden aufgehängt bzw. ausgelegt, Sitze mit weichen Daunenkissen versehen. Gawan erscheint wertvoll in Seide und Gold gekleidet, begrüßt die Gäste freundlich und bittet sie, Platz zu nehmen. Orgeluse tritt inmitten von vier königlichen Damen auf. Gawan fordert sie mit seiner ganzen *courtoisie* auf, die Herren mit einem Kuss zu empfangen. Dann sollen sich die Ritter nach freier Wahl zu den Damen setzen. Zwischendurch ergibt sich ein kleiner Konflikt, weil Itonje Orgeluse und zwei Ritter küssen muss, die mit ihrem Geliebten tödlich verfeindet sind – eine Selbstverleugnung also, um einen Konflikt zu vertuschen. Viel schlimmer aber: Die Gesellschaft ist völlig verkrampft, trotz blendend weißer Tischtücher und formvollendeten Servierens der Speisen kommt keine Freude auf. Erst die Flötenspieler bringen nach Aufhebung der Tafel Schwung in die Runde. Man tanzt und kommt sich näher. Die Ritter setzen sich zu den Damen, es gibt charmante Gespräche. Der Zauber hat also noch nachgewirkt, die über Jahre getrennte Gesellschaft findet erst allmählich zu gewohnten Umgangsformen. Am Ende *wird* es ein großes Fest.

Und es kommt zu einem weiteren Fest, diesmal am richtigen Ort, nämlich dem Artushof, der sich gerade in Joflanze befindet. Gawan hat dazu eingeladen und Artus' Erlaubnis zuerst einmal in einer Art Geheimdiplomatie brieflich eingeholt. Nun treffen sich Menschen, die kurz zuvor noch verfeindet waren, so wie Orgeluses Truppen, die sich mit Artus' Leuten blutige Kämpfe geliefert hatten. Als Höhepunkt soll auch noch ein gefährlicher Rechtskampf stattfinden, der die Zuschauer in gegnerische Lager spaltet. Als Gawan mit seinem Heer loszieht, befördert er Ritter in Hofämter, um prächtig genug auftreten zu können. Artus' Truppen sind als erste da, ziehen lärmend ein. Gawan fordert ein Extralager bei Orgeluse, die mittlerweile seine Frau geworden ist. Lang ist der Bericht über den Heereszug, in dem Packpferde Zeltkapellen, Festgewänder und sonstige Ausstattungsstücke voller Pracht schleppen. Alle Damen haben ritterliche Begleiter. Gawan selbst reitet neben seiner Schwester, »weil dies höfisch ist«. Dann folgt die Begrüßung in großer Etikette. Artus tritt mit Ehefrau Ginover aus seinem Prunkzelt, Gawan achtet genau darauf, wer von wem geküsst wird. Seine Ritter sitzen währenddessen auf ihren Pferden. Artus wendet sich Orgeluse und ihren vier Damen zu, erkundigt sich nach ihnen. Wieder folgt eine Kussszene, »bei der die Lippen der Damen ihre große Neigung zeigten«. Es gibt

Ritter beim Tanz im Codex Manesse. Abgebildet ist Herr Hiltbold von Schwangau.

auch ein ernsthaftes Gespräch. Gawan beschwert sich bei Artus, dass es zum Kampf kam, was dieser mit Unkenntnis über die Verhältnisse entschuldigt. Am Ende steht die Freilassung der Gefangenen.

Als endlich alles zum Fest gerichtet ist, soll noch der Gerichtskampf stattfinden. Der aber gestaltet sich als äußerst schwierig: Gawans Herausforderer ist der Geliebte seiner Schwester. Als Gawan glaubt, gegen diesen zu fechten, steht ihm in Wirklichkeit auch noch sein bester Freund Parzival gegenüber. Mit viel Glück wird ein tödlicher Ausgang vermieden, weil Artus die Parteien gerade noch rechtzeitig versöhnt. So kommt es zum Waffenstillstand, und das Fest kann nun endlich ungestört stattfinden. Artus hat hundert Damen in seinem Zelt. Ritter treten auf, unter ihnen Parzival als der schönste. Der Herausforderer erscheint in Seide, Pagen hüpfen zahlreich vor ihm her. Ginover begrüßt ihn mit einem Kuss. Blendend schöne Damen sorgen für eine lebendige Unterhaltung, Begrüßungstrünke werden gereicht. Aus dem Waffenstillstand entwickelt sich ein förmlicher Friedensschluss, der Herausforderer verzichtet auf seinen Kampf, küsst vor versammelter Gesellschaft seinen Gegner Gawan. Darauf führt ihm Artus Gawans Schwester Itonje als Ehefrau zu. Weitere Ehestiftungen folgen, von Wolfram mit dem Satz kommentiert: »Artus war freigebig mit Damen.« Das Fest von Joflanze entwickelt sich zum großen Friedens- und Versöhnungsfest am Ende des *Parzival*, in dem so viele Kämpfe stattfanden. Die ritterliche Welt zeigt sich für einen Moment einmal von ihrer versöhnlichen Seite. Der »Familiensinn«, in dessen Namen der Konflikt beigelegt wurde, triumphiert über die Abgründe von Leid und Verrat.

Der Hof, so lässt sich zusammenfassen, ist in dieser komplizierten Welt ein vorbildlicher Ort der Integration, des Ausgleichs. Gerade in den Artusromanen dienen die an ihm veranstalteten Feste mit der ihnen eigenen Freude als Gegengewicht zur Welt des Kampfes, der Aventüre. Dabei stehen die Ritter als große Herren im Blickpunkt. Parzival oder Erec sind Königssöhne und werden selbst Könige, Artus ist von Königen und Fürsten umgeben, die Damen sind ebenfalls Königinnen und Fürstinnen wie die Herzogin Orgeluse. Aber auch das Gefolge dieser Herren und Damen wird von Rittern gebildet, ohne deren Staffage die Feste kläglich aussähen. Nirgends werden die Standesunterschiede jedoch zum Problem, es gibt keine Aufsteiger oder Absteiger, die adlige Welt ist gefestigt. Vor allem teilt sie ihre Werte. Prachtentfaltung findet nirgends Anstoß, Freigebigkeit ist selbstverständlich. Konflikte kommen anders zustande, hängen mit dem übertriebenen und einseitigen Streben nach Ruhm zusammen, auch mit grundsätzlichen Problemen, wenn klar wird, dass der Kampf um Frauen zu Tragödien führt, Familien zerreißt. So gesehen wirkt das Fest von Joflanze wie eine Utopie, wirft allenfalls nebenbei ein kritisches Licht auf eine ritterliche Kultur, die ein solches Happy End notwendig macht.

Rosemarie Marquardt: Das höfische Fest im Spiegel der mittelhochdeutschen Dichtung. 1985; Barbara Haupt: Das Fest in der Dichtung. 1989; Elke Brüggen: Kleidung und Mode in der höfischen Epik des 12. und 13. Jahrhunderts. 1989; Hedda Ragotzky / Horst Wenzel (Hrsg.): Höfische Repräsentation. 1990; Joachim Bumke: Höfische Kultur. 1990.

## 25
## Höfische Krisen in der Literatur

Das Fest bietet die Möglichkeit, höfisches Leben in seiner Vorbildlichkeit zu schildern. Höfisches *ist* beinahe festliches Leben. Wie der Ritter im Kampf seine militärischen Qualitäten zeigt, beweist er als Hofmann im Fest seine gesellschaftlichen. Dass der Artusroman diese beiden Schauplätze geradezu in Abwechslung präsentiert, ist also kein Zufall. Eher selten fällt ein Schatten auf die Festfreude, die für den Bestand der Gesellschaft so wichtig ist. Das aber heißt nicht, dass der Hofmann in der Literatur ohne Kritik davonkommt. Weniger beim Fest, wohl aber im Alltag präsentieren die Romanautoren die dunklen Seiten höfischen Daseins, wie es die Didaktiker vorgemacht hatten. Auseinandersetzungen hinter den Kulissen sind nicht selten, Krisen brechen aus und können nur mit großer Mühe gemeistert werden. Dabei zeigt sich, dass der Hofmann geradezu typische Eigenschaften mitbringt, die das Gelingen von gesellschaftlicher Harmonie bedrohen.

Ein Beispiel dafür liefert Wolfram von Eschenbach im *Parzival*. Als der Titelheld zum ersten Mal noch in Torenkleidung (weil seine Mutter ihn vor dem Ritterschicksal bewahren wollte) am Hof in Nantes erscheint, herrschen dort chaotische Verhältnisse. Ither hat gerade vor Artus Anspruch auf sein Land erhoben und als Herausforderung einen wertvollen Pokal geraubt, wobei auch noch Wein auf das Kleid der Königin spritzte. Parzival platzt nun mitten in die Runde, weil er von Artus zum Ritter gemacht werden will (wovon schon S. 72 die Rede war). Während die Damen den Ankömmling seiner Schönheit wegen förmlich anstarren, lacht eine von ihnen vor Freude laut auf. Da fällt Keye, der Seneschall, völlig aus der Rolle: Er packt die Dame wütend bei ihren Zöpfen, dreht diese um seine Faust und schlägt sie auf den Rücken wie auf ein »Trommelfell« – weil er das Lachen über einen Mann missbilligt, »der nichts von einem Ritter habe«. Als einer der Umstehenden dies rügt, stürzt sich Keye auch auf ihn, um ihm »das Fell zu gerben«. Parzival ist bestürzt, dass er solches Leid ausgelöst hat, greift zum Speer und

In der Illustration zur Blutstropfenszene einer späten *Parzival*-Handschrift schlägt Keye dem in Liebe versunkenen, nicht gerüsteten Parzival mit der Lanze an den Kopf.

wirft ihn nur deshalb nicht auf Keye, weil das Gedränge zu groß ist.

Eine turbulente Situation am Hof also, die kein gutes Licht auf Artus und seine Ritter wirft. Offene Gewalt, sogar gegen Frauen, bleibt ungesühnt. Dabei ist Keye auch sonst der Störenfried par excellence. In Hartmanns *Iwein* führt er das große Wort mit Provokationen, die auch vor der Königin nicht haltmachen – er wirft ihr glattes Versagen als Herrin vor. Andererseits kann Keye auch die Rolle des perfekten Hofmanns spielen. Im *Parzival* gibt er einmal den vorbildlichen Zeremonienmeister, als der Titelheld in die Tafelrunde aufgenommen wird. Ein schwankendes Bild also, an dem Artus selbst teilhat. Häufig erscheint er keineswegs als die große Integrationsfigur, sondern steht im Hintergrund oder zeigt sogar Schwäche, wenn Auseinandersetzungen nicht gemeistert werden oder aus dem Ruder laufen. Im *Prosalancelot* kommt das Hofleben zum Erliegen, als Artus sich (allerdings nicht ohne Mitwirkung von Zauberei) einer anderen Frau zuwendet, während seine eigene mit Lancelot ein ehebrecherisches Verhältnis unterhält. Intrigen spielen dabei eine Rolle, Begegnungen werden hinterlistig eingefädelt und mit Eifer verfolgt, während sich das eigentliche Geschehen um die üblichen Kriege und Turniere dreht, in denen die Ritter Ruhm suchen.

Einen Höhepunkt solch »unhöfischen« Auftretens bei Hofe kann man wiederum bei Wolfram in dessen *Willehalm* finden. Der Titelheld hat gerade die erste Schlacht gegen die Heiden verloren, die gekommen waren, um Willehalms Brautraub zu rächen. Nun bemüht er sich um Hilfe beim römischen König, der Willehalms Schwester zur Frau hat. Aber die Situation erweist sich als äußerst prekär. Man will sich in seiner Ruhe nicht stören lassen, was den verzweifelten Helden dazu bringt, die gesamte Hofgesellschaft zu provozieren, während ausgerechnet ein Kaufmann ihn mit aller Gastfreundschaft aufnimmt. Weil Willehalm gelobt hatte, mit Rücksicht auf seine in Bedrängnis lebende Gattin asketisch zu leben, verzichtet er an der üppig gedeckten Tafel auf jegliche Nahrung, lehnt ein bequemes Bett ab und erscheint ungewaschen und ungepflegt inmitten der prächtigen Gesellschaft. Dort schreit er den zögerlichen König an, reißt der königlichen Schwester die Krone vom Kopf und zerrt sie an ihren

In den Artusromanen kommt es immer wieder zu (teilweise unbeabsichtigten) Kämpfen zwischen den Artusrittern und Keye. Hier kämpft Parzival mit Keye.

Haaren, ehe man schließlich einlenkt und sich zur Gefolgschaft aufrafft. Willehalm hat also den »höfischen Anstand« vorsätzlich verletzt, was im Kontext des Heldenepos auf die höhere Aufgabe einer Verteidigung der Christenheit gegen die Heiden verweist.

Es gibt aber nicht nur die Schilderung von Unordnung oder gar Versagen am Hof, es gibt auch genau das, was Hofkritiker wie Johannes von Salisbury oder Thomasin von Zerclaere so sehr anprangern: die Atmosphäre der Hinterhältigkeit, der Missgunst, der Intrige. In dieser Hinsicht hat Gottfried von Straßburg in seinem *Tristan* das beste Beispiel geliefert. Obwohl gerade dieser Roman, wie noch zu zeigen ist, in der Person des Titelhelden wie kein anderer das Bild des idealen Hofmanns zeichnet, bietet er auch das Gegenteil. In Tintajol, am Hof Markes, braut sich nach den großen Taten Tristans Unheil zusammen. Unter den Herren kommt Neid auf, der sich in Verleumdungen schlimmster Sorte artikuliert. Der Sieg über Morold habe sich Zauberei verdankt, wird gemunkelt. Und wie anders als mit Zauber habe Tristan seine Todfeindin, die Mutter der schönen Isolde, die Königin gleichen Namens, dazu bringen können, ihn (den Mörder ihres Bruders) zu heilen? Als Marke Tristan stützt und sich auch noch weigert zu heiraten, damit keine Herrin den Günstling am Hof aussticht, ist das Maß voll. Aus Neid wird blanker Hass, und Tristan will seiner drohenden Ermordung durch Rückzug entgehen. Als Marke dies ablehnt, bittet Tristan ihn, dass er wenigstens heiraten möge. Er selbst wolle den Brautwerber bei der jungen Isolde machen. Dem stimmt der König schließlich zu. Der Hof hat insoweit gesiegt, Tristan holt Isolde nach Tintajol. Weil jedoch der Minnetrank vertauscht wurde, kommt es dort alsbald zur Krise.

Und auch in dieser Situation zeigt sich, wie hinterhältig am Hof die Fäden gezogen werden. Der Truchsess Marjodo, also die rechte Hand des Königs, »sieht« das ehebrecherische Verhältnis im Traum, folgt Tristan und entdeckt dessen Geheimnis. Aber Marjodo geht nicht geradlinig vor, sondern übt sich als Intrigant – genauso, wie das hofkritische Schrifttum es schon immer verdammte. Marjodo spricht vor Marke von einem Gerücht über den Ehebruch, das des Königs Ehre gefährde, sagt nicht, dass er die Wahrheit kennt. Marke soll sich vielmehr von der Wahrheit durch eigenen Augenschein überzeugen, arrangiert in Listen, die der Truchsess fintenreich ersinnt. Marke erzählt Isolde von seinem Wunsch, auf Wallfahrt zu gehen, und fragt sie, wen sie sich als Beschützer wünsche. Isolde fällt zunächst darauf herein, nennt Tristan und macht sich so verdächtig. Aber Brangäne klärt sie sofort auf, wie unklug sie handelte, und heckt nun die Gegenlist aus. Isolde lernt also, sich zu verstellen, so dass nun Verstellung gegen Verstellung, List gegen List kämpft – die typische Atmosphäre bei Hofe. Dies führt dann zur hässlichsten aller Intrigen. Marjodo geht nicht mehr selbst gegen die Liebenden vor, sondern engagiert ein Wesen gewissermaßen jenseits der sozialen Normalität: den Zwerg Melot. Seine Kennzeichen sind Verschlagenheit und Spitzelei. Tristan werden nun Fallen gestellt. Am Ende steht Melot jedoch genauso mit leeren Händen da wie zuvor Marjodo. Der Hof erreicht jedenfalls sein Ziel nicht.

Es gibt aber auch noch eine ganz andere literarische Gattung, in der sich die Hofkritik gleichsam im Schutz altbekannter Bildlichkeit niedergeschlagen hat: die Tierepik (in Verlängerung der traditionellen Fabel). Wiederum geht Frankreich voran. Hier war es Peter von Saint-Cloud, der längst bekannte Episoden um die beiden Hauptakteure, den Fuchs Renard und den Wolf Ysengrin, aufgriff. 1176 erscheint so die Urzelle des *Roman de Renart*, der dann von anonymen Autoren weitergedichtet wurde – in mehr als 30000 Versen. Die Kernidee liegt in der Fehde von Renart und Ysengrin, die im Sinne einer Parodie ganz dem damaligen Ritterwesen nachempfunden ist. Nicht nur, dass Fuchs und Wolf auf Pferden reiten und höfisches Gebaren zeigen, sie gehen auch auf Aventüre und verfallen der Minne. Dabei spielt Renard den Betrüger, der die Fressgier des Wolfes ausnutzt, womit die Bereicherung des Adels ebenso auf die Schippe genommen wird wie die am Hofe herrschende Tücke in Gestalt des Fuchses. Denn um den Hof dreht sich alles, hier findet der Gerichtskampf statt, der wegen der Untaten des Fuchses angesetzt ist und damit endet, dass dieser mit einer letzten List den viel Stärkeren besiegt. Wie kritisch Peter von Saint-Cloud die höfische Welt zeichnet, belegt etwa die Ladung vor Gericht, die der Bär Brun dem Fuchs überbringt. Renard geht dabei heuchlerisch auf die Hofsitten ein, wo nur die Reichen gut leben können, weil sie die Armen bestehlen und sogar ihre Dirnen damit beschenken – und flicht zuletzt das Stichwort Honig ein, auf das der Bär natürlich eingeht, sich von seinem eigentlichen Vorhaben ablenken lässt und prompt ins Verderben rennt.

Auch in Deutschland wurde diese Tierepik aufgenommen und in ein kleines Werk verwandelt, das statt Parodie eine scharfe Satire wahrscheinlich gegen Kaiser Heinrich VI. formuliert: der *Reinhart Fuchs* Heinrichs des Glîchezâre. Zwar greift dieser Text die derbe Minnehandlung der Vorlage auf, wonach der Fuchs Reinhart mit Isengrins Ehefrau Hersant zunächst Ehebruch treibt, um sie später in aller Öffentlichkeit zu vergewaltigen. Aber dominant ist der politische Akzent. Die Untaten des Fuchses fallen in einen Landfrieden. Vor allem tritt der König (auch noch mit dem vielsagenden Namen *Vrevel*) ins Zentrum des Geschehens. Er ist es, der am Gerichtstag alle Klagen der Tiere in den Wind schlägt und den Fuchs davonkommen lässt. Der hatte ihm nämlich zuvor Heilung von schwerer Krankheit versprochen, die übrigens aus der unrechtmäßigen Zerstörung einer Burg resultierte. Am Ende aber hilft der Winkelzug nicht, denn der König stirbt am Gift, das der Fuchs ihm statt des Heiltranks reichte. Bevor die Artusepik im *Prosalancelot* den König mitsamt seinem Reich untergehen lässt, geschieht dies in der Tierepik noch im 12. Jahrhundert, denn die Entstehung des kleinen Werkes datiert aller Wahrscheinlichkeit nach auf die Zeit nach dem Tod Heinrichs VI., also nach 1197. Damals waren Hauptwerke der Artusepik noch gar nicht geschrieben.

Gert Kaiser / Jan-Dirk Müller (Hrsg.): Höfische Literatur – Hofgesellschaft – Höfische Lebensformen um 1200. 1986 (bes. U. Küsters).

## 26
## Der ideale Hofmann Tristan

In keinem Werk der höfischen Epik wird die Rolle eines Hofmanns so idealisiert wie im *Tristan* Gottfrieds von Straßburg. Fast scheint es so, als habe der Autor, hinter dem man einen juristisch gebildeten Geistlichen vermutet, ein Gegenbild zum Artusritter schaffen wollen. Und dies nicht deshalb, weil Artus bei Gottfried nicht auftritt (während Tristan im *Prosalancelot* ganz selbstverständlich in der Tafelrunde erscheint). Man hat vielmehr darauf aufmerksam gemacht, dass bei Tristan die adlige Abstammung heruntergespielt wird, überhaupt Geburt und Blut durch etwas anderes ersetzt sind: durch Können in kultureller Hinsicht. Tristan führt das Schwert, gewiss, aber mindestens genauso perfekt handhabt er ein anderes »Werkzeug«: seine Harfe. Tristan ist Ritter, auch richtig, aber wirklich überzeugend wirkt er als Künstler. Darin kann man eine Anspielung auf einen anderen König sehen, der ebenfalls mit der Harfe berühmt wurde: auf David im Alten Testament. Die Parallelen halten sich jedoch in Grenzen. Es scheint tatsächlich so, dass hier ein neues und »modernes« Menschenbild gezeichnet werden sollte: das Individuum, das sich gegen die Gesellschaft behauptet. Dazu dient jedoch nicht in erster Linie das Schwert, sondern die Kunst. Dem ungebildeten Haudegen Parzival steht der filigrane Künstler Tristan gegenüber. In beiden Fällen ist das Bewährungsfeld der Hof. Nur tut sich Parzival dort als Ritter hervor, Tristan als Hofmann.

Seine ganze Erziehung am Hof von Parmenien ist auf diese Aufgabe hin angelegt. Feines Benehmen (*schoene site*) steht dabei im Zentrum, garniert von zwei Wissensgebieten: Musik (Singen und Instrumente) und Sprachen. Als Tristan bei norwegischen Kaufleuten Falken erwerben will, spricht er sie in ihrer Landessprache an, was diese ebenso verblüfft wie die anschließende Schachpartie mit dem jugendlichen Alleskönner. Prompt entführen sie ihn, entzückt von der höfischen Art (*höfscheit*), bei der die elegante Konversation besonders hervorsticht. Als Tristan nach einem Seesturm freikommt, trifft er auf Pilger, die ebenso erstaunt reagieren. Schon die

Der Codex Manesse zeigt einen vornehmen Herrn mit Namen Goeli beim Brettspiel.

Begrüßung mit gekreuzten Händen vor der Brust ist formvollendet, genau wie die Verbeugung vor der Rede. Die Konversation aber ist perfekt bis in die letzte Gebärde. Nur zeigt sich Tristans höfische Art auch auf andere Weise: Er spricht vorsichtig, gibt seine Herkunft nicht preis, antwortet nur, soweit es die Umstände gebieten. In Konversation glänzt man nicht allein mit dem, was man sagt, sondern auch damit, dass man Geheimnisse zu verbergen weiß.

Als Tristan dann als Fremdling an Markes Hof gelangt, findet er dort eine geschlossene Gesellschaft vor: Die Rede ist vom König und seinen Hofleuten (*hovediet*). Alle Ereignisse spielen sich in dieser Umgebung ab. Man hat Tristan bei der Jagd getroffen, wo er sich bei der Zerlegung eines Hirschs auszeichnete. Nun kommt das nächste öffentliche Ereignis zustande. Die Jäger blasen ihre Hörner, Tristan erhält ebenfalls ein Instrument und zeichnet sich wieder sofort vor allen aus. Bei der Ankunft an der Burg Tintajol (*burc*, die auch *castêl* genannt wird) läuft der Hof förmlich zusammen, und diesmal ist die Rede von Hofleuten in der französischen Variante: als *cûrtois man*. Auch der König findet sich ein. Plötzlich steht er vor Tristan, der genau weiß, was in einer solchen Situation zu tun ist: Er unterbricht sein Hornspiel, schweigt, verneigt sich höflich vor Marke und beginnt in lieblichem Ton (*mit süezem munde*) zu sprechen – auf Französisch: *dêu sal le roi et sa mehnîe* (Gott erhalte den König und sein Gefolge), darauf das gleiche noch einmal auf Deutsch. Marke zeigt sich beeindruckt, lässt sich von Tristan erzählen und erfährt, dass er wohlerzogen und gebildet ist, wohl kaum ein Kaufmannssohn, wie er es selbst angab.

Dann lädt Marke Tristan gewissermaßen zur Privataudienz ein. Dies geschieht in Begleitung, jüngere Höflinge (*daz junge hovegesinde*) holen ihn ab, führen ihn händchenhaltend vor. Die anschließende Beschreibung Tristans ist ganz abgestellt auf seine Schönheit (Mund: rosenrot, Augen: klar), zu der auch der Gang gehört. Und die Kleidung: Sie ist ihm auf den Leib geschnitten. Schließlich endet diese Beschreibung bei Cicero/Ambrosius: an Gebärden und schönen Sitten einfach unübertrefflich. Genau das sagen dann alle Hofleute, ja sie sagen es auf Französisch: *Tristan, Tristan li Parmenois cum est bêâs et cum cûrtois!* (Tristan, Tristan aus Parmenien, wie

Zur Erziehung Tristans gehört die Ausbildung im Lesen, Stein- und Speerwerfen und im Harfenspiel, wie es eine *Tristan*-Handschrift zeigt.

schön und höfisch ist er!). Marke spricht daraufhin Tristan an und bereitet eine Bitte vor, die dieser schon vorweg zu erfüllen erklärt. Er soll Jägermeister werden, was alle wundervoll finden. Tristan nimmt dann auch offiziell an und erklärt sich zu dem bereit, was seinem Stand überhaupt nicht entspricht und was sich sehr bald auch erledigt: Er wird Markes Dienstmann (*dienestman*), nichtadliger Vasall, gehört zum *ingesinde*, zum Gefolge. Immerhin ist er Teil der Hofgesellschaft der Ritter und Barone (*ritter* und *barûne*), die sich hier als gegliedert und nicht undurchlässig zeigt. Feines Benehmen führt nach oben. Die Zuhörer werden es verstanden haben: einmal nicht der andere, der übliche Weg über Waffentaten. Hier kommt jemand mit Kultiviertheit voran.

Es gehört zu diesem Roman, dass diese Kultiviertheit fortan eine beherrschende Rolle spielt. Noch ehe Tristan Gelegenheit findet, auch seine ritterlich-kämpferische Seite zu präsentieren, macht er Furore als Künstler. Marke zieht ihn zur Unterhaltung in seine Nähe, schätzt den unentwegten Dienst sehr. Terminologisch steigt Tristan auf zum *lieben hoveman*. Marke und der gesamte Hof pflegen freundschaftlichen Umgang mit ihm, der sich hilfsbereit zeigt gegenüber Armen und Reichen, für alle da sein will. Und Tristan verfügt über geschätzte Fähigkeiten, kann tanzen, singen, reiten, wettlaufen, springen – auch lachen und feiern. Dann aber kommt es zu einer eigenartigen Szene. Am Hof gibt es einen Harfner, der einmal ein Stück vorträgt. Tristan ist unter den Zuhörern, soll auch spielen, weigert sich aber zunächst mit dem Hinweis, sein Können habe nachgelassen, er traue sich nicht. Dann stimmt er jedoch die Harfe und trägt bretonische Lieder vor, in Improvisation und mit fremdartigen Vorspielen. Wieder einmal läuft alles zusammen, auch Marke kommt und wundert sich darüber, wie Tristan ein solches Können verbergen konnte. Es folgt die enthusiastischste Charakterisierung der Schönheit dieses Vortrags, die sich denken lässt: Die Zuhörer vergessen beim Zuhören ihren eigenen Namen. Als Tristan aufhört, muss er noch einmal spielen, auch wenn wieder der Einwand kommt, er habe nicht lange genug geübt. Alle Zuhörer stimmen darin überein, noch nie solche Kunstfertigkeit erlebt zu haben.

Eine Kunst, die die Kunst verbirgt also – man könnte auch sagen: der Trick, mit dem Erec beim Turnier glänzte und der sich schon bei Cicero-Ambrosius findet. Ein Hofmann ist perfekt, wenn er über Können verfügt, aber es nicht an die große Glocke hängt. Noch mehr als das Können führt das geschickte Verbergen zum Erfolg. Der zeigt sich alsbald. Tristan erhält prächtige Kleider und Pferde, eine perfekte Ausrüstung, abgeschlossen von der Schwertleite. Danach ist er gerüstet, um zuerst an Morgan Rache zu nehmen und dann Morold abzuwehren – davon war bereits die Rede. Aber Morold hat ihn mit dem vergifteten Schwert verwundet, wovon nur Isolde von Irland, Morolds Schwester, Heilung bringen kann. So kommt es zur Fahrt zum Todfeind, der auf keinen Fall Tristans Identität wissen darf – ein Glanzstück in der Kunst des Verbergens. Allein lässt sich Tristan vor dem Hafen Dublin absetzen, in ärmlicher Kleidung als Spielmann Tantris, der angeblich Räubern in die Hände gefallen war und daher seine Wunde erhielt. Wieder aber wirkt die Musik. Einfache Bürger entdecken ihn, bestaunen seine Kunst, die ihn »beliebt macht«. Das Gerücht dringt zum Hof, wo man diesen Könner kennenlernen will. Tristan-Tantris spielt vor Königin Isolde und ihrer Tochter gleichen Namens besser denn je, obwohl die Wunde so stark riecht, dass niemand es

Isolde heilt Tristan, Tristan erteilt Isolde Unterricht im Harfespielen.

länger als eine Stunde aushält. Aber die Zuneigung ist gewonnen, Mutter Isolde identifiziert das Gift und verspricht Heilung. Im Gegenzug soll er der Lehrer der jungen Isolde werden.

So kommt es denn, und nun zeigt sich, welche Lernstoffe bei Hofe gefragt sind. Isolde kann schon einiges, unter anderem (außer Irisch) Sprachen wie Französisch und Latein, spielt verschiedene Instrumente und singt. Aber Tristan bringt Vertiefung und Ausdifferenzierung. Vor allem rückt ein »Fach« ins Zentrum, das *morâliteit* genannt wird. Es handelt sich ausdrücklich nicht um Moral, sondern um deren Spezialisierung: den ciceronianisch-ambrosianischen Anstand, genannt *schoene site*. Diese Kunst befinde sich in Übereinstimmung mit Gott und der Welt, heißt es, lehre, »Gott und der Welt zu gefallen«. Genau das war der Grund, weshalb Ambrosius auf Cicero zurückgegriffen hatte. Dieses Wissen ist also noch da, ja steht wieder im Zentrum. Es sei Nährmutter aller Vornehmen, heißt es, ohne diese Kunst gebe es kein Ansehen. So muss Tristan *morâliteit* am ausführlichsten unterrichten, bis am Ende das Ziel erreicht ist: ein schönes und reines Gemüt (*schoene* und *reine gemuot*), das liebenswürdige und gute Gebärden (*ir gebarde süeze unde guot*) zeigt. Immer wieder neu wird dieses Fach terminologisch umrissen, auch mit *höfschlîche liste*, mit höfischem Scharfsinn. Am Ende kann Isolde ihren Vater mit dessen Rittern perfekt unterhalten, indem sie singt, dichtet und vorliest. Dem vollendeten Hofmann hat Gottfried von Straßburg mit anderen Worten die vollendete Hofdame an die Seite gestellt.

James F. Poag: Das Bild des Feudaladels in den höfischen Romanen Parzival und Tristan. 1979; C. Stephen Jaeger: Die Entstehung höfischer Kultur. 2001; Christoph Huber / Victor Millet (Hrsg.): Der »Tristan« Gottfrieds von Straßburg. 2002.

## 27
## Die große Wende im 14. Jahrhundert

Im 12. und 13. Jahrhundert war in der mittelalterlichen Gesellschaft ein annäherndes Gleichgewicht der Kräfte entstanden, bei dem der Ritter einen wichtigen Platz einnahm. Gestützt auf seine Waffentaten stabilisierte er das Ganze, half einen Idealzustand herzustellen, in dem geistliche Führung, wirtschaftliche Versorgung und militärischer Schutz zusammenwirkten. Bedarf für Rechtfertigung gab es am ehesten für den militärischen Schutz, der immer aus dem Ruder zu laufen drohte, mit Mühe gezähmt worden war. Dafür stand nicht zuletzt die Literatur ein, die das Ritterbild verklärte, ja in seinen ideologischen Zügen allererst schuf, nicht ohne die Brüche kenntlich zu machen.

Aber es gibt einen unbezweifelbaren Hinweis darauf, dass das System bei allen Abstrichen, die man machen muss, funktionierte: die allgemeine Prosperität. Die Bevölkerung in Europa wuchs vom 11. bis zum 13. Jahrhundert um das Zwei- bis Dreifache. Wälder wurden gerodet, Getreideflächen gewonnen und in der neuen Dreifelderwirtschaft (mit Übergang vom Hakenpflug zum Beetpflug, der die Scholle wendet) bewirtschaftet, die den Ertrag um 50 Prozent steigerte. Haufendörfer mit Flurzwang und Feldgemeinschaft entstanden (in der jede individuelle Fruchtfolge untersagt war), womit sich die alte Hofgenossenschaft zur neuen Dorfgemeinde mit Ansätzen kommunaler Ordnung entwickelte. Die Grundherrschaft hatte sich entscheidend verändert, die Unfreiheit war mehr und mehr in ein Abgabensystem verwandelt worden, das den Bauern die Möglichkeit gab, sich als Marktleute zu betätigen. Für einen historischen Moment profitierten alle von allen. Die hochhöfische Blütezeit mit ihrer ritterlichen Kultur, die es neben Untaten aller Art gab, ruhte auf diesem Gleichgewicht. Nach einem Wort von Jacques Le Goff ermöglichten Dreifelderwirtschaft und proteinhaltiges Gemüse Kathedralen und Kreuzzüge.

Und dann der Absturz im 14. Jahrhundert, der das labile Gleichgewicht zerstörte und in gewissem Sinne die alten Zeiten der Gewalttätigkeit zurückkehren ließ. Aber ganz gleich ist die Lage nicht, ganz zurückdrehen ließ sich das Rad der Geschichte nicht. Wieder haben wir es mit forcierter Gewalt zu tun, die wieder von diesen reitenden Herren ausgeht, die sich nun als Raubritter betätigten. Aber daneben wird das Bild der hochhöfischen Zeit weiter gepflegt, ging das idealisierte Ritterbild nicht unter, »spielen« die wirklich großen Herren wider alle Zeitläufte weiter Ritterschaft. Ein sehr eigenartiges Bild also: Mitten in den Turbulenzen wird ein Ritterbild hochgehalten, das selbst zu den besten Zeiten real kaum existierte. Nie waren die Rüstungen kostbarer, die Turniere prachtvoller, ihre Protagonisten stolzer. Kann man da von Verfall sprechen? Ist nicht auch dieser Ritter eine durch und durch historische Gestalt, auch wenn die Fiktion eine größere Rolle spielte als die Realität? Das Ritterbild findet jedenfalls eine wichtige Fortsetzung. Es hat sich nur in wesentlichen Punkten entscheidend gewandelt.

Beginnen wir mit dem auffälligsten Kennzeichen, mit der militärischen Rolle. Am 11. Juli 1302 kämpften vor Kortrijk 2500 französische Ritter plus 4000 Fußsoldaten bzw. Helfer gegen 8000 flämische Fußsoldaten mit Spießen, vorwiegend aus Brügge, unterstützt von 500 Rittern, die vor der Schlacht auch noch vom Pferd stiegen. Nach damaligem Ermessen war das Ergebnis völlig unzweifelhaft, aber es kam anders: Das französische Ritterheer unterlag den taktisch besonnen operierenden Flamen (die sich mit Gräben gegen die Reiter schützten) auf dramatische Weise. Tausend Ritter, die wie immer wild gegen den Feind angerannt waren, lagen tot auf dem Schlachtfeld. Die Flamen machten reiche Beute, darunter die fünfhundert goldenen Sporen, nach denen die Schlacht fortan benannt wurde und die bis 1382 in der Kortrijker Liebfrauenkirche hingen (bis sich die Franzosen diese schmähliche Trophäe wieder zurückholten). So aber ging es während des 14. Jahrhunderts Schlag auf Schlag. 1315 siegten Schweizer Fußtruppen bei Morgarten. Dann begann 1337 der Hundertjährige Krieg zwischen Frankreich und England aufgrund von Ansprüchen, die der englische König auf den französischen Thron erhob.

Nun aber zeigte sich, dass die Ritterheere auf beiden Seiten aus den ersten Katastrophen des Jahrhunderts gänzlich verschiedene Konsequenzen gezogen hatten. In Frankreich gab es weiter die

Darstellung der Schlacht von Crécy in den *Chroniques* des Jean Froissart aus dem 15. Jahrhundert.

schwere Rüstung des Hochmittelalters, in England stieg man um auf leichtere Rüstung und vor allem neue Waffen. Dominierend wurden hier die Armbrüste und Langbögen, von denen die Schützen geradezu Pfeilwolken abgeben konnten. Es klingt wie ein Witz, wenn der Papst diese neuen Waffen verbot. In der Schlacht von Crécy 1346 siegte die unritterliche Kampfweise der Engländer völlig über die ritterliche der Franzosen. Die englischen Bogenschützen waren vor den Rittern postiert und erwarteten die französischen Gegner, bis sie auf Schussweite herangekommen waren, um sie dann mit ihrem Pfeilhagel niederzustrecken (nach einem Chronistenbericht so dicht, dass es zu »schneien« schien). Mindestens zehnmal stürmten die französischen Ritter an, unter ihnen der blinde König Johann von Böhmen, dessen Pferd von Getreuen an Leinen geführt wurde – eine der vielen sinnlosen »Rittertaten«, die tödlich ausgingen. Als am Ende des Tages die englischen Ritter vorrückten, brauchten sie nur noch verwundete oder in ihren Rüstungen eingeklemmte Gegner umzubringen. Unter den 4000 Toten befanden sich die vornehmsten Herren des damaligen Frankreich, König Philipp konnte gerade noch entfliehen.

Diese Katastrophe sollte sich dann mehrfach wiederholen. 1356 unterlag die größte französische Streitmacht des gesamten Hundertjährigen Krieges, 16000 Mann, dem zahlenmäßig nicht einmal halb so starken englischen Heer bei Poitiers. Nichtadlige Bogenschützen entschieden fast nach Belieben Schlachten gegen adlige Ritter. Konsequenzen wurden trotzdem nicht gezogen. Man sonnte sich weiter im Glanz längst überholter Rittertugenden und praktizierte sie auch gelegentlich, sogar auf beiden Seiten. 1351 kam es bei den Auseinandersetzungen um die Bretagne zum »Kampf der Dreißig«, bei dem dreißig französische Ritter gegen dreißig englische fochten, wobei der französische Sieg mit Liedern und Denkmälern gefeiert wurde (ausdrücklich unter Bezug auf Artushelden). Tragen wir auch noch die Schlacht von Azincourt 1415 nach, die berühmteste, weil folgenreichste des gesamten Hundertjährigen Krieges. Am Vorabend feierte man auf französischer Seite, schlug Knappen zu Rittern, um am nächsten Tag unter ausdrücklichem Verzicht auf die neuen unritterlichen Waffen trotz einer Überlegenheit von mindestens 3 : 2 ins Verderben zu rennen. Am Ende erzwang der englische König Heinrich V. über eine arrangierte Heirat den Anspruch auf die Thronfolge in Frankreich.

Während die französischen Beispiele nur die interessantesten und (wie die Schlacht von Azincourt) auch am besten belegten darstellen, vollzog sich im Osten Europas ganz ähnliches. Als der ungarische König Sigismund, der spätere Kaiser des Heiligen Römischen Reiches, aus Reputationsgründen zusammen mit dem Großmeister der Johanniter einen letzten Kreuzzug organisierte (mit dem Versprechen auf hohen finanziellen Gewinn), kam es bei Nikopolis im heutigen Bulgarien 1396 zu einer Schlacht zwischen seinem Ritterheer und den Türken. Die Ritter, darunter besonders Burgunder, wiesen nichtadlige Hilfstruppen zurück und stürzten sich auf einen taktisch diszipliniert kämpfenden Feind, der Bogenschützen einsetzte. Das Ende war ein Blutbad, dem König Sigismund gerade eben entfliehen konnte. Militärisch, dies lässt sich aus den Beispielen folgern, war die Ritterherrlichkeit des hohen Mittelalters zu Ende. Ritter, jedenfalls nach alter Art kämpfende, entschieden keine Schlachten mehr, sondern verloren sie. Schlachten entschieden disziplinierte und immer besser trainierte Fußtruppen (unterstützt durch leichte Reiterei): keine adligen Herren, sondern nichtadlige Söldner. Wo Ritter nicht mit neuen Aufgaben in der Führung der Heere weiter erfolgreich waren, verloren sie an Bedeutung. Dies aber sollte Folgen haben, was sich wiederum am besten in Frankreich zeigen lässt.

Aufgrund der Erfahrung des Hundertjährigen Krieges (der im spätmittelalterlichen Europa eine ähnliche Rolle spielte wie der Dreißigjährige Krieg im 17. Jahrhundert), zerbrach das Gleichgewicht gewissermaßen an seiner Sollbruchstelle: Der Adel wurde seinen Aufgaben nicht mehr gerecht, verhinderte die Plünderungen der Engländer nicht. Und nicht nur, dass er Schlachten verlor, in deren Folge feindliche Heere die Bauern ausplünderten, die doch glaubten, ihre Herren gut bezahlt zu haben, um Schutz erwarten zu dürfen. Der Adel, der ohnehin für seine Ausrüstung immer höhere Kosten zu tragen hatte, büßte in den kriegerischen Auseinandersetzungen Hab und Gut ein, seine Bauern wurden hingemetzelt. Immer noch war die Grundherrschaft die Grundlage jeglicher Macht, aber immer mehr Grundherrschaften verödeten oder die Erträge schmolzen förmlich dahin über all den Aufwendungen infolge der Kriege. Hinzu kamen Lösegeldzahlungen nach verlorenen Schlachten. Auf englischer Seite galt Talbot als begabtester Lösegeldeintreiber: eine Art legaler Räuberei, die die einen reich und die anderen arm machte. Unvorstellbare Summen wurden erpresst. Der bei Azincourt gefangengenommene Herzog von Orléans saß 25 Jahre in einem Londoner Gefängnis, bis die ausgehandelte Summe bezahlt war.

Zu den militärischen Aspekten kommen die ökonomischen. Dafür kann man sich auf Beispiele in Deutschland berufen. Um 1300 gab es hier ca. 170000 Siedlungen, um 1500 waren es noch 130000, der Rest war Wüstung. Der Grund lag weniger im Krieg als in einer Agrarkrise, ausgelöst durch Missernten nach Schlechtwetterperioden, die 1315 eine katastrophale Hungersnot auslösten und die Getreidepreise in astronomische Höhen schießen ließ. 1346 trat auch noch erstmals die Pest auf, in deren Folge die Bevölkerung um mindestens ein Drittel zurückging. Mit dem Verfall der Agrarpreise aber erhöhten sich die Löhne – eine Spirale, die in Depression mündete. Durch mangelnde Nachfrage kam es zu einem Preisverfall bis zu 60 Prozent. Der Adel reagierte mit Abgabenvermehrung, worauf die Bevölkerung floh und durch Anwerbungen mittels Privilegien ersetzt werden musste. Auch schärfste Bestimmungen für Lohnbegrenzung nützten nichts, weil es an Menschen fehlte. Wo sich adlige Herren in Geldrenten gerettet hatten, führten Münzverschlechterungen zu deren Ruin. Man schätzt den Einkommensverlust der Ritter im 14. Jahrhundert auf bis zu 70 Prozent. Von den Münzverschlechterungen aber profitierten die großen Herren, die bei jeder neuen Ausgabe Gewinne einstrichen.

Und so beginnt sich eine Schere zu öffnen: Die reichen Großen, die über wirtschaftliche Unternehmen wie Bergwerke verfügten, wurden immer reicher, die armen Kleinen immer ärmer. Wo Ritter sich nicht ins Raubrittertum flüchteten, gingen sie in Städte und verbürgerlichten. In der Krise wurden die Feudalherren zu harten Konkurrenten, ganze Familien stiegen ab, während ein neuer Stand aufstieg und Ritter werden wollte: der Stand der Bürger. Ritterliche Kultur bzw. Lebensführung fand ihre Fortsetzung mehr und mehr in den Städten. Während sich Ritter bei Städtern verpfändeten und arm wurden, wurden die Städter reich und über Einheirat selbst Ritter (sofern die Erhebung nicht auf dem Schlachtfeld zustande kam wie im Falle von Freiburger Bürgern 1476 in Murten). Der Widerstand des Adels war groß, aber zwecklos. Die Freiburger Bürgerschaft kaufte dem Grafen im 14. Jahrhundert Recht für Recht ab, ehe 1366 auch die Burg zerstört wurde und sich der Graf vollends in die Hand der Stadt begab. In der Not griffen Gestrauchelte nach jedem Strohhalm. Was Könige und Kaiser schon immer taten, um ihre Kassen aufzufüllen, taten nun die Landesherren, die überall ihre Territorialherrschaft ausbauten und damit das System des Lehnswesens überwanden. Wer über genügend Macht verfügte, konnte nun an der Steuerschraube drehen, woran sich eine neue Adelskritik entzündete.

Gedankengut dieser Art führte zuerst in Frankreich zu Aufständen, den Jacqueries (der erste direkt nach der Schlacht von Poitiers), in Deutschland ist der Aufstand der Stedinger Bauern (an der Unterweser) gegen den Erzbischof von Bremen und den Grafen von Oldenburg Anfang des 13. Jahrhunderts ein spektakuläres Beispiel. Nachdem zunächst die Ritterheere von den Bauern besiegt wurden, beendete schließlich ein regelrechter Kreuzzugsaufruf des Papstes den Widerstand. In England fand der erste Bauernaufstand 1381 statt. Der deutsche Bauernkrieg brach 1525 los. Überall aber war die Erbitterung über einen Adel zu spüren, der die Lasten erhöhte und den Schutz versäumte. Im Schwabenspiegel ist zu lesen: »Wir sollen den Herren dienen, damit sie uns beschirmen; tun sie dies nicht, sind wir keines Dienstes schuldig.« Daraus kann man die offene Aufkündigung der Drei-Stände-Lehre ablesen. Das System war in der Krise. Das Rittertum bedurfte einer neuen Legitimation.

Philippe Reliquet: Ritter, Tod und Teufel. 1984; Josef Fleckenstein: Das ritterliche Turnier im Mittelalter. 1985 (bes. W. Rösener und Rl. Sablonier); ders.: Vom Rittertum im Mittelalter. 1997; Werner Hechberger: Adel, Ministerialität und Rittertum im Mittelalter. 2004.

## 28
## Kritik am Rittertum in der Literatur

Auch in der Literatur ist die große Zeit des Rittertums vorbei. Wo nicht Fragmente zu Ende geschrieben wurden wie im Falle von Gottfrieds *Tristan* oder Wolframs *Willehalm* und *Titurel*, kreiste die Artus- und Gralsepik in Wiederholungen bzw. Abwandlungen ihrer Stoffe (zum Beispiel immer neuer Entführungen von Artus' Ehefrau Ginover).

So überrascht es, dass noch vor Ende des 13. Jahrhunderts ein kleines Epos von nicht einmal 2000 Versen entstand, in dem nicht das Rittertum, sondern das Raubrittertum das zentrale Thema bildet: im *Helmbrecht* eines sonst ganz unbekannten Autors, der sich selbst Wernher der Gärtner nannte. Ein Bauernsohn verlässt sein Vaterhaus und wird Raubritter. Man hat in diesem Fall von Sozialkritik gesprochen, muss dabei jedoch bedenken, dass es sich keineswegs um Kritik am Sozialsystem der Zeit handelt. Im Gegenteil steht die Stabilität der tradierten Ständeordnung sogar im Zentrum des ganzen: Ritter werden kritisiert, sofern sie ihre Aufgaben nicht wahrnehmen, vor allem aber ein Bauer, der Ritter werden will. Darin mag ein Anklang an Probleme der Zeit liegen, in der tatsächlich Bauern in den Adel aufstiegen bzw. sich adlige Verhaltensweisen aneigneten. Aber es wird nichts von den Hintergründen der sozialen und politischen Dynamik deutlich, das kleine Werk bewegt sich in einer eher theologischen Atmosphäre, der es um Fragen des Gehorsams von Söhnen gegenüber Vätern geht, um eine Variation der neutestamentlichen Geschichte vom verlorenen Sohn, die allerdings ganz anders ausgeht als beim Vorbild: Im *Helmbrecht* verstößt der Vater am Schluss den nach Hause Zurückkehrenden.

Für die Frage des Rittertums interessant ist allerdings die Schilderung des Raubritterlebens, in dem man mit Recht einen Reflex der Realität des späten 13. Jahrhunderts gesehen hat. Schon der Entschluss des jungen Helmbrecht ist garniert mit schockierenden Ausmalungen höfischen Lotterlebens. Bauern bei den Haaren durch die Hecken zu schleifen, gehört ebenso dazu wie die Aussicht auf alle

Das *Ambraser Heldenbuch* aus dem Beginn des 16. Jahrhunderts ist der einzige Textzeuge des *Helmbrecht*. Zu Beginn der Erzählung zeigt eine Miniatur den Sohn, der noch Bauer ist. Mit den langen blonden Haaren, die ausdrücklich erwähnt werden, glaubt er sich zu Höherem bestimmt.

Arten von Genüssen. Das wilde Gerede tut ein übriges: »Ich könnte wahrhaftig einen Stein zerbeißen, so wild ist mir zumute. Hei, am liebsten fräß' ich Eisen! Selbst der Kaiser könnte von Glück sagen, wenn ich ihn nicht fangen, wegschleppen und bis aufs Hemd ausplündern würde ...« Diesen Ankündigungen folgen tatsächlich Taten. Als Helmbrecht von einem Burgherrn in seine Mannschaft aufgenommen wird, weil er gerade Fehde führt, bewährt sich der bäuerliche Emporkömmling. Beutemachen wird seine Spezialität, und das Zusammenraffen ist in langen Aufzählungen beschrieben: »Er raubte Pferde, er raubte Rinder, er ließ niemandem auch nur einen Pappenstiel, er raubte Kettenpanzer und Schwerter, er raubte Mäntel und Röcke ... Rock und Hemd riß er den Frauen vom Leibe, den Pelz und den Mantel ...«

Und nicht nur das Rauben macht den Raubritter aus. Als Helmbrecht zum ersten Mal »erfolgreich« ins Vaterhaus zurückkehrt, versteht ihn niemand, weil er die Schwester auf Latein, den Vater auf Französisch, die Mutter auf Tschechisch anredet. Sein Deutsch ist durchzogen von niederdeutschen Ausdrücken wie *dat* und *wat*, das berühmte »Flämen«, das auch sonst kritisiert wird (Rudolf von Ems spricht im *Wilhelm von Orlens* angesichts solcher modischen Erscheinungen von *hoverede*). Erst als Helmbrecht die vier Ochsen des Vaters mit Namen nennen kann, glaubt man ihm seine Identität. Dann fordert der Vater seinen Sohn auf zu erzählen, wie es auf einer Burg zugeht, nicht ohne zuvor seine eigenen Vorstellungen wiederzugeben. Die aber entsprechen ganz der Vergangenheit von »gesitteten« und »hochgemuten Rittern«, die nichts von »Schurkenstreichen« hielten, vor den Augen von Damen um deren Gunst buhurdierten und anschließend höfische Tänze aufführten. In der Antwort des Sohnes folgt das gerade Gegenteil: Die Ritter prosten sich zu und fordern sich zum Saufen auf, sitzen ohnehin am liebsten statt bei edlen Damen in derben Weinstuben: »Ein Affe und ein Narr muß der gewesen sein, den nach einer Frau statt nach gutem Wein gelüstete.« Darauf klagt der Vater über den Verlust der guten alten Zeit: Die Turniere, wie sie früher waren, würden verachtet; dafür seien die heutigen aufgekommen: »Früher hörte man den Herold rufen: ›Heißa, Ritter, sei doch fröhlich!‹ Jetzt ruft man den lieben langen Tag: ›Los, jage, Ritter, los, jage, jag! Stich zu, stich! Schlag drein, schlag zu! Blende den, der vorher sehen konnte! Hau mir dem den Fuß ab; schlag mir diesem die Hand ab! Diesen sollst du mir aufhängen und jenen Reichen fangen: der zahlt uns bestimmt hundert Pfund Silber!‹« Das Fazit aber lautet: »Höfischkeit ist Betrügen« (*betriegen daz ist hövescheit*).

Natürlich lässt sich der Sohn nicht beirren, sondern übertrumpft die Schurkereien, die der Vater erzählte, noch durch eigene Brutalitäten, wenn es um Ausdrücken von Augen und Aufhängen im Rauchfang geht, um Quälerei auf einem Ameisenhaufen und das einzelne Herausziehen von Barthaaren mit der Zange. Nachdem Helmbrecht das Vaterhaus (unter den guten Wünschen der Mutter) zusammen mit seiner Schwester wieder verlassen hat, feiert er deren üppige Hochzeit in der Burg, bei der das Geraubte verprasst wird. Aber wir wissen es schon: Das dicke Ende kommt, der Vater wird Recht behalten mit seinen Warnungen, und er wird auch nicht weich, als der Sohn vor seiner Tür liegt. Die Bauern, die Helmbrecht ausraubte, richten ihn, indem sie den vielfach Verwundeten schließlich am nächsten Baum aufhängen. Die Ordnung ist damit wiederhergestellt. Das Rittertum ist nur in einer Form von Verirrung getroffen. Die Sicht kommt nicht von unten, sondern von oben wie seit eh und je. Der Blick ist nostalgisch, der wahre Held der Vater, nach dem man früher nicht ohne Grund den Text auch benannt hat: als *Meier Helmbrecht*. Er weiß um die Voraussetzungen von Ordnung und die Ursachen des Verfalls. Mit diesem Bauern und dessen Vorstellungen von Rittern könnte der Staat leben. Nichts bräuchte sich zu ändern, alle Änderungen müssten nur rückgängig gemacht werden.

Darin trifft sich der *Helmbrecht* mit einem Text, der oft mit ihm in einem Atemzug genannt wird: einer Sammlung von 15 überwiegend satirischen Gedichten, die heute (nach einer in ihnen vorkommenden Figur) als *Seifried Helbling* bezeichnet werden. In diesem Fall handelt es sich allerdings um nichts Episches, sondern um Lehrgespräche zwischen einem Herrn und einem Knecht, um Didaktik also, die im Mittelalter ganz selbstverständlich in Verse gefasst wurde. Dabei ist das Lob der alten Zeit hier konkreter verortet. Der österreichische Autor trauert der Zeit nach, als in seinem Land die Babenberger Herzöge herrschten und zusammen mit dem Hochadel das Land regierten. Nun aber sitzen hier die aus Schwaben stammenden Habsburger, werden gar in der Person von Rudolf I. zum König des Römischen Reiches gewählt, während dessen Sohn Albrecht als Herzog fungiert. Dabei ist alles anders geworden, ja man kann sagen: In Österreich zeichnet sich die Zukunft des Reiches ab. Herzogtümer sind nicht mehr feudale Gebilde, in denen die großen Familien unter eher lockerer Führung gemeinsam das Sagen haben, sondern nun »Länder«, die nur noch einen einzigen Herrn kennen: den Landesherrn. Der profitiert vom Aussterben der großen Adels- wie Ministerialengeschlechter und lässt niemanden mehr nachrücken, der Macht auf eigene Faust ausübt. An die Schaltstellen der Macht gelangen eigene Leute, Amtsträger, die von der Zentrale aus regieren, im Namen des Landesherrn gegen die Landherren.

Noch ist im späten 13. Jahrhundert alles im Umschwung begriffen, und der Autor beobachtet als kleiner Landherr das Geschehen für ein Publikum von ebenfalls kleinen Landherren nicht nur nostalgisch, rückwärtsgewandt, sondern äußerst kritisch, ja wütend in Richtung der Neuerungen. Auch für diesen Anonymus ist die Welt aus den Fugen gegangen, aber er schildert sie in viel größerer Konkretheit. Er kennt Ritter, ist selbst einer von ihnen. Aber es handelt sich nicht um literarische Kunstfiguren, sondern um einen sozialen Stand, der mittlerweile klare Formen angenommen hat. Ritter bilden die unterste Stufe des Adels, sind passiv belehnbar, können jedoch nicht selbst Lehen vergeben. So gehören sie zu den Mannschaften größerer Herren, sowohl auf dem Land wie beim Herzog. Dies hat unterschiedlichen Rang zur Folge, und da hat das Unheil seine Wurzel: Der Herzog nimmt ehemaligen Landherren die Mannschaft weg, die nur zu unnützer Fehdeführung dient, zieht die Besseren unter ihnen als Ritter an seinen eigenen Hof. Auf diese Weise ist ein scharfer Wettbewerb entstanden, es gibt viel Auf und Ab in der gesellschaftlichen Pyramide. Ritter können Karriere machen, selbst Herren werden – oder von der Bildfläche verschwinden. Dienst wird belohnt, Dienstverweigerung oder auch nur Passivität bestraft. Niemand kann sich seiner Existenz sicher sein.

Was aus heutiger Sicht eine Umwandlung der Herrschaftsform darstellt, konnte den betroffenen Zeitgenossen offenbar nur als Willkür und Unglück erscheinen. So richtet sich die Kritik des Anonymus gegen eine seiner Meinung nach verfehlte Politik des Herzogs, die auch Ritterpolitik ist. Der wichtigste Punkt liegt in der Beratung (der der gesamte 15. Dialog gewidmet ist). Früher standen dafür die Landherren, die gemeinsam über Wohl und Wehe wachten. Nun gibt es einen Landesherrn, der willkürlich Berater um sich schare, natürlich die falschen. Der Krieg gegen die Ungarn sei darüber verlorengegangen, weil König Rudolf seinem unfähigen Sohn Albrecht freie Hand ließ. Der aber habe es geduldet, dass seine Ritter Bauern zu Rittern machten, womit die Ständepyramide völlig durcheinandergekommen sei. Dabei gehe es nur um Profite, Herzog und König plünderten das Land aus, überall am Hof gebe es Luxus, während in den Zeiten der Babenberger Schlichtheit in Kleidung und Essen herrschte. Der Schatzmeister des Königs, Heinrich von Admont, auch noch bäuerlicher Herkunft, führe im ganzen Land widerrechtlich Konfiskationen durch, um all das zusammenzuraffen, was man am Hof für die Verschwendung brauche. Landfremde, die diese Herren nun einmal sind, schickten die Reichtümer in ihre Heimat Schwaben und Kärnten, wo sie herkommen. In dieses Bild passen dann weitere Klagepunkte, zum Beispiel die Bereitschaft zur Imitation alles Fremden. Herzog Friedrich kleide sich wie ein Ungar, überall trügen die Leute ihre Haare kurz wie die Sachsen, man grüße wie in Böhmen, sei verfressen wie die Bayern und spreche albern wie die Kärntner.

Neben diesen allgemeinen Klagen geht der Anonymus alle wichtigen Punkte, die seiner Meinung nach zum Ruin des Staates führen, im einzelnen durch. An der Spitze steht der Verfall des Rechts. Selbst Kapitalverbrechen würden lediglich mit Geldbußen gesühnt. Weil die Fürsten ihre Diener aus Geiz nicht entlohnten, raubten diese die Bevölkerung aus. Im Krieg sei es am schlimmsten, wenn die Beschützer zu Plünderern würden. Einzelheiten werden aufgeführt, dass man Bauern drohe, Frau und Kinder auszuräuchern, sie selbst wie Heringe zu rösten, wenn sie sich nicht mit Unsummen freikauften. Dabei seien die Herren nicht bereit, für ihre Bevölkerung wirklich in den Krieg zu ziehen, weil der viel zu teuer ist und nichts einbringt. Für militärische Gefolgsleute, wie es die Ritter nun einmal sind, bleibe so kein Geld übrig. Am schlimmsten aber sei der Zusammenbruch der ständischen Ordnung, die Verwischung aller

Grenzen. Bäuerliche Parvenüs machten Karriere, behaupteten, mit mächtigen Familien verwandt zu sein, wo sie in Wirklichkeit noch vor zwei Generationen Schafe hüteten. Weil Herren ohne Ritter keine wirklichen Herren seien, machten sie ihre Bauern zu Rittern, um ihren Rang zu erhöhen. Diese neuen Herren aber, ständig in Eisen gekleidet, tyrannisierten das Land. Umgekehrt würden sie ihren Rittern allzu schneidiges Auftreten im Krieg verbieten, damit die nicht ihre Pferde verlören, die man dann ersetzen müsse.

Man hat sich früher von diesen Aussagen täuschen lassen und auf eine Krise geschlossen, die in Wirklichkeit nur Umstellung war. Heute weiß man: Der Anonymus spricht aus der Perspektive einer im Untergang befindlichen Ritterwelt auf dem »Lande«, die ihre Privilegien zu wahren suchte. Mit der Änderung der Verhältnisse hatte er durchaus recht, nur gehörte sie zur Neuorientierung in diesem Gebilde Territorialstaat (die durchaus zu einer neuen Form von Stabilität führte). Der neue Landesherr konnte keine selbständigen, freien Ritter gebrauchen, sondern eine Dienstmannschaft unter einheitlichem Befehl. Damit war neben dem alten ein neuer Ritter mit klaren Aufgaben entstanden: Funktionsträger in Heer und Verwaltung, herausgehoben über die Bevölkerung durch seinen Stand, aber nicht mehr wirklich frei wie in alten Zeiten. Dagegen opponiert der Anonymus. Was er nicht sieht oder sehen will: Es wurde viel dafür getan, diesen Stand aufzuwerten. Dass er ökonomisch dem aufstrebenden Bürgertum längst unterlegen war, wurde wettgemacht durch äußeren Glanz.

Ursula Liebertz-Grün: Seifried Helbling. 1981; dies.: Das andere Mittelalter. 1984; Ulrich Seelbach: Späthöfische Literatur und ihre Rezeption im späten Mittelalter. 1987; Petra Menke: Recht und Ordo-Gedanke im Helmbrecht. Frankfurt a. M. 1993; Katie Stevenson (Hrsg.): The Herold in Late Medieval Europe. 2009.

## 29
## Wappen, Herolde, Heroldsdichtung

Eines der Elemente dieses Glanzes, das zugleich ein gutes Zeugnis der Umformung des Rittertums vom Hoch- zum Spätmittelalter darstellt, ist das Wappen. Seine Herkunft ist klar ersichtlich: Als die Rüstung den gesamten Körper bedeckte, bedurfte es eines Zeichens zur Identifizierung, um in Krieg und Turnier Freund und Feind unterscheiden zu können. 1066, bei der Schlacht von Hastings, wird ausdrücklich erwähnt, dass sich Wilhelm seinen Leuten durch Anheben des Helms zu erkennen gab, um das Gerücht seines Todes zu widerlegen. Auch der Burggraf von Patelamunt erkennt Gahmuret, den Vater Parzivals, an seinem Wappen. In späteren Zeiten wird das Wappen des Lehnsherrn bei der Schlacht in einem Banner an der Lanze vorangetragen, um den zugehörigen Rittern als Orientierung zu dienen. Aber Orientierung und Identifizierung waren nur die Wurzel des Wappengebrauchs. Aus ihr wuchs ein anderes Element: die Repräsentation. Das Wappen wird zum Zeichen von Macht dank Herkunft.

Es greift auf alles über, was sich der Bemalung anbietet: zunächst auf den Schild. Aus ersten Mustern entstehen Symbole mit Erinnerungswert, wie sie der in Luzern aufbewahrte Seedorfer Schild (der älteste erhaltene überhaupt) mit seinem Löwen aus der Zeit um 1200 zeigt. Der hohe Adel geht dabei voran. Schon im 13. Jahrhundert entstehen erste Wappenbücher bzw. Wappenrollen, die den Bestand zusammenfassen und zugänglich machen. Vom Schild breitet sich das Wappen über die gesamte Rüstung bis zur Pferdedecke aus. Mittlerweile hat der hohe Adel Nachfolge gefunden, Wappen eignen sich nun auch Vertreter des niederen Adels, die Ministerialen, schließlich die reichen Städter an. Für die Miniaturenmaler der Manessehandschrift kann ein adliger Herr nicht mehr ohne Wappen existieren, und wo sie unbekannt sind, werden sie erfunden – wie die merkwürdigen Beile zum Beispiel von der Helmzier bis zur Pferdedecke im Falle von Wolfram von Eschenbach, der nach seiner eigenen Aussage im *Parzival* Ritter war (*schildes ambet ist mîn art*) und

Eine Handschrift des *Parzival* zeigt, wie der Burggraf von Patelamunt Gahmuret entgegenreitet, nachdem er ihn am Wappen erkannt hat.

entsprechend dargestellt sein will. Auch Lehnsbande lassen sich über das Wappen verdeutlichen, wenn Lehnsleute ein Symbol ihres Herren in ihr eigenes Wappen aufnehmen bzw. aufnehmen müssen.

Ohne Wappen also kein Ritter, ja das Anrecht auf ein Wappen ersetzt oder verdrängt Schwertleite wie Ritterschlag. Damit hat das einst lediglich auf Identifizierung angelegte Zeichen eine beachtliche Karriere gemacht. Schon um sich gegen unerwünschte Nachahmung zu schützen, setzt sehr rasch eine eigene Wappenkunde ein, die

Der Schild von Seedorf, der zwischen 1180 und 1220 entstanden ist, gilt als der älteste erhaltene Schild (Normannenschild) eines Ritters überhaupt. Er trägt das Wappen der Herren von Brienz mit silbernem Löwen im blauen Feld. Er hing im Kloster Seedorf als Totenschild des Stifters Arnold von Brienz, der vermutlich 1225 starb.

Regeln aufstellt, nach denen zu verfahren ist bzw. nach denen Missbrauch festgestellt werden kann. Fünf Farben sind erlaubt: blau, rot, grün, schwarz, purpur, weiter zwei Metalle: Gold und Silber, schließlich zwei Pelzwerke: Hermelin und Feh (graues Eichhörnchen). Korrekt ist ein Wappen nur, wenn Farben und Metalle auf rechte Weise nebeneinander zu liegen kommen, möglicherweise zunächst der besseren Erkennbarkeit wegen Farbe neben Metall und nicht etwa Metall neben Metall. Danach war zum Beispiel das frühe Wappen Gottfrieds von Bouillon, in dem auf silbernem Grund ein goldenes Kreuz lag, regelwidrig. Bis in die spätere Flaggengestaltung hatte dies Auswirkungen, wonach die deutsche Flagge mit schwarz/rot/gold letztlich einen heraldischen Fehler enthält, während die belgische mit schwarz/gold/rot genau der Regel entspricht. Auch für Muster und Symbole existierten Vorschriften, für waagrechte Balken (wie den silbernen Balken im roten Wappenschild Österreichs), für Schrägrechts- bzw. Schräglinksbalken genauso wie für die Verwendung von Vögeln, Landtieren oder Garben, wobei wieder heraldische von unheraldischen Exemplaren unterschieden wurden. Weiter spielen »sprechende« Wappen eine wichtige Rolle. Der Hecht, englisch *luce*, gehörte zum Wappen des Richard de Lucy, die Affensteins in Deutschland führten einen Affen, der einen Stein bricht. Spektakulärer jenes Rebhuhn, das mit seinen angeblich homosexuellen Neigungen die entsprechende Veranlagung seines ritterlichen Trägers verdeutlichen sollte (wie es der englische Jurist Nicholas Upton für einen »gewissen Edelmann« erfahren haben will, dessen Namen er jedoch verschweigt).

Obwohl im Prinzip der Führung eines Wappens kein wirkliches Recht zugrunde lag, spielte Wappenverleihung bald eine wichtige Rolle. Während in Frankreich Adelserhebungen per Patentbrief erfolgten, existierte dafür vor allem in England die Wappenverleihung. 1338 soll Ludwig IV. (der Bayer) erstmals als Kaiser ein Wappen ausgegeben haben, womit entsprechendes Renommee verbunden war. Auf jeden Fall zeigte sich Geschlechterstolz im Wappen, und häufig wählten Aufgestiegene ein neues Wappen, um ihren Rang zu symbolisieren, wie es etwa von Wary de Rochefort nach seinem Ritterschlag am Heiligen Grab berichtet wird. Andererseits gibt es nach französischem Vorbild genaue Vorschriften für die Abwandlung des

Wolfram von Eschenbach im Codex Manesse. Das Wappen mit den Beilen, die über die Rüstung bis zur Pferdedecke verteilt sind, stellen freilich ein eher eigenartiges Phantasieprodukt dar.

Wappens innerhalb der Familie. Der älteste Sohn trug zu Lebzeiten des Vaters dessen Wappen unter Hinzufügung des sogenannten Turnierkragens. Bei Erbteilung konnte dies zum Wappen der jüngeren Linie werden. Eine andere Möglichkeit ist der Farbenwechsel, wenn statt roter Figur auf goldenem Grund eine silberne auf blauem zu stehen kommt. Eine wieder andere Möglichkeit bietet das Freiviertel: ein frei gewähltes Zeichen, etwa ein Stern, im oberen rechten Viertel. Der Schrägfaden als Abwandlung im 13. Jahrhundert wird im 15. zum Zeichen einer Bastardlinie.

Wenn man bedenkt, dass das Wappen bis hin zum Grabschmuck eine Rolle spielt, wird deutlich, wie sich Standesbewusstsein gerade in diesem Zeichen bündelt. Schon bei der Verwendung in der Schlacht wurde von einem Zeitgenossen gesagt, dass sich niemand leisten konnte, ein Feigling zu sein, weil das Wappen ihn kenntlich machte. Umgekehrt kann Kriegsruhm gewissermaßen ins Wappen eingehen und noch einen Verstorbenen als Mitglied einer großen Familie ausweisen. Wenn man unterstellt, dass Zeitgenossen die Wappen kannten bzw. zu lesen verstanden, wird deutlich, wie wichtig es war, dass sie in Kirchen und Repräsentationsräumen von Schlössern und Burgen prangten. Was heutigen Besuchern als buntes Sammelsurium oder vielleicht bloße Verzierung ansonsten leerer Wände erscheint, diente den Zeitgenossen als unverzichtbarer Ausweis von Zugehörigkeit.

Die Kompliziertheit der Wappenkunde aber brachte einen Spezialisten zur Geltung, der sich nach seinem Wissen (der Heraldik) nannte: den Herold. Schon mit der Entstehung des Turniers am Ende des 12. Jahrhunderts taucht er auf, als es galt, Ritter aufgrund ihrer Wappen zu identifizieren und dem Publikum anzukündigen. Er kennt den Aufbau von Wappen und kann sie entsprechend deuten: die Kunst des Blasonierens (nach französisch *blason*, einem beschreibenden Gedicht). Am Ende des 13. Jahrhunderts greifen auch höfische Dichter auf diese Kunst zurück, wenn sie bei der Beschreibung von Turnieren ausführliche Wappendeutungen geben: Konrad von Würzburg in seinem *Turnier von Nantes* genauso wie Ulrich von Liechtenstein in seinem *Frauendienst*. Das 14. Jahrhundert aber bringt den Herold als unverzichtbare Figur der nun schon sehr künstlich gewordenen Ritterwelt hervor. Es geht nicht mehr nur um

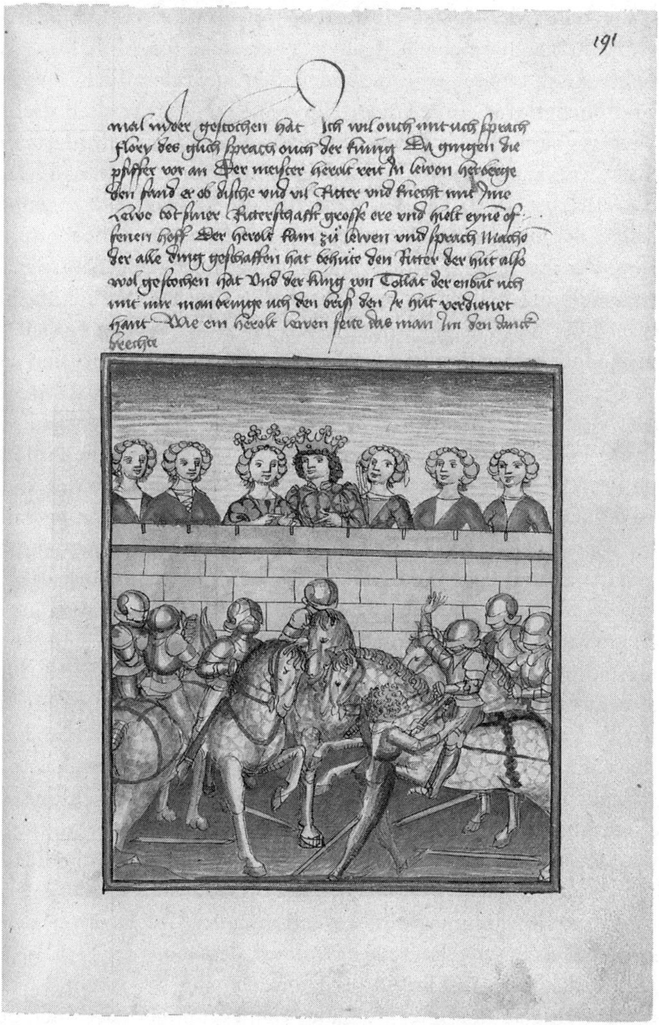
191

mal wider gestochen hat Ich wil ouch mit uch sprach
flory des glich sprach ouch der kung Da gingen die
pfiffer vor an Der meister herolt reit zu lewen herberge
den fand er ob dische vnd vil Ritter vnd knecht mit yme
lewe hat syner Ritterschafft grosse ere vnd hielt eyne of
fenen hoff Der herolt kam zu lewen vnd sprach Macht
der alle dingk geschaffen hat behute den Ritter der hut also
wol gestochen hat Vnd der kung von Tollat der enbut uch
mit mir man bringe uch den preiß den ir hut verdienet
hant Wie ein herolt lewen seite das man im den danck
brechte

Die Darstellung in einer Handschrift des *Herpin* von Elisabeth von Nassau-Saarbrücken zeigt, wie ein Herold dem Ritter Lewe die Nachricht von seinem Sieg überbringt. Die Illustrationen der Handschrift entstanden um 1470 in der Werkstatt Ludwig Henfflins.

das Vorstellen der Ritter zu Beginn von Turnieren. Der Herold übernimmt zeremonielle Aufgaben, überwacht die Einhaltung ritterlicher Kampfweise, zählt besondere Schläge, führt Buch über Siege und Niederlagen. Im Hundertjährigen Krieg tritt er als Botschafter der gegnerischen Parteien auf, übermittelt Herausforderungen und die Anerkennung von Niederlagen, organisiert Waffenstillstand und Geiselaustausch. Bei der Schlacht von Azincourt bezogen die Herolde der feindlichen Lager einen gemeinsamen Beobachtungsposten. Zu dieser Zeit ist der Herold eine inoffizielle Amtsperson mit Ausbildung und Karrieremöglichkeit geworden. Vom einfachen Servant über den Herold eines großen Herrn entwickelt er sich bis zum Wappenkönig, der die Herolde ganzer Länder anführt und sich nach diesen nennt: als *Luxembourg*, *Deutschland*, *Ungarland* beispielsweise.

Diese Herolde beginnen zu schreiben. Dazu gehört die Anfertigung von Wappenbüchern, von denen das *Wappenboek* des Claes van Heynen aufgrund der Ausführlichkeit, mit der die Wappen aller europäischen Rittergeschlechter in prächtigen Abbildungen zusammengetragen und kommentiert sind, am berühmtesten wurde. Interessanter aber ist die Tatsache, dass sich dieses Schreiben auch literarisch entwickelt: als Fürstenlob, das immer schon in der Kunstform der Ankündigung zum Kernbestand der Aufgaben gehörte. Nun aber geht es um eine Form von Anpreisung, die den großen Herren in der Form der Gedächtnispflege eine Erhöhung verleiht. Man kann es auch schärfer ausdrücken: Während die ritterliche Bewährung in der Realität immer weniger möglich ist, weil die Entwicklung der Waffentechnik den Einzelkampf auf zeremonielle Formen abdrängt, springt das dichterische Lob in die Bresche. Natürlich ist dies durchschaut worden, haben Kritiker diese Form der »Geschichtsschreibung« als verlogen hingestellt, wie schon in der *Geschichte Williams des Marschalls* bereits die Rede davon war, dass einer der Helden seinen Ruf allein einem Herold verdanke, der ihn bei jedem Turnier stimmgewaltig ankündigte. Nun aber geht es um mehr als einen persönlichen Ruhm, der auf bloßer Bestechung beruht. Es geht um Legitimierung von Herrschaft überhaupt in einer Zeit, in der die ursprüngliche Legitimation durch persönliche Bewährung nicht mehr möglich, eine neue im Sinne des sich erst herausbildenden Territori-

Im 15. Jahrhundert wurden Turniere literarischen Vorlagen nachgespielt. Dabei übernimmt manchmal auch ein Zwerg die Funktion des Herolds, wie in der Handschrift von *Pontus und Sidonia*, die ebenfalls im 15. Jahrhundert in der Werkstatt von Ludwig Henfflin entstand.

Das *Wapenboek* des Claes von Heynen entstand um 1405.

alstaates aber noch kaum Erfolg verspricht. In diese Lücke springt die Mythisierung der Taten großer Herren bzw. von Taten, die solche Größe allererst zur Geltung bringt.

In Deutschland hat es einer dieser Herolde zu Ruhm gebracht, weil ihm der Übergang von der Blasonierung zur »Geschichtsschreibung« besonders gut gelang: Peter Suchenwirt, der schon im Namen seine Profession andeutet (als einer, der einen Auftraggeber suchte, um für seine Dienste entlohnt zu werden). Typischerweise von bürgerlicher Herkunft, arbeitete er zunächst als einfacher Bote, übernahm als Heroldsgehilfe, sogenannter Persevant, Aufgaben im höfischen Dienst und wurde dann Herold unter verschiedenen Herren, besonders bei Albrecht, dem Burggrafen von Nürnberg, sowie bei Herzog Albrecht III. von Österreich, einem der mächtigsten Fürsten des gesamten Reiches. Als er seine Gedichte in einer Sammlung herausgab, erhielt sie den kennzeichnenden Titel: *Heldenbuech oder beschreibung XX Oesterreichischer ... beruembten helden ritterlicher thaten*.

Das wichtigste Kennzeichen dieser Art Literatur ist nach Suchenwirt die Herausstreichung wahren Rittertums in einer Zeit, in der dessen Werte mehr und mehr vom Verfall bedroht seien – Unterfütterung des Lobs derjenigen, die noch bereit sind, diese Werte aufrechtzuerhalten. Dabei rangiert das Rittertum ausdrücklich über dem Geburtsadel (»der Ritterstand gleicht dem Gold, der Adel dem Silber«), die Werte sind die überkommenen: Der wahre Ritter beschirme Witwen und Waisen, diene Gott und reinen Frauen, heißt es. Der falsche Ritter dagegen sei fröhlich an der Tafel, ehrenrührig gegen Frauen, prahlerisch gegen jedermann, verbringe seine Zeit bei Nacht und mit viel Alkohol. Suchenwirt weiß auch um die Probleme der Ritter, die Fehden der Städte gegen den Adel mit der Vernichtung der Bauern, ohne die kein Ritter leben kann. Dass die Turniere verfallen, schade der Übung eines Standes, dessen Beruf der Krieg ist. Und wenn schon Ritter sich zu Turnieren begäben, dann suchten sie die Bequemlichkeit der »Stechen« mit ungefährlichen stumpfen Waffen gegenüber den »Rennen« mit scharfen. Dabei ist Suchenwirt ein scharfer Beobachter besonders des Kriegswesens. Zur Schlacht von Poitiers notiert er die Aufstellung der Schützen in der ersten Reihe, zur Schlacht bei Sempach berichtet er über den

Zank ums Vorfechten der Ritter, was letztlich mangels jedweder Taktik die Niederlage auslöste.

Am berühmtesten aber wurde das Gedicht, das unter dem Titel *Von Herzog Albrechts Ritterschaft* die ausführliche Beschreibung der sogenannten Preußenfahrt des Jahres 1377 wiedergibt. Nachdem die Kreuzzüge als Bewährung der Ritter längst der Vergangenheit angehörten, waren es in Deutschland die sowohl im Winter wie im Sommer durchgeführten Überfälle auf die heidnischen Preußen in Litauen, die als Ersatz dienten. Auch ein Herzog also will Ritter werden und bedient sich der förmlichen Erhebung. Mit Edelknechten, Rittern, fünfzig Dienstleuten und fünf Grafen zieht man in einen mehr als ungleichen Krieg *durch got, durch er [Ehre], durch ritterschaft*. Von Wien geht es über verschiedene Städte nach Nordosten bis Königsberg, einer der beiden Ordensburgen des Deutschen Ritterordens (neben der Marienburg, dem eigentlichen Hauptsitz), wo der Hochmeister wie ein Landesfürst residiert. Dort wird zunächst einmal mit Anleihen an die Artusrunde üppig an der berühmten »Ehrentafel« gefeiert (*vil gehoft und wol gelebt*), die Mahlzeiten finden unter Posaunen und Pfeifenschall statt. Ritter und Edelknechte werden mit Gold und Silber ausgezeichnet (*nach ritterlichem recht*), auch Peter Suchenwirt selbst als Herold nicht vergessen.

Dann geht es gegen den Feind Richtung Memel. Angeblich machen die Preußen Schwierigkeiten, Pferde und Mannschaften leiden. Aber mancher stolze Held bewährt sich aufgrund von *mynne prunst*, tritt an zum *tantz mit den heiden*, dass sechzig von ihnen tot dalagen, wonach man ihre Dörfer in Brand steckte. Unter dem Slogan *besser ritter als knecht* muntert ein Graf seinen Herzog zu entsprechenden Taten auf, worauf 74 Knechte (*mit erenreichem slag*) zu Rittern geschlagen werden. Dann kann man wieder *ritterlich* den Heiden nachjagen, die angeblich mit lauter Stimme wie Tiere brüllen. Viele schlägt man tot, Frauen und Kinder werden gefangen und wie Jagdhunde zusammengebunden abgeführt. Gänse, Hühner, Schafe, Kühe, Pferde und sogar Honig dienen als Beute. Dann kommt man bis zu den Russen, von denen einige erstochen werden. Wieder geht es ans Feiern, mittlerweile mit 82 frischgebackenen Rittern, die hin und wieder auf Abenteuer ausreiten, indem sie Häuser

Domenico Quaglio: Der Hochmeisterpalast der Marienburg. Ölgemälde, 1835/36.

anzünden. Zuletzt trifft man sich wieder in Königsberg, wo Ruhe und Feststimmung herrschen und Ritter aus ganz Europa den »Sieg« mitfeiern.

Aus heutiger Sicht ist dies die schwer erträgliche Darstellung eines Unternehmens, dessen Brutalität, ja Absurdität auf der Hand liegt (und nach der 1410 verlorenen Schlacht bei Tannenberg so auch nicht mehr wiederholt werden konnte). Wenn man irgendwo Anlass hat, Kritik an den »Maulwurfsaugen« zu äußern, mit denen Peter Suchenwirt Geschichtliches darstellt, dann an diesem Beispiel. Nur zeigt es eben auch, worin die Funktion des Herrscherlobs durch einen Herold einmal lag. Gerade weil sich Herzog Albrecht eben in der Realität nicht (mehr) als Ritter beweisen konnte (und wollte), verschiebt sich ritterliches Handeln in den Bereich eines ebenso künstlichen wie (mangels ebenbürtiger Gegner) ungefährlichen »Kreuzzugs«. Der Führungsanspruch eines Herzogs ist vorerst ohne Rittertum nicht zu sichern. Verwunderlich daran ist allenfalls, dass so wenig Rittertum genügte. Es war geradezu die Aufgabe des dichtenden Herolds, diesen Graben mit seiner sprachlichen Kunst zu überbrücken. In dem Augenblick, in dem die Fürsten der Renaissance ihre Legitimation statt auf ein solches künstliches Rittertum auf reale Macht gründeten (wie es Machiavelli klarsichtig formulierte), verschwanden die Herolde bzw. wurden reine Statisten.

Hartmut Boockmann: Der deutsche Orden. 1982; Claudia Brinker: Von manigen helden gute tat. Geschichte als Exempel bei Peter Suchenwirt. 1987; Werner Paravicini: Die Preußenreisen des europäischen Adels. Bd 1. 1989; Maurice Keen: Das Rittertum. 1991 (zuerst 1984); Jaroslaw Wenta [u.a.] (Hrsg.): Mittelalterliche Kultur und Literatur im Deutschordensstaat in Preussen: Leben und Nachleben. 2009 (bes. W. Achnitz); Peter von Moos (Hrsg.): Rhetorik, Kommunikation und Medialität. 2006 (bes. P. von Moos); Malte Prietzel: Krieg im Mittelalter. 2006.

## 30
## Johannes Rothe

Im 14. Jahrhundert hat der Ritter als Vertreter des niederen Adels festere Konturen angenommen. Als soziale Gestalt ist er der Einschildritter geworden, der freilich in verschiedenen Rollen erscheint: als Gefolgsmann eines Landherren ebenso wie des mächtigen Landesherrn, einsam auf einer Burg sitzend oder in großer Hofgesellschaft lebend, mit Verwaltungsaufgaben wie der Steuereintreibung beschäftigt oder auf Kriegszug. Wo Lehrschriften entstehen, gilt die Aufmerksamkeit dieser sozialen Figur, auch wenn sie mit Zügen der Ritterideologie ausgestattet wird, die weiter bei großen Herren lebendig bleibt. Als Konrad von Ammenhausen 1337 (nach etwas älterem lateinischem Vorbild) in seinem *Schachzabelbuch* die mittelalterliche Gesellschaft im Bilde der verschiedenen Schachfiguren schildert, ist der Ritter derjenige, der mit seinen Waffen Schutz und Schirm bietet – an erster Stelle für die Kirche, dann für Witwen und Waisen, schließlich für Bauern und Kaufleute. Nicht zufällig ist seine Figur auf dem Schachbrett das Pferd, und nicht zufällig steht er hinter dem »Bauern«, der das Schmiedehandwerk verkörpert. Es muss Leute geben, die ihn ernähren und kleiden bzw. wappnen, dafür beschützt er sie. Was seit dem 11. Jahrhundert als Sinn der Ständeordnung beschworen wird, wiederholt sich noch einmal unter neuer Vokabel: dem »gemeinen Nutzen«.

Auch zwei Generationen später scheint sich daran nichts Entscheidendes geändert zu haben. Diesmal griff nach 1414 ein Lehrer der Stiftsschule in Eisenach zur Feder, ein gelehrter Mann, der auch eine Chronik von Thüringen und die wichtigste *Vita* der großen thüringischen Heiligen, Elisabeth, schrieb. Der *Ritterspiegel*, wie Johannes Rothe sein Werk selbst nannte, hat nicht den idealisierten, sondern den realen Ritter im Blick und benutzt dabei die Vokabel Konrads von Ammenhausen: den »gemeinen Nutzen«, an dem sich auch sein Ritter orientieren soll. Aber dieser Johannes hatte nicht nur viel mehr Platz für seine Darstellung (4108 Verse). Der Ritter gewinnt bei ihm auch viel klarere Konturen. Wir erfahren Einzelheiten über Schul- und Ausbildung, über Schwertleite und Wappen, über wirtschaftliche Verhältnisse und den Einsatz als Soldat im Heer. Gewiss greift Johannes Rothe auf ältere Vorbilder zurück, kritisiert seine Ritter mit den Worten von Peter von Blois aus dem frühen 13. Jahrhundert und hat alle militärischen Kenntnisse aus dem spätantiken Vegetius, der in ganz Europa verbreitet war und heute noch in mehr als 500 Handschriften existiert. Aber die Vorbilder passen sich einem Gesamtbild ein, das der sozialen Realität nahekommt, auch wenn die spärliche Überlieferung in nur einer einzigen erhaltenen Handschrift nicht für großes Interesse in seiner Zeit spricht.

Schon der Einstieg ist bezeichnend: Ein Mann von altem Adel beschwert sich darüber, dass der Sohn eines Bauern den Aufstieg schafft, während Adlige sich nicht behaupten können. Die Antwort aber lautet, dass Vertreter des alten Adels Räuber geworden seien, den Dienst nicht ernst nähmen und die Armen nicht schützten. Adel komme nicht von Geburt, sondern von Leistung, und das Buch gebe Auskunft darüber, worin diese Leistung liege. Es ist also nicht die *Seifried Helbling*-Lehre mit der Perspektive des bedrohten Ritters, sondern gerade umgekehrt die eines Ritters, der in der sozialen Pyramide seinen erhöhten Platz zu Recht behauptet. Diesen Ritter gibt es also, auch wenn Rothe davon ausgeht, dass er eher die Ausnahme darstellt. Aber jeder kann aufsteigen, die soziale Leiter aus der Unfreiheit bis zum Königtum sei in sieben Generationen zu bewältigen. Dienst werde mit Besitz entlohnt, genügend großer führe zur Rittererhebung, mit einer Burg steige man in den erblichen Adelsstand auf, habe selbst wieder Ritter unter sich, erreiche den Grafenstand und so weiter – wenn es nicht genau umgekehrt bergab gehe. In dieser Pyramide mit ihren sieben Stufen (der »Heerschildordnung«) hat sich nun der Ritter fest auf der untersten siebten in der Gruppe der »Rittermäßigen« (mit seinen Knechten) etabliert, nachdem noch der *Sachsenspiegel* im frühen 13. Jahrhundert die Stelle leer ließ und damit außerhalb des Adels stellte. Auf diesen Einschildritter aber konzentrieren sich dann die Ausführungen.

Dem widerspricht es nicht, dass Rothe auch die Entstehung und Entwicklung des ritterlichen Standes in einem allgemeineren Sinne und dabei die Wappenkunde ausführlich behandelt (mit Einzelheiten der Abwandlung von Familienwappen bei nichtregierenden Söh-

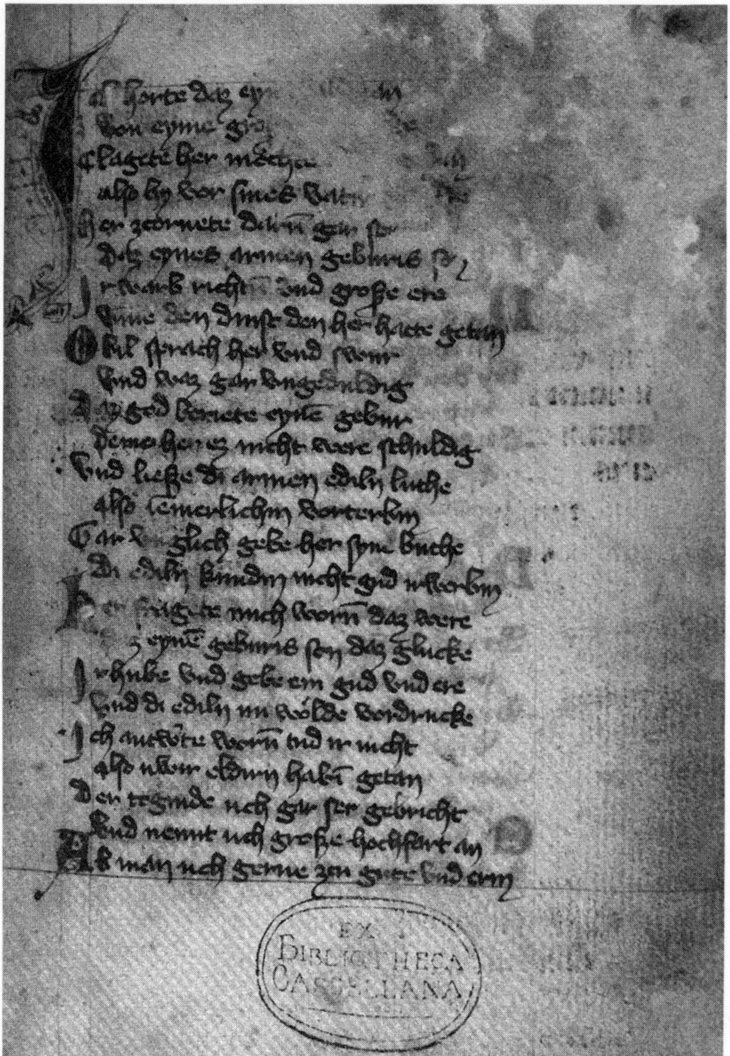


Textbeginn des *Ritterspiegels* mit Akrostichon JOHA, das auf 25 Verse verteilt ist.

nen). Auch die stark kirchlich orientierte Schwertleite ist noch einmal mit ihrer Symbolik berücksichtigt, wie wir es seit hochhöfischen Zeiten kennen und die Rothe mit dem lange zurückliegenden Beispiel der Schwertleite Ludwigs IV. von Thüringen (des Ehemannes der heiligen Elisabeth von Thüringen) aus dem Jahre 1218 veranschaulicht. Schließlich könnte man die Einteilung der Ritter in drei Arten, nämlich biblische, Räuber/Mörder und christliche, als rein »theoretisch« einordnen. Aber dieser christliche Ritter ist eben der zeitgenössische, der unter einem Fürsten für den gemeinen Nutzen kämpft und dabei dem Feind mit militärischen Kenntnissen entgegentritt. Es ist ein christlicher Ritter, aber kein *miles christianus* in irgendeinem ideologischen Sinne, auch wenn nebenbei noch vom Kampf gegen Ketzer und Heiden die Rede ist. Dieser christliche Ritter hat sehr konkrete Pflichten und Aufgaben im entstehenden Fürstenstaat, ganz besonders militärische, die ihn zum »Berufsritter« machen. Schon in den allerersten Beschreibungen kommt es zu Bemerkungen über korrekte Fehdeansage (drei Tage vorher) bis zu körperlichen Voraussetzungen eines guten Ritters, wozu ein mäßiger Bauch sowie starke Arme und Beine gehören (nach Vegetius).

Genauere Angaben folgen dann in sieben Kapiteln zu den ritterlichen Standesprivilegien (*vorteile*). Der Ritter führt als erstes das Schwert, aber eben im Namen christlicher Ideale und in grundsätzlicher Demut. Dazu gehört eine Lehre vom gerechten Krieg, die den üblichen Autoritäten bis zu Augustinus folgt. Der Ring steht für Treue. Beim Knecht geht es um die Einhaltung der Standespflichten, wobei Rothe noch einmal breit das Argument des Tugendadels ausführt: »Ein ... dummer Adliger, der sich keinerlei Sache schämt, ist einem gekrönten Esel gleich ... Was nützt einem seine edle Geburt bei bösen, bäurischen Sitten, der weder weise ist noch seine Worte recht gebraucht. Was schadet sie einem Bauern, der redlich ist und spricht und gelehrt ist? Der ist ein rechter Edelmann ... Viel besser ist es auf dieser Erde, von einem armen, demütigen Geschlechte zu einem Herrn oder Ritter zu werden als von einem Herrn zu einem Knecht ...« Zu den weiteren Privilegien gehört es, Gold am Gewand und bunte Kleidung (die auf die Vielzahl von Tugenden weist) zu tragen, auf die Anrede »Herr« Anspruch zu haben und schließlich das Händewaschen am Tisch, das den Ritter ermahnen soll, sich von

Gier frei zu halten. Gier ist dabei Besitzgier mit nächtlichen Raubzügen, auch Wucher. Demgegenüber soll der Ritter, falls sein Sold nicht ausreicht oder der Besitz nicht genügend abwirft, in Maßen Handel treiben, Pferde züchten und bei der Ernte selbst Hand anlegen. Wer sein Pferd zum Pflügen anspanne, halte es gesund, heißt es. Schließlich kann der Ritter seine Waffen im eigenen Haus herstellen und Viehzucht betreiben.

Dann beginnt der zweite Teil, der ausschließlich dem Krieg gewidmet ist. Man sieht allein an dieser Proportionierung deutlich, welche Rolle der Ritter dieses Typs spielt: Er ist Soldat bzw. Offizier. Aber es hat sich ein deutlicher Wandel vollzogen. Der Krieg dient nicht als Bewährungsprobe für ritterliche Tugend, der Krieg ernährt vielmehr den Ritter. Dafür darf er sich nicht blindlings in die Schlacht stürzen, sondern ganz im Gegenteil: Er übt ein Handwerk aus wie andere auch. Voraussetzung ist die Gerechtigkeit des Vorgehens, am klarsten der Verteidigungsfall, bei dem Ritter im übrigen Söldnern überlegen seien, weil sie sich ihren Herren verbunden fühlten – die Wirklichkeit sah hier freilich anders aus. Penibel tüftelt Rothe Situationen aus, in denen die sonst über allem stehende Vasallentreue aufgekündigt werden darf. Ausdrücklich soll der Ritter nicht kriegsversessen sein, im Falle des Ausbruchs klug planen, den gemeinen Nutzen im Auge haben und überhaupt Nutzen und Schaden abwägen, wobei der Satz des Vegetius fällt vom Krieg als dem »letzten Mittel«.

Vor dem Kampf aber steht die Erziehung dazu. Rothe verlangt Kenntnisse in den sieben freien Künsten und sieben Tugenden (wie Maßhalten bei Essen und Trinken), ehe es zu den eigentlichen sieben ritterlichen Fertigkeiten kommt: Reiten, Schwimmen, Schießen (mit Fernwaffen wie Bogen, Armbrust und den ersten Büchsen als Feuerwaffen), Klettern, Turnieren, Ringen sowie höfische Fähigkeiten wie Tanzen, Musizieren und die Beherrschung von Brettspielen. Zur Vorbereitung der Schlacht bedarf es eines Fachwissens, das ganz auf Vegetius aufbaut. Greifen wir nur ein Detail heraus: das Blankputzen der Waffen, mit dem man den Gegner erschreckt, statt ihn mit rostigen siegessicher zu machen. Zur Schlacht selbst (Vegetius-Zitat: »Wer den Frieden wünscht, muss sich auf den Krieg vorbereiten.«) gibt es taktische Anweisungen zur Aufstellung der Soldaten (mit den

Erfahrenen vorn und hinten, um die Unerfahrenen an der Flucht zu hindern) und zur Wahl des Kampfplatzes (mit Berücksichtigung von Sonne und Wind bzw. Staub). Eher eigenartig das Eingehen auf den Glaubenskrieg mit der Aussicht auf die Märtyrerkrone und offener Ausnahme der Heiden von jeder Art von Schonung. Und eher traditionell die ständesatirischen Klagen über zeittypische Mängel wie Prunksucht und Verweichlichung nach den Briefen des Petrus von Blois aus dem frühen 13. Jahrhundert (»militärische Disziplin hat sich in die Freiheit verwandelt, Verbrechen zu begehen«). All dies klingt aus mit Anmerkungen zur Behandlung der Truppe, zum Verhalten bei längeren Kriegen, mit Erläuterungen zur Wasserversorgung und Verpflegung, schließlich mit Eigenschaften eines guten Heerführers.

Man kann es auf den einen Punkt bringen: Um 1400 ist das Bild des Ritters als Berufssoldat fertig. Fast erscheint es als Kunststück, wie in diese Realität die Versatzstücke des alten Ritterbegriffs mit seinen Ehrvorstellungen eingebaut sind. Aber darin liegt das Entscheidende: Der Ritter erleidet nicht einfach eine Krise oder verschwindet gar von der historischen Bildfläche. Der Ritter wandelt sich, nimmt alte Qualitäten auf in ein neues Bild. Dabei hat Rothe fast nur den militärischen Aspekt betont. Gut hundert Jahre später wird auch der Hofmann als Umschmelzung des Ritters auf der Bildfläche erscheinen, wenn etwa Baldesar Castiglione sein *Buch vom Hofmann* schreibt und zum Beispiel die Kunst des Verbergens als einen Grundzug des Auftretens herausstellt. Umschmelzen ist also das Stichwort. Aber es gab auch andere Möglichkeiten der Fortsetzung, spielerische zum Beispiel. Wir fassen sie in den Ritterorden und Adelsgesellschaften des 15. Jahrhunderts.

Peter Uwe Hohendahl / Paul Michael Lützeler (Hrsg.): Legitimationskrisen des deutschen Adels 1200–1900. 1979 (bes. Gerhild S. Williams); Christoph Huber / Pamela Kalning: Kommentar zur Ausgabe von Johannes Rothes *Ritterspiegel*. 2009; Christoph Huber: Wappen und Privilegien. Standessymbolik im ›Ritterspiegel‹ des Johannes Rothe. In: Christiane Ackermann / Ulrich Barton (Hrsg.): Texte zum Sprechen bringen. 2009.

# 31
# Weltliche Ritterorden

Mit den Templern war in Europa die Idee des geistlichen Ritterordens entstanden und hatte rasch Ausbreitung gefunden. Die große Katastrophe folgte 1302, als Philipp IV. von Frankreich (der Schöne) einen Ketzerprozess gegen seine Mitglieder anstrengte und schließlich das Vermögen teils dem Johanniterorden, vor allem aber sich selbst aneignete. Seither erlahmte der Schwung der Kreuzfahrerei ins Heilige Land, ging mit der Niederlage des ungarisch-burgundischen Ritterheeres bei Nikopolis 1396 endgültig zu Ende bzw. verlagerte sich auf die Reconquista in Spanien und die Preußenfahrt im Osten.

In der Zwischenzeit aber war es zu neuen und andersartigen Orden gekommen. 1330 gründete König Alfons XI. von Kastilien den Orden von der Schärpe, 1348 König Eduard III. von England den Hosenbandorden, 1351 König Johann von Frankreich den Sternenorden, 1403 der Herzog und spätere König Ferdinand von Aragón und Sizilien den Kannenorden, 1408 der deutsche König Sigismund den Drachenorden (dem ein Jahr später der österreichische Salamanderorden beitrat), 1431 Philipp der Gute von Burgund den Orden vom Goldenen Vlies, 1444 Herzog Albrecht Achilles von Brandenburg den Schwanenorden – um die wichtigsten zu nennen. In allen Fällen handelt es sich um Laienbruderschaften ohne die Gelübde von Armut, Keuschheit und Gehorsam. Und in allen Fällen treten souveräne Herrscher an die Spitze, die nicht ohne Absicht handeln. Es geht um Bindung adliger Gefolgsleute unter Anknüpfung an die große Zeit des Rittertums.

Man kann es am besten am bekanntesten dieser Orden, dem mit dem Hosenband, belegen. Der englische König befand sich damals im Krieg mit Frankreich und suchte Unterstützung. In der St.-Georg-Kapelle von Windsor erfolgte die Verleihung, hier fanden die feierlichen Treffen statt. Der heilige Georg war seit Kreuzfahrerzeiten Schutzpatron der Ritter, aber es gab auch eine Anknüpfung an Artus und dessen Tafelrunde. König Sigismund wurde gewonnen, weil er selbst einen Verbündeten gegen Frankreich gut gebrauchen konnte, und trug das Ordenszeichen, das Hosenband, beim Konstanzer Konzil (wie der englische Botschafter erfreut berichtete). Er selbst hatte noch vor Beginn des Konzils 1413 den Drachenorden gestiftet, mit dem er Gefolgsleute beim Kampf gegen den ungarischen Adel sammelte, der ihm (nach der Niederlage bei Nikopolis) die Krone streitig machte. Auch der Orden vom Goldenen Vlies galt einem Bündnis, in diesem Fall der Unterstützung Burgunds gegen Frankreich, und wurde ausdrücklich nur verliehen, wenn der Träger jeden anderen Orden ablehnte. Dies war nicht immer Bedingung. Aber das Element der »ritterlichen« Gefolgschaft ist den Orden stets gemeinsam. Es erhielt mit der Verleihung des Zeichens, an dem der Begriff des Ordens bis heute haftet, eine nach außen sichtbare Bekräftigung.

Auf diesen Zeichen beruhte entsprechend die Attraktivität, und die Verleiher förderten dies durch religiöse Zeremonien, die der politischen Stoßrichtung eine Art Weihe verliehen. Die Angehörigen waren zur Teilnahme an Treffen verpflichtet, Seelenmessen für Verstorbene hielten die Mitglieder zusammen. Wenn darin nostalgische Anklänge an mittelalterliche Gefolgschaftstreue liegen, so wurde dies noch überboten durch Orden, die mit der Organisation von Turnieren verbunden waren, um »ritterliche« Waffentaten zu ermöglichen, die entsprechenden Gelöbnissen folgten. Man hat diese Orden auch als »Gelübdeorden« bezeichnet und den »Hoforden«, die an Herrscherhöfen nach dem Vorbild der Tafelrunde gestiftet wurden, an die Seite gestellt. Man könnte auch nach einer Orientierung an Kriegen und Turnieren unterscheiden. Der Marschall Boucicaut, selbst Turnierheld (und Teilnehmer an den Schlachten von Azincourt und Nikopolis), hatte den Orden von der Weißen Dame mit dem grünen Schild gegründet, bei dem es darum ging, die Ehre der Damen zu beschützen. Dazu gehörte das Gelübde, fünf Jahre im Dienst schutzloser und mittelloser Frauen zu absolvieren. Charakteristisch für Gelübde dieser Art war dann die Suche nach Kampfpartnern, denen die Waffenwahl anheimgestellt wurde: ritualisierte Duelle also, in denen »Rittertum« gepflegt werden konnte. Ganze Turniere wurden eingerichtet, um der Einlösung von Gelöbnissen zu dienen.

Das berühmteste (weil durch den Herold Toison d'Or genau beschriebene) Turnier dieser Art war die *Fontaine des Pleurs* in Chalons-sur-Saône 1449/50, wo der hennegauische Ritter Jacques de Lalaing focht, das Idol der burgundischen Ritterschaft. Schon vor diesem Turnier hatte er dreißig Kämpfe erfolgreich bestritten, war gerade Ritter des Goldenen Vlieses geworden. Nun unterschrieb er die »Kapitel« der Herausforderungen dieses neuen Turniers, das auf mehr als ein Jahr veranschlagt war. Ein Mädchen mit Einhorn hielt vor dem Bildnis der Heiligen Jungfrau drei Schilde um den Hals, die Herausforderer berührten und damit einen Kampf einforderten, falls sie vier Generationen adliger Vorfahren belegen konnten. Beim weißen Schild wurde mit der Axt gekämpft, beim violetten mit dem Schwert, beim schwarzen folgten 25 Stechen mit der Lanze. Jacques de Lalaing bestand die Probe mit 22 Herausforderern, die er abschließend in einem großen Fest bewirtete und mit Preisen auszeichnete. Turniere dieser Art mit ihrer prachtvollen Ausgestaltung haben stark das Bild vom »Herbst des Mittelalters« geprägt, das Jan Huizinga zeichnete und dabei die These von der Blüte der Kultur im Moment des Untergangs mit den Zeichen der Nostalgie und der Dekadenz verfocht. Tatsächlich ist in diesem Fall die Nostalgie unverkennbar. In Turnieren der geschilderten Art gab es nachgespielte Szenen aus Artusromanen, wenn Ritter Zwerge mit sich führten oder Brunnen begossen, um Herausforderer zu finden (wie in Hartmanns *Iwein*). Man weiß aber auch, dass sich die gleichen Ritter, die an nostalgischen Turnieren teilnahmen, als Kriegshelden auszeichneten. Jacques de Lalaing starb beim Feldzug gegen Gent durch eine Kanonenkugel.

Eine äußerst brutal-blutige Welt und nostalgische Verklärung vergangener Zeiten existieren also nicht nur nebeneinander, sondern auch in denselben Personen. Während sich die Kriege dank der neuen (Fern-)Waffen immer weiter von den Ritterschlachten des Mittelalters unterschieden, kehrte in den Turnieren das Romangeschehen speziell des Artushofes wieder. Um allzu viele Unfälle zu vermeiden, wurden Vorschriften eingeführt und die Waffen abgestumpft bzw. die Lanzen mit »Krönlein« versehen (die das Durchstoßen des gegnerischen Harnischs verhinderten). Auch die Art der Attacke war genau geregelt, der Lanzenstoß musste nach festen Regeln geführt werden, wenn er denn zählen sollte. Gleichzeitig sprengten die Feste alle Grenzen. 1378 ließ König Karl V. von Frankreich auf einem Pa-

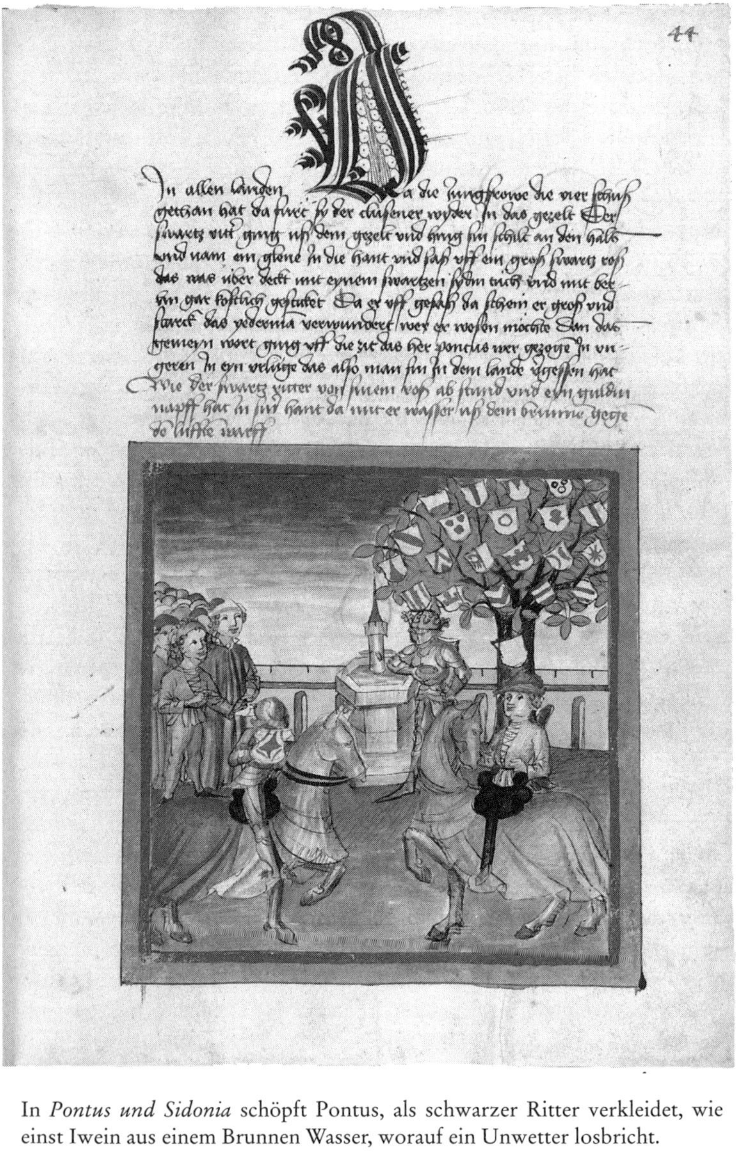

In *Pontus und Sidonia* schöpft Pontus, als schwarzer Ritter verkleidet, wie einst Iwein aus einem Brunnen Wasser, worauf ein Unwetter losbricht.

riser Bankett die Eroberung von Jerusalem nachspielen. Auf dem berühmten Fasanenfest in Lille 1453 wurden in unvorstellbar verschwenderischem Luxus die Kreuzzugspläne Philipps von Burgund als Antwort auf die Eroberung Konstantinopels durch die Türken beschworen. Auf einem Elefant ritt eine weinende Frau, die die Kirche darstellte, in die Halle, bevor vom Herold die Gelöbnisse protokolliert wurden und ein Bankett mit ungezählten Gängen das Fest abschloss. Auch in diesen Fällen ist der Sinn der Verschwendung namhaft gemacht worden: Es ging um die Gewinnung von Gefolgschaft, der die Pracht als Lockmittel diente. Nur so konnte der Hochadel noch seine Überlegenheit beweisen.

Orden, ob Hof- oder Gelübdeorden, dienten aus der Sicht der Stifter demnach der Verbindung des europäischen Adels zu gegenseitigem Beistand sowie zur Demonstration von Stärke. Auf der Seite der Ordensnehmer war damit ebenfalls Reputation verbunden, vor allem bei den kleineren Herren. Möglich, dass in vielen Fällen die Orden zur bloßen Illusion eines Rittertums beitrugen und damit die alte Ordnung wider die neuen Realitäten eines aufstrebenden Bürgertums und des damit verbundenen Geldadels aufrechterhielten. Richtig ist aber auch, dass Orden reale Macht in der Form von Ansehen brachten. Ein interessantes Beispiel aus dem Deutschen Reich bietet der Südtiroler Ritter Oswald von Wolkenstein, der sich als Minnesänger betätigte und im frühen 15. Jahrhundert in zwei Prachthandschriften seine ca. 130 Lieder aufschreiben ließ. Dieser Oswald war Zweitgeborener, verfügte nur über ein geringes Erbe und war auf sich selbst angewiesen, um sich in der adeligen Gesellschaft zu positionieren. Dazu halfen ihm neben der Erlangung der Ritterwürde wahrscheinlich auf einer Jerusalemfahrt am Heiligen Grab Aufnahmen in Ritterorden mit der Verleihung ihrer Abzeichen. Nachdem er jahrelang König Sigismund gedient hatte, wurde er auf dem Konstanzer Konzil Mitglied in dessen Gefolge. Auf einer Gesandtschaftsreise nach Spanien nahm er an der Eroberung des muslimischen Ceuta an der nordafrikanischen Küste teil und erhielt dafür 1415 den aragonesischen Kannenorden. Aber auch Sigismunds eigener Orden sollte ihm zuteil werden. 1431 erhielt er ihn auf dem Nürnberger Reichstag für seine lebenslangen Verdienste, und zwar in der Ausführung erster Klasse, die nur 24 Mitgliedern

Das repräsentative Porträt Oswalds von Wolkenstein findet sich als Vorsatzblatt (48 × 35 cm) in der Innsbrucker Liederhandschrift von 1431/32 (der Handschrift B). Der Künstler war wahrscheinlich der berühmte Italiener Antonio Pisano, genannt Pisanello, evtl. aber auch einer seiner Schüler.

vorbehalten war (die zweite Klasse ging auch an Prälaten und Frauen). Oswalds Porträt in der heutigen Innsbrucker Handschrift zeigt beide Orden: den Kannenorden im breiten Band um den Hals, den Drachenorden auf seiner Schärpe.

Maurice Keen: Das Rittertum. 1991 (zuerst 1984); Holger Kruse / Werner Paravicini / Andreas Ranft (Hrsg.): Ritterorden und Adelsgesellschaften im spätmittelalterlichen Deutschland. 1991.

# 32
# Adelsgesellschaften

Einen Spezialfall dieser weltlichen Orden, der vor allem in Deutschland verbreitet war, bilden die Adelsgesellschaften mit genossenschaftlichem Charakter und gewähltem Oberhaupt. In diesem Fall stand also nicht ein hochadliger Souverän an der Spitze, sondern der niedere Adel organisierte sich selbst.

Am bekanntesten wurde die *Gesellschaft mit St. Jörgenschild*, die nach ihrer Gründung 1406 sofort ihren größten Erfolg hatte: die Abwehr der aufständischen Appenzeller zwei Jahre später. Dabei handelte es sich um einen Zweckverband mit militärischer Zielsetzung, speziell der Friedenswahrung in einem Raum wenig gefestigter Herrschaft, in diesem Fall im Bodenseegebiet. Die freie Bündnisbildung innerhalb des Adels war noch in der Goldenen Bulle 1356 von Kaiser Karl IV. verboten worden, aber Kaiser Sigismund brachte 1422/23 die Wende mit grundsätzlicher Anerkennung. Diese Bündnisse sollten helfen, die kaiserliche Landfriedenspolitik gegen die starken Fürsten zu unterstützen, was tatsächlich erfolgreich war. Sogar Große wie der bayerische Herzog schlossen sich dem Bündnis an, über Bündnisse der Gesellschaften untereinander entstanden ganze Netzwerke von Partnern, die das wilde Fehdewesen »mittelalterlicher« Provenienz eindämmen sollten. Wenn es in wirtschaftlich schwierigen Zeiten nahelag, sich auf Kosten des anderen zu bereichern, bildeten diese Vereinigungen ein Bollwerk gegen den Kampf aller gegen alle. Dass dabei besonders der ritterliche, also niedere Adel beteiligt war, zeigt die Auflösung der *Gesellschaft mit St. Jörgenschild*. 1560 geht sie nahtlos in einen der Kantone der damals gegründeten Reichsritterschaft als neue und endgültige Organisationsform des niederen Adels über (wovon S. 267ff. genauer die Rede sein wird).

Noch typischer aber war eine andere Form dieser Adelsgesellschaften, unter denen die *Fürspänger* die bedeutendste darstellte. In diesem Fall stand weniger die militärische Funktion im Vordergrund als die der Statussicherung und des Prestigegewinns angesichts der

Der Fürspänger Georg (?) Fuchs im Turnierzeug mit Kolben und Banner der Gesellschaft mit dem Fürspang, wie er im *Würzburger Turnierbuch* abgebildet ist.

aufstrebenden Territorialgewalten. Typischerweise bildeten sich diese Gesellschaften (man hat mindestens 70 gezählt) genau in den Räumen, die altes Reichsland waren, also direkt dem König bzw. Kaiser unterstanden: in Franken, Schwaben und am Oberrhein. Auch hier hatte das Ringen um abgerundete Herrschaftsgebiete eingesetzt, aber hier behaupteten sich eben weiter kleinere Herren, die ihre Reichsfreiheit zäh verteidigten. Weil alleine wenig auszurichten war, setzten sie auf Vereinigung. Auf diese Weise ließ sich noch jener Glanz der alten Ritterherrlichkeit zelebrieren, der besser vor dem Aufgesogenwerden schützte als eine immer unterlegenere eigene Waffengewalt. Und so waren es zwei Elemente, die diese Vereinigungen auszeichneten: ihre Präsenz in Form großer Gesellentage und die Ausrichtung von Turnieren. Beides kam in der Stadt zur Austragung, im Falle der fränkischen *Fürspänger* in Würzburg, Nürnberg und Bamberg. Hier trat man als Ritter auf, verhalf gerade auch den »armen Rittern« zum Mitmachen, indem übermäßiger Luxus verboten wurde. Während der gut 250 Jahre ihres Bestehens (1392 bis 1648) gab es viel Auf und Ab, darunter eine Blütezeit mit ganz erheblichem Erfolg: die letzten beiden Jahrzehnte des 15. Jahrhunderts.

Namengebend war bei der Gründung 1392 die goldene Spange vom Gürtel Mariens, den Kaiser Karl IV. einst der Nürnberger Frauenkapelle als kostbare Reliquie geschenkt hatte. Jedes Mitglied musste das Zeichen nach seiner Aufnahme am Rock tragen. Dies geschah in großem Umfang, die Mitgliederzahl belief sich zeitweise auf 500, womit ein Großteil des turnierfähigen Adels einbezogen war (auf dem Höhepunkt der Bewegung entstanden allerdings allein in Franken noch zwei weitere Gesellschaften). Die Rekrutierung verlief über die Familien, ging also von den Vätern auf die Söhne über. Zur Organisation gehörte ein Hauptmann, der auf dem jährlichen Gesellentag stets neu gewählt wurde und dann über eine kleine Kanzlei mit Finanzverwaltung und Botendienst verfügte. Diese Gesellentage wurden in einer der fränkischen Städte abgehalten und gehörten zu den Höhepunkten im Jahr. Während der Adel auf seinen Burgen lebte und den städtischen Handelsverkehr leicht bedrohen konnte, kam es dank dieser Gesellschaften zu einer Form des Miteinanders, die beiden Seiten Vorteile brachte: Die Ritter hatten ihren großen Auftritt vor einem jubelnden Publikum, die Städte profitierten von den Rittern, die sich hier mit Kleidung und Waffen eindeckten und nicht zuletzt beim großen Festmahl für Verzehr sorgten. Adel und Bürgertum saßen dabei friedlich zusammen und nahmen teil an der gemeinsamen gehobenen Lebensform.

Mit diesen Auftritten aber war in erster Linie eine Memorialhandlung verbunden: Die Ritter gedachten ihrer Toten, denen der Schild vorangetragen wurde, bis er in der Kapelle seinen Platz fand. Der Aufwand beim Zeremoniell wurde dabei so groß, dass er begrenzt werden musste, um nicht aus dem Ruder zu laufen (mit 130 Priestern gleichzeitig bei einer Beerdigung und pfundweiser Verbrennung von Kerzenwachs). Zum noch größeren Auftritt aber kam es, wenn in der Stadt ein Turnier veranstaltet wurde. Hierin lag zweifellos ein Wettbewerb mit dem turnierenden Hochadel in den Residenzen, und tatsächlich fanden auf dem Höhepunkt der Bewegung durchaus vergleichbare Veranstaltungen statt: Die landständischen Ritter zeigten dann, dass sie Ritter waren wie die großen Herren, womit manch einer sich ruinieren sollte. Die Stadt bot mit ihrem Marktplatz, auf dem Kampfbahn und Tribünen errichtet wurden, den Hintergrund des festlichen Spektakels, die Zuschauermassen waren garantiert, eine perfekte Organisation sorgte für geregelte Abläufe. Dazu gehörten selbstverständlich Herolde, deren wichtigste Aufgabe es war, in der »Helmschau« die Bewerber zu mustern und in der »Helmteilung« für attraktive gegnerische Parteien zu sorgen. Am Abend folgte dann der Höhepunkt mit Siegerehrung und Tanz zu festlicher Musik.

Man darf sich diese Turniere nicht mehr wie die des Hochmittelalters vorstellen. Die Rüstung unterscheidet sich von der im Kriege, die Waffen sind abgestumpft, die Lanzen tragen Krönlein. Die Kampftechnik ist bis ins einzelne festgelegt, aus Italien sind die Barrieren übernommen, die die gegeneinander anreitenden Kämpfer vor einem Zusammenprall schützen. Für Vergehen gibt es strikte Strafbestimmungen. Der Höhepunkt dieser Entwicklung liegt in der Turnierordnung von 1478, die von den besonders erfahrenen *Fürspängern* für die sogenannten Turniere der Vier Lande ausgearbeitet wurde. Dabei handelt es sich um den Höhepunkt der Bewegung überhaupt, zu dem sich der Adel der Regionen Franken, Schwaben,

Rhein und Bayern zusammentat und in der Zeit von 1479 bis 1487 sechsunddreißig Turniere organisierte, die in (nach seinem Verfasser, einem Herold, benannten) *Rüxners Thurnierbuch* von 1532 bzw. in der um Kaiser Maximilians Ritterspiele erweiterten Ausgabe von 1566 penibel beschrieben sind. Eine wichtige Rolle spielte die Exklusivität, vier adelige Ahnen mussten bei der Helmschau vorgewiesen werden und der Bewerber selbst oder einer seiner Ahnen an Turnieren teilgenommen haben. Wenn es schon immer schwierig war, die Zugehörigkeit festzustellen, entstand nun mit der Turnierfähigkeit ein neues Kriterium. Dabei wurden auch die Frauen einbezogen, womit außer der ehelichen Geburt die adelige Abstammung eine entscheidende Rolle spielte (die aber auch erkauft werden konnte: mit einer Mitgift von 4000 Gulden waren bürgerliche Ehegattinnen gnädig aufgenommen). Übrigens bedeutete das rasche Ende der Turniere der Vier Lande nicht das Ende des Turnierwesens überhaupt. Nur die Organisation war zu aufwendig geworden, einzelne Städte wie Köln oder Stuttgart traten sofort in die Fußstapfen.

Als entscheidend aber erwies sich letztlich die Wahrung ritterlicher Lebensführung als Grundlage weiterer Existenz in einer Zeit, die den Ritter als »Stand« überholt hatte. In den Statuten finden sich an erster Stelle Bestimmungen über Ehre und Schutz der Dame wie in hochhöfischen Zeiten. Jeder Ritter war aufgefordert, auf seine Standesgenossen zu achten und Verstöße (wie etwa Straßenraub) anzuzeigen. Wahrhaftigkeit, rechter Glaube, Tapferkeit gehörten zu den wichtigsten Tugenden, zur Wahrung der Standesehre gab es Bestimmungen über die Bestrafung von Verrat oder Komplizenschaft mit räuberischem Gesindel. Zur Lebensführung gehörten Ehrerbietung gegenüber Frauen, standesgemäße Ehe und Ahndung von Ehebruch. Kommerzielle Geschäfte und vor allem Wucher waren verboten. Schließlich führte unrechte Fehdeführung zum Verlust der Turnierfähigkeit und damit praktisch zum Ausschluss aus der Gesellschaft. Denn nur ein turnierfähiger Ritter unterlag der eigenen, der ritterlichen Gerichtsbarkeit. Diese eigene Gerichtsbarkeit gehörte deshalb zum wichtigsten Institut überhaupt. Damit war wenigstens ein Rest an Unabhängigkeit gegenüber den Landesherren zu wahren, die gerade über die Monopolisierung der Gewalt zu geordneten staatlichen Verhältnissen zu kommen suchten. Das gewisser-

Ein Holzschnitt in *Rüxners Thurnierbuch* zeigt turnierende Ritter auf einem Marktplatz mit Zuschauern. Die Abbildung ist beim ersten Turnier in Magdeburg und dann bei weiteren sechs Turnieren verwendet worden.

maßen gegenläufige Fehderecht musste verteidigt, aber auch unter Kontrolle gehalten werden. Die Turniere dienten nicht zuletzt dem Zweck, dass rivalisierende Ritter ihre Konflikte »friedlich« lösten.

Für einen kurzen Moment, vor allem am Ende des 15. Jahrhunderts, schien der Abstieg des Rittertums in seinen alten Formen noch einmal aufgehalten werden zu können. Der Grund ist klar: Immer noch steckte in der Rüstung der alte Autonomieanspruch, den sogar die konkurrierenden Städter anerkannten, indem sie an diesem Leben größtmöglichen Anteil zu gewinnen suchten. Aber das Ende der Adelsgesellschaften zeigt deutlich, dass es zuletzt mehr der Schein als das Sein war, der behauptet wurde. Die Ahnenprobe erwies sich als immer schwieriger, weil die großen Herren in ihrer Geldnot immer neue Adlige schufen. Und die materiellen Anforderungen wurden immer unerfüllbarer, weil die Städter die Preise in die Höhe trieben. Was den Ritter einmal ausgemacht hatte, drohte ihn zuletzt umzubringen: seine eigene (viel zu teure) Rüstung. Noch eine Weile behaupteten sich Raubritter vom Schlage eines Götz von Berlichingen, der übrigens nie turnierte. Dann überlebten Ritter nur, wenn sie den Absprung in höfische Dienste schafften und zum Beispiel als Offiziere geregelten Sold bezogen.

Josef Fleckenstein (Hrsg.): Das ritterliche Turnier im Mittelalter. 1985 (bes. W. Meyer); Maurice Keen: Das Rittertum. 1991 (zuerst 1984); Andreas Ranft: Adelsgesellschaften. 1994.

## 33
# Maximilian, der »letzte Ritter«

Untrennbar ist der Titel des »letzten Ritters« mit einer Person verbunden: mit dem Habsburger Maximilian I. Die Wahrheit dieser bis zum Äußersten verknappten Formel (die Graf Auersperg unter dem Pseudonym Anastasius Grün 1830 zum Titel eines literarischen Werks machte) liegt darin, dass dieser reformerisch gesinnte Kaiser den Umbau des Reiches zu einem modernen Verwaltungsstaat mit Ideen des Mittelalters verband. Die Werbung um seine erste Braut Maria von Burgund wollte der Achtzehnjährige als Raub anlegen und dachte an einen Zweikampf mit dem französischen König als Lehnsherrn des Herzogtums. Unter die zahlreichen Figuren seines Grabmals, das er früh in Auftrag gab, ließ er u.a. König Artus aufnehmen, der auch in seine Genealogie eingeschleust wurde und dort als »habsburgischer Graf« auftaucht. Beerdigen ließ er sich im Ornat des St.-Georg-Ritterordens, den er zur Finanzierung eines Kreuzzugs gegen die Türken gestiftet hatte, der nie zustande kam. Genauso aber lässt sich Modernes aufzählen. Neben dem Titel des »letzten Ritters« steht der des »Vaters der Landsknechte«, denn Maximilian setzte auf moderne Fußtruppen und nicht zuletzt Söldner, die ihm allerdings immer wieder mangels Bezahlung davonliefen. Sogar als »ersten Kanonier« hat man ihn bezeichnet, weil die Artillerie eine seiner Leidenschaften war und sein Geschützpark zu den größten und modernsten in Europa gehörte. Daneben tüftelte er freilich mit seinem Harnischmacher immer neue Rüstungsraffinessen aus, die er auf Turnieren vorführte.

Denn dies ist wohl die naheliegendste Voraussetzung zum Titel des »letzten Ritters« gewesen: die Turnierleidenschaft, der er (neben der Jagd) zeit seines Lebens frönte. Man kann davon ausgehen, dass Maximilian das Turnier in Burgund kennenlernte, wo es im 15. Jahrhundert wie nirgends sonst in Europa lebendig war, auch in der Form des Massenturniers, das Karl der Kühne, Vater seiner ersten Frau, noch in großen Festveranstaltungen organisierte. Fortan sorgte Maximilian für die Pflege verschiedener Austragungsformen:

Artusstatue, nach einem Entwurf Albrecht Dürers 1513 von Peter Vischer d. Ä. in Nürnberg gegossen. Sie gehört zu den 28 Bronzestandbildern des Grabmals von Kaiser Maximilian I. in der Innsbrucker Hofkirche.

als Rennen mit scharfen Waffen neben dem Stechen (als Welsches oder Deutsches Gestech) und dem Schwertkampf – Sport auf hohem und dank der Ausrüstung kostspieligem Niveau. Dabei hatte seine Karriere eher unheilvoll begonnen. Auf einem Turnier 1481 in Arnheim brachte er einen Gegner zu Tode und wurde selbst verwundet. Auf dem Kölner Reichstag 1486 kämpfte er gegen den ausdrücklichen Befehl seines Vaters gegen den Pfalzgrafen, der ihn prompt vor den Augen der versammelten Stadt aus dem Sattel hob. Das Erlebnis hielt ihn nicht davon ab, immer wieder gegen hohe Gäste und sogar gegen ausgesprochene Spezialisten zu kämpfen. Auf dem wichtigen Wormser Reformreichstag 1495 (auf dem der Ewige Landfrieden beschlossen wurde) trat er gegen den berühmten burgundischen *Champion d'armes* Claude de Vauldrey an, mit dem er ein Stechen und einen Fußkampf mit Schwertern bestritt. Noch 1510 kämpfte er als Einundfünfzigjähriger auf dem Augsburger Reichstag gegen den allerdings nicht viel jüngeren Kurfürsten Friedrich von Sachsen.

Man kann dabei vom Wunsch nach Repräsentation in einem elitären Bereich sprechen, der vom Image alter ritterlicher Werte zehrte. Eine Rolle spielte aber auch die Vorbereitung auf den Krieg, wozu Maximilian den Langspieß als Turnierwaffe einführte. Im übrigen waren Ritter als Kürisser (später Kürassiere) in voller Panzerung weiter trotz der spektakulären Niederlagen im Hundertjährigen Krieg und gegen die Schweizer Bauern unverzichtbar. Im geschlossenen Angriff konnten sie immer noch Landsknechthaufen sprengen, zumal zu den Lanzen Armbrüste und Bogen gekommen waren, allmählich auch die ersten Büchsen als Handfeuerwaffen. Von drei bis sieben leichtgerüsteten Berittenen unterstützt, blieb dieser Kürisser eine wichtige militärische Figur, wurde mit Lehen ausgestattet, um seine teure Ausrüstung finanzieren zu können. Auch der Ritterschlag spielte weiterhin eine wichtige Rolle. Nach der Krönung in Aachen 1486 vollzog Maximilian ihn persönlich an 200 jungen Männern mit dem Schwert Karls des Großen. Bei der Doppelhochzeit in Wien 1515 wurden Hunderte promoviert, auch Nichtadlige, was zu entsprechender Verstimmung führte. Nach siegreichen Treffen machte Maximilian die Helden des Tages zu Rittern, ohne Rücksicht auf ihre Herkunft, was übrigens auch für Turniersieger galt.

Maximilian I., Porträt aus der Werkstatt des Hofmalers Bernhard Strigel, 1460/61. Darstellung als König mit den Reichsinsignien (Krone, Mantel, Szepter, Schwert) vor einer Alpenkulisse mit Gemsen, auf die er gerne Jagd machte.

Noch immer also diente die ritterliche Kultur als Anreiz in einer Welt, die deren Voraussetzungen längst ausgehöhlt hatte. Feudale Treueverhältnisse waren »versachlicht«, Kriegstechnik und Heeresorganisation hatten »ritterliche« Bewährung obsolet gemacht bzw. auf die Spielräume des Turniers abgedrängt. Am Hof wuchs eine Aristokratie zusammen, die sich aus altem Geblütsadel und fähigen Fachleuten zusammensetzte, die entweder ihren Aufstieg aus dem niederen Adel geschafft hatten oder sogar aus dem immer reicher werdenden Bürgertum stammten. Für sie alle aber galt es, ein Gefühl der Besonderheit zu gewährleisten, das immer noch an die Bewunderung der hochmittelalterlichen Kultur anschließen konnte. Daraus ergibt sich der Wert einer Inszenierung »ritterlicher« Traditionen, die ebenso für ein Gemeinschaftsgefühl innerhalb der faktisch inhomogenen Gesellschaft sorgte, wie sie die Abgrenzung nach unten gewährleistete. Nicht von ungefähr hat man von einer Ritterrenaissance, ja Ritterromantik im 15. Jahrhundert gesprochen. Nur muss man sich dabei bewusst sein, dass es sich keineswegs um bloße Nostalgie oder Dysfunktionalität handelte: Das mittelalterliche Rittertum wird vielmehr dringend benötigt, um die Spannungen einer sich herausbildenden »neuen Zeit« abzufedern.

Dazu aber gehört auch der Anschluss an die mittelalterliche Literatur, in der das Rittertum sich wie nirgends sonst artikuliert hatte. Zwar umgab sich Maximilian mit einem Kreis von Humanisten, die die griechische und römische Antike durchforsteten, ausschließlich auf Latein schrieben und dabei Cicero als ihren Stern betrachteten. Aber Maximilian gab auch ein Sammelwerk in Auftrag, das die deutsche Epik des Hochmittelalters vereinigte – gewissermaßen die Parallele zur Initiative des Züricher Bürgers Manesse, der auf diese Weise die hochmittelalterliche Lyrik bewahrt hatte. Dieses Sammelwerk (im Riesenformat von 46 × 33,5 cm) ging als *Ambraser Heldenbuch* in die Geschichte ein und bietet auf 243 Pergamentblättern sowohl Artusdichtung wie Heldenepik, darunter das *Nibelungenlied* samt der *Klage* sowie die Dichtungen um Dietrich von Bern, aber auch die Verserzählungen Herrands von Wildonie und den *Helmbrecht*. Ein Werk Hartmanns von Aue, der *Erec*, wurde auf diese Weise sogar gerettet, da es ansonsten nur Fragmente gibt. Auch die anonyme *Kudrun* oder der *Mauricius von Craûn* verdanken ihre heutige Bekanntheit einzig dieser Sammlung, die Hans Ried zwischen 1502 und 1515 zusammenschrieb. Weil Erzherzog Ferdinand II. von Österreich dieses Werk seinen großangelegten Sammlungen (mit 600 Handschriften neben den Rüstungen berühmter Turnierritter und vielem anderen mehr) auf dem Schloss Ambras bei Innsbruck einfügte, erhielt es seinen heutigen Namen.

Die größte Überraschung aber liegt darin, dass Maximilian sich nicht auf das Sammeln von Literatur beschränkte. Er ist vielmehr selbst als Autor hervorgetreten, und zwar als Autobiograph. Früh diktierte er auf Latein die Stichworte und machte sich dann an die poetische Ausarbeitung teils in Prosa, teils in Versen, wobei seine Skizzen von Mitarbeitern ausgearbeitet wurden. Auf diese Weise entstand der *Freydal* mit der Schilderung von 64 Turnieren in Prosa, von dem man im 18. Jahrhundert die Druckplatten fand und eine Ausgabe veranstalten konnte. Dabei geht es jeweils um Stechen, Rennen und Schwertkampf mit abschließender Mummerei (Maskenfesten) im Dienst von drei *rittermässigen frauen*. Als Freydal siegreich nach Hause zurückkehrt, erhält er von einer dieser Damen einen Eheantrag. Das ist der Start zur nächsten Heldendichtung, die als einzige auch zu Lebzeiten (gegen seinen Willen) veröffentlicht wurde: der in Versen gefasste *Theuerdank*, aufwendig gedruckt in einer eigens dafür geschaffenen Drucktype mit ihren Elefantenrüsseln als Verzierung einzelner Buchstaben. Dem folgte schließlich der (fragmentarisch gebliebene) *Weißkunig* wieder in Prosa, in dem es um eine Art Zusammenfassung von Maximilians Leben unter Einschluss der Biographie des Vaters und seines Sohnes Philipp geht.

Halten wir uns an den *Theuerdank*, der dem höfischen Roman der Klassik am nächsten kommt. Wie der eigens angefügte »Schlüssel« zur Identifizierung der einzelnen Figuren ausweist, ist die Jungfrau, die den großen Turniersieger heiraten will, die Tochter des burgundischen Herzogs Karl des Kühnen. Der hat testamentarisch die Heirat seiner Tochter Maria mit Maximilian verfügt, mit Zustimmung der Stände seines Landes, aber auch unter Opposition von drei Amtleuten. Und nun macht sich Maximilian als Teuerdank auf den Weg zur Braut, wobei ihm die drei Amtleute auf den Alpenpässen Falle um Falle stellen. Teuerdank wird in gefährliche Jagden im Gebirge verwickelt, besonders auf Gemsen, aber auch auf einen Hir-

Die Abenteuer Theuerdanks sind auf zahlreichen Illustrationen wiedergegeben. Eine zeigt den Titelhelden auf einer Hirschjagd mit gefährlichem Sprung zu Pferde über einen Fluss.

schen, wobei eigene Erlebnisse verarbeitet sind. Ganz anders allerdings als in seinem wirklichen Leben, wo die Hochzeit mit Maria aus politischen Gründen eine Ferntrauung war und später als Fest in Gent nachgeholt wurde (im vergoldeten Harnisch und mit viel Getöse, wie es der *Weißkunig* berichtet), erreicht Maximilian sein Ziel, nachdem besiegte Ritter der Braut schon seine Erfolge zugetragen haben. Dann gibt es noch ein letztes großes Turnier am Hof, worauf die Braut den siegreichen Helden mit einem Lorbeerkranz krönt, während die verräterischen Amtleute enttarnt und hingerichtet werden. Nur soll vor Beginn des Ehelebens der Kampf gegen die Türken stattfinden, was im Buch zu einem leeren (vorletzten) Kapitel führt, weil Maximilian niemals zu diesem Unternehmen kam. So gesehen wird das große Ziel der Brautwerbung also überhaupt nicht abgeschlossen.

Aber auch sonst entpuppt sich dieser Ritter Teuerdank, der scheinbar ganz nach hochmittelalterlichem Vorbild für die Ehre (sein Herold Erenhold: *Dann alles in der Welt zergeet, / Ausgenommen die Eer beleibt steet*) Aventüren besteht, als seltsame Figur. Niemals trifft er auf Ritter seinesgleichen wie im Artusroman. Die Aventüren entpuppen sich als bloße Mutproben, die auch so heißen, nämlich »Gefährlichkeiten« (*geuehrlicheiten*), von denen keine einzige »Sinn« macht. Dass er von einer eigens für ihn präparierten (überladenen) Kanone nicht umgebracht wird, ist Zufall. Zum Kampf mit einem Löwen geht er in den Käfig. Nirgends werden Ordnungsstörer beseitigt oder Hilfesuchende erlöst, dafür weicht der »Held« Lawinen aus und übersteht einen Giftanschlag. Teuerdank, so wurde mit Recht gesagt, ist der »letzte« Ritter, weil er *allein* als Ritter unterwegs ist, privilegiert und von vornherein konkurrenzlos. »Ritterlich« kann nur noch der Fürst handeln, in Reservaträumen und unter unwahrscheinlichen Voraussetzungen. So gesehen lässt sich auch kaum vom »letzten höfischen Epiker« sprechen, weil außer dem Handlungsskelett des fahrenden Ritters im Rahmen eines Brautwerbungsschemas von höfischer Epik nichts vorhanden ist.

Jan-Dirk Müller: Gedechtnus. 1982; Josef Fleckenstein (Hrsg.): Das ritterliche Turnier im Mittelalter. 1985 (bes. O. Gamber); Hermann Wiesflecker: Kaiser Maximilian I. 1986; Werner Rösener (Hrsg.): Staat und Krieg vom Mittelalter zur Moderne. Göttingen 2000.

## 34
## Raubrittertum und Reichsritterschaft

Kaiser Maximilian hat die positiven Seiten des Rittertums mit Geschick zur Erhöhung des eigenen Glanzes, ja zur Propaganda genutzt. Der kaiserliche Ritter sollte ersetzen, was an faktischer Autorität fehlte. Aber es gab auch noch die »wirklichen« Ritter, den in der Ständepyramide am entgegengesetzten Ende angesiedelten niederen Adel. Dessen Vertreter kämpften entweder auf dem Land mit dem Überleben oder mussten in Hofdiensten auf Karriere hoffen. Mit der ureigensten Bestimmung des Ritters, seiner auf der Waffe und der Selbsthilfe beruhenden Freiheit, schien es jedenfalls vorbei zu sein. 1495 verkündete der Wormser Reichstag den Ewigen Landfrieden und gründete für Konflikte das Reichskammergericht. Der Staat hatte über den Einzelnen gesiegt. Krieg sollte es fortan gegen Nachbarn geben, nicht aber im eigenen Land. Wo dort Konflikte auftraten, sollten sie von Anwälten mit der Feder ausgetragen werden. Die Neuzeit konnte beginnen. Aber sie begann nicht, jedenfalls nicht 1495. Es gelang dem ritterlichen Adel noch einmal für einen letzten Augenblick, seine Freiheit zu bewahren. Einer der wichtigsten Helfer dabei war der schwäbische Ritter Götz von Berlichingen.

Man darf sich dabei nicht von Goethes Drama blenden lassen, der *Geschichte Gottfriedens von Berlichingen mit der eisernen Hand dramatisiert*, entworfen 1771, deren Druck 1773 den Sturm und Drang einläutete. Goethe kannte nur bedingt die historische Figur, verließ sich vielmehr auf deren tendenziöse Autobiographie, die seine Rolle im Bauernkrieg beschönigen sollte. Im übrigen machte Goethe aus dem freiheitsliebenden Ritter der Renaissance den freiheitsliebenden Bürger seiner eigenen Zeit, der ihm hinterher durchaus unheimlich wurde (in *Dichtung und Wahrheit* ist vom »Anarchisten« Götz die Rede, die Aufführung des Dramas in Weimar erfolgte unter erheblicher Umarbeitung). Denn dieser Götz, auf dem Wormser Reformreichstag von 1495 in Begleitung eines Onkels selbst anwesend, entwickelte sich zunächst einmal zu einem der dreistesten Friedensbrecher im Reich überhaupt. Als er auf den

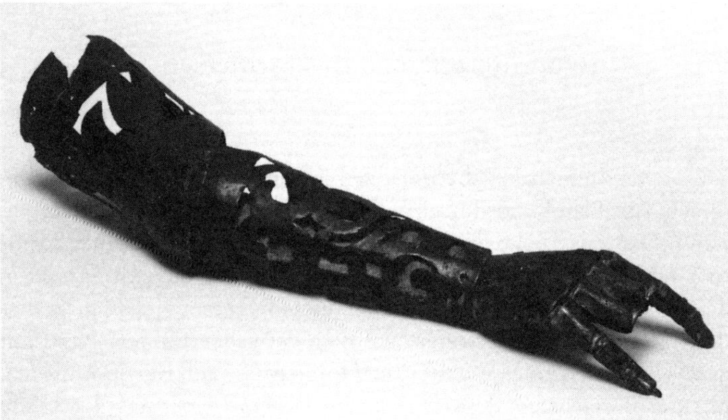

Eine von mehreren eisernen Händen, die sich Götz von Berlichingen von Schmieden anfertigen ließ. Eine wesentlich kleinere und damit leichtere (für den Alltag) ist im Museum der Burg Jagsthausen zu sehen.

Feldzügen Maximilians gegen Burgund und die Eidgenossen wenig Erfolg hatte und im Pfälzer Krieg seine rechte Hand verlor und durch die berühmte eiserne ersetzen ließ, gab er die höfischen Dienste auf und kämpfte auf eigene Rechnung – nun wirklich als Ritter in einem Sinne, wie Maximilian es glaubte aufgehoben zu haben. Götz machte sich als »Raubunternehmer« selbständig, indem er für tatsächlich oder vermeintlich unrecht behandelte Personen stellvertretend Fehden ausfocht. Als ein Stuttgarter Schneider in Köln um den Schießpreis auf einem Schützenfest betrogen wurde, kaufte er diesem für 105 Gulden seine Ansprüche ab, erklärte Köln in rechtlich korrekten Formen die Fehde und erpresste mit Geiselnahmen Lösegeld in Höhe von 1000 Gulden. Weil sich der Bischof von Bamberg eingemischt hatte, nahm er 100 seiner Kaufleute gefangen und gab der Lösegeldforderung Nachdruck, indem er bambergische Dörfer niederbrannte.

Nach weiteren Taten dieser Art im Sinne eines berufsmäßigen Bandenwesens wurde die Reichsacht über Götz verhängt, jedoch nicht wirklich ernsthaft verfolgt. Als er nach anschließenden Überfällen endlich gefasst war, konnte er sich in einem Vergleich freikaufen. Zu seinen neuen Aktivitäten gehörte eine Fehde gegen den Erzbischof von Mainz, der vergeblich benachbarte Fürsten und sogar den gesamten Schwäbischen Bund zur Hilfe rief – bei dieser Gelegenheit fielen übrigens die von Goethe aus der Autobiographie übernommenen Worte, nach denen seine Gegner ihn »hinten lecken« sollten. Erst nach jahrelangen »Reichshändeln«, die ihm nach der unbequemen Burg Jagsthausen immerhin den Kauf des Schlosses Hornberg am Neckar eintrugen, geriet er 1519 in Gefangenschaft, schloss sich dem Aufstand der Bauern an, wobei er später angab, von ihnen zum Anführer gepresst worden zu sein, verließ in letzter Minute das Heer, wurde ergriffen und musste 1530 die Urfehde (den Verzicht auf jede Fehde, insbesondere als Rache) schwören, die ihn vorerst an weiteren Überfällen hinderte. Dass er aufs Ganze gesehen so ungeschoren davonkam, kann man nur aus der Anerkennung heraus verstehen, die es immer noch für die grundsätzliche Freiheit eines Ritters gab. Götz, der nicht zuletzt der eisernen Hand sein Renommee verdankte, vertrat für seine Standesgenossen genau das, was Maximilian zu beschränken gesucht hatte: die Freiheit, die im Fehderecht am sichtbarsten wurde. Selbst der Schwäbische Bund, der ihn niederwarf, drang nur auf seine Haft, wollte nicht seine Vernichtung wie die Stadt Mainz, die dies in einem Prozess mit gigantischer Entschädigungsklage versuchte (und an Götzens guten Verbindungen scheiterte).

Wo tatsächlich damals die Grenzen der Geduld lagen, macht ein anderer Zeitgenosse deutlich: Franz von Sickingen, dem sich Götz zeitweise anschloss. Von hessischen Truppen schwer in seinem Besitz geschädigt, suchte Sickingen Rache und verwirklichte sie mit Gewaltakten, die ihm die Reichsacht eintrugen. Als Reaktion sammelte er ein Heer von 1100 Reitern und 6000 Knechten, mit dem er 1515 Worms belagerte und dabei Weinberge sowie Gärten verwüstete. Zwar scheiterte das Unternehmen, weil sich Worms erfolgreich verteidigen konnte. Dafür war Sickingen mittlerweile Großunternehmer geworden, der sich zwischen Ländern bewegte. So kämpfte er mit 10 000 Mann für den Kaiser gegen Lothringen, wandte sich anschließend in französischen Diensten gegen das Reich, um danach wieder von Maximilian (unter Aufhebung der Reichsacht) für den Kampf gegen den Herzog von Württemberg gewonnen zu werden.

Dabei verhandelte er mit dem Kaiser persönlich in Innsbruck und erhielt jährlich hohen Sold für die Befehligung seiner Reitertruppe. Astronomische Summen an Erpressungsgeldern kamen zusammen, bei der Wahl Karls V. zum Kaiser spielte er eine Rolle, ließ sich von Ulrich von Hutten für die Sache der Reformation gewinnen und setzte sich 1522 als Hauptmann der schwäbischen und fränkischen Ritterschaft für die Unabhängigkeit des niederen Adels ein. Erst beim wahnwitzigen Versuch, sich nach Maximilians Tod das Kurfürstentum Trier anzueignen, fanden sich die Fürsten zur Gegenwehr zusammen und bereiteten Sickingen 1523 sein Ende. Bei der Belagerung der Burg Nanstein in der Pfalz, auf die er sich zuletzt zurückgezogen hatte, wurde er schwer verwundet und starb an den Folgen.

Götz saß zu dieser Zeit in der Haft des Schwäbischen Bundes in Heilbronn – und verdankt ihr möglicherweise sein Überleben, sofern er sich Sickingen nicht anschließen konnte. Aber Götz' Weg unterscheidet sich auch im Prinzip von dem seines Freundes. Zwar ließ er sich auf den Bauernkrieg ein, aber erkannte wohl von Anfang an tatsächlich das Vergebliche dieses Aufstands, auch wenn seine Selbstrechtfertigung in der Autobiographie nicht ohne Mogelei sein dürfte. Als der Adel nun auch gewissermaßen von unten angegriffen wurde und seine Burgen im Feuer aufgingen, wandte er sich schutzsuchend an Kaiser und Landesherrn. Und auch Götz ließ nun endgültig von seinen Fehden ab, um stattdessen sein eigenes Territorium zu verwalten. Man weiß, dass er dabei die Freiheit der Bauern einschränkte und seine Streitigkeiten fortan auf dem Rechtswege (am Reichskammergericht) ausfocht, wobei er sein Geld mit Kreditgeschäften bzw. ihrer Vermittlung verdiente. In dieser befriedeten Situation aber kam die endgültige Rettung aus einer Richtung, die man kaum hätte erwarten können. Kaiser Karl V., Enkel von Maximilian, warb um Reichsritter in seinem Kampf mit den Fürsten. Und prompt konnte Götz die Urfehde lösen, um 1542 im kaiserlichen Heer gegen die Türken, 1544 gegen Frankreich zu kämpfen. Lebenslang hatte der reichsunmittelbare Ritter Götz seine Unabhängigkeit von der landesherrlichen Herrschaft verteidigt. Nun sicherte der Dienst beim Kaiser endgültig die Freiheit. Aus dem Raubritter war ein Reichsritter geworden.

Franz von Sickingen. Radierung von Hieronymus Hopfer.

Dies aber ging einher mit der Gründung der Reichsritterschaft, die nach einem langen Prozess im Zusammenhang mit der Erhebung der Türkensteuer 1542 offiziell vollzogen wurde und bis zum Untergang des Alten Reiches 1803 Bestand haben sollte. Die bislang mitten in den sich bildenden Territorialstaaten auf zunehmend verlorenem Posten kämpfenden reichsunmittelbaren Ritter hatten auf diese Weise ihre Anerkennung und vor allem Absicherung gegen landesherrliche Zugriffe erreicht, auch wenn dies keine Vertretung auf den Reichstagen bedeutete. Im Laufe des 16. Jahrhunderts entstanden drei Kreise mit jeweils zugehörigen Kantonen, in denen die freie Ritterschaft zusammengefasst wurde (etwa die sechs Kantone Odenwald, Gebürg, Rhön-Werra, Steigerwald, Altmühl, Baunach zum fränkischen Kreis). Dabei handelte es sich de facto um den niederen Adel, der sich über die Jahrhunderte hinweg aus ganz verschiedenen auf-, aber auch absteigenden Vertretern zusammensetzte: aus der Ministerialenschaft des hohen Mittelalters ebenso wie aus abgesunkenem Geblütsadel (Edelfreien), ständig ergänzt durch den neuen Briefadel, den sich die Herrscher gut bezahlen ließen – insgesamt ca. 350 Familien. Die Reichsfreiheit bedeutete vor allem Steuerfreiheit (bis auf die im Prinzip freiwilligen sogenannten Charitativsubsidien). Umgekehrt konnten die Reichsritter in ihrem Herrschaftsraum Steuern erheben und die niedere Gerichtsbarkeit ausüben.

Der niedere Adel hatte seine Autonomie also nicht über bewaffnete Selbsthilfe durchgesetzt (wie es bis zuletzt ein Götz versuchte), sondern als Glied des neuen Staates, als quasi-staatliche Institution, in der aufgrund ihrer Privilegien die adlige Lebensform weiter gepflegt werden konnte, die eigene Identität gewahrt blieb und vor allem der landesfürstliche Zugriff abgewehrt wurde. In Goethes *Götz* gibt es den Ritter Weislingen, der den Weg an den Hof gegangen ist. Ihm schleudert Götz die Worte entgegen: »Verkennst den Wert eines freien Rittersmanns, der nur abhängt von Gott, seinem Kaiser und sich selbst, verkriechst dich zum ersten Hofschranzen eines eigensinnigen neidischen Pfaffen.« Was Goethe freilich nicht sagt: Diese Freiheit stellt eine Freiheit der Privilegien dar, keine »bürgerliche« Freiheit als Autonomie und Mitbestimmung. Im übrigen sollte der Adel im neuzeitlichen Fürstenstaat eben doch den Weg an den Hof gehen, auch an den landesfürstlichen. Von »ritterlichen« Werten im Sinne des Hochmittelalters blieb dabei wenig übrig. Aber die Umwandlung war geschafft, in der Verbindung mit einer Ausbildung in den neuen Brotberufen als Jurist oder Offizier ließ sich weiterhin Karriere machen.

Helgard Ulmschneider: Götz von Berlichingen. 1974; Goethe, Götz und die Gerechtigkeit, hrsg. vom Magistrat der Stadt Wetzlar und von der Gesellschaft für Reichskammergerichtsforschung. 1999 (bes. P. Press und V. Neuhaus); Regina Görner: Raubritter. 2003.

## 35
## Fortleben in der Literatur

In der historischen Realität wird die Umformung des Rittertums in der Gestalt des Reichsritters deutlich, der in einer neuen Umwelt alte Ideale fortführt, indem er sich anpasst. In der Literatur ist die Umformung ebenfalls greifbar, obwohl hier äußere Zwänge weniger Bedeutung haben. *Ein* Beispiel dieser Umformung zeigen die Werke Kaiser Maximilians. Man kann die Umformung aber auch in einer Art Fortschreibung der Tradition verfolgen. Sie ist in ganz Europa feststellbar und zeigt sich auf unterschiedliche Weise.

Ein wichtiges Beispiel liefert ein Autor, der in fast unbegreiflicher Breite die Literatur der höfischen Zeit zusammenfasste und als Großwerk vorlegte: Ulrich Füetrer in seinem *Buch der Abenteuer*, im fortgeschrittenen Druckzeitalter mit der Hand geschrieben zwischen 1481 und 1491/95. Bis heute sind sechs Textzeugnisse erhalten, darunter zwei vollständige Handschriften mit mehr als 80 000 Versen (entstanden wahrscheinlich im Kloster Tegernsee, beinahe wie im Hochmittelalter). Dabei liegt eine der Leistungen dieses Autors im Kürzen. Denn sein Werk fasst die gesamte Artus- und Gralsliteratur zusammen. In einem ersten Teil findet sich die Geschichte des Artusgeschlechts, das auf Troja zurückgeführt wird und damit auch noch die *Ilias* enthält, ehe besonders Parzival in den Blick gerät. Der zweite Teil bietet sieben Folgen von Artushelden, etwa von Iwein, wobei diese Helden als zweite Generation nach Parzival gelten. Der dritte Teil enthält schließlich die Geschehnisse des *Prosalancelot*, die Füetrer Jahrzehnte zuvor bereits in einer Prosafassung dargeboten hatte: zuletzt also den Tod von König Artus und den Untergang seines Reiches.

Die Entstehung dieses Werkes ist nicht denkbar ohne einen Mäzen, der mit seinem Interesse und Geld das Ganze ermöglichte. Dieser Mäzen war der Bayernherzog Albrecht IV., dem Füetrer sein Buch nicht nur widmete, sondern den er auch selbst mit seiner Familie einbezog – die berühmte »Ansippung«, die aus dem »Roman« eher »Geschichte« macht. Anders als bei Maximilian geht es also um

Kontinuität und damit Teilhabe an einer als verehrungswürdig geltenden Vergangenheit mit Idealen, die weiter im Bereich der »Ritterlichkeit« gesehen werden und die Adelswelt mit allen ihren Antagonismen zusammenhalten soll. Dabei zeigen sich allerdings auch Elemente der Umformung. Schon die Historisierung der poetischen Stoffe gehört dazu, wenn ausdrücklich von *hystori, gesta* oder *getat* die Rede ist. Ein anderer Aspekt wäre die Rolle der Fortuna, die Füetrer ins Geschehen eingeführt hat und damit der Handlung einen »Sinn« gibt, der den literarischen Tendenzen der Zeit genau entspricht. Im anonymen Volksbuch *Fortunatus* von 1486 etwa ist diese Tendenz bis in den Titel vorgedrungen.

Man könnte insgesamt von einem antiquarischen Interesse sprechen, das in der Renaissance auch sonst verbreitet ist. Eifrig wird nach der Literatur der Vergangenheit gefahndet und sie in Bibliotheken gesammelt. Jakob Püterich von Reichartshausen hat auf diese Weise seinem Freund Füetrer wahrscheinlich überhaupt erst die Voraussetzungen zu seiner Zusammenfassung geboten. Erstaunlich auch, in welchem Umfang Werke wie etwa der *Parzival* Wolframs von Eschenbach gedruckt werden, sogar in seiner hochmittelalterlichen Sprache (im Jahre 1477 in Straßburg). Bildteppiche in Burgund mit *Perceval*-Motiven entstehen, nachdem schon lange Burgen mit Motiven von Artusrittern ausgemalt wurden. Dabei kann man ohne Zweifel Naives hervorheben, vor allem das Vertrauen in kühne bis absurde Geschichtskonstruktionen. Blindheit für den Wandel muss damit nicht einhergehen, auch nicht eine Flucht aus der grausamen Realität, wie es Jan Huizinga in seinem berühmten Buch *Herbst des Mittelalters* so eindringlich an burgundischen Quellen historischer und vor allem auch bildkünstlerischer Art (besonders der Brüder van Eyck) dargestellt hat. Eher geht es um die Vermittlung von Tradition an kunstsinnige Adressaten, die mittlerweile Kenner der »klassischen« Literatur geworden waren. In ganz Europa lassen sich im übrigen ähnliche Projekte belegen, in Italien etwa unter dem Titel der *Tavola Ritonda*, in England als *Morte d'Arthur* des Thomas Malory.

Umformung aber hat es auch in einem anderen Sinne gegeben. Der Ritterroman wurde zur großen Mode in Gestalt der Geschichten um den Helden Amadis de Gaula (Amadis von Gallien), die auf eine verlorene portugiesische Urfassung im 14. Jahrhundert zurückgehen. 1508 erschien der erste erhaltene *Amadisroman* im Druck, dem rasch weitere nachfolgten. In diesen Fällen handelt es sich gerade nicht um Historisierung, sondern eher um eine Verstärkung des Wunderbaren bis zum Phantastischen. Der Held, dem die Herkunft aus dem Artusbereich anzumerken ist, hat noch viel größere Kräfte als seine Vorfahren und besteht noch wildere und unwahrscheinlichere Abenteuer, in denen er seine Ritterlichkeit unter Beweis stellt, um dem König zu dienen und seine Dame zu gewinnen. Es waren nicht von ungefähr diese *Amadisromane* mit ihrer spielerischen Handlung jenseits jeglicher Realität, die Cervantes zu seinem 1605 und 1615 erschienenen *Don Quijote* geführt haben, in dem die ritterliche Traumwelt zerschellt. Kein Zufall auch, dass die Texte in Opern von Jean-Baptiste Lully und Georg Friedrich Händel am Ende des 17. und Anfang des 18. Jahrhunderts auftauchen. Nur wenig später als der erste *Amadisroman* erschien 1516 *Orlando furioso* (*Der rasende Roland*) von Ludovico Ariosto, in dem diesmal der Rolandsstoff zur Darstellung eines Rittertums führt, bei dem man eine ironische Distanz zur Realität bemerkt hat. Der Geist des Rittertums scheitert jedenfalls an den neuen Feuerwaffen, ihre Versenkung im Meer kann die Zukunft nicht aufhalten.

Auf eine ganz andere Art von Umformung treffen wir in der »philosophischen« Literatur, die in der Renaissance erstmals nicht das Werk von gelehrten Klerikern ist, sondern von Adligen, die selbst über gelehrte Bildung verfügen. Hier entsteht ein Ritterbild, bei dem Waffenhandwerk und höfisches Auftreten eine Verbindung eingehen, die die Zukunft prägen sollte. Das berühmteste Werk stellt Baldesar Castigliones *Buch vom Hofmann* dar, das 1528 in Venedig im Druck erschien und alsbald in Übersetzungen durch ganz Europa wanderte. Dabei handelt es sich um die fiktive Wiedergabe eines Streitgesprächs unter hochgebildeten Männern am Herzogshof von Urbino, geleitet von der Herzogin Elisabetta Gonzaga. Spitze Bemerkungen dicht am Rande von Beleidigungen werden gemacht, wie es in klerikal-gebildeten Kreisen auch im Mittelalter schon geübt wurde. Aber nun sind die Teilnehmer Weltleute (trotz des Kardinals Pietro Bembo, der aber als Dichter auftritt), ist das Thema weltlich:

Es geht um den Hofmann (*cortegiano*) und seine Aufgaben. Dabei entsteht eine These, die in diesem Humanistenkreis nur mit dem Rückgriff auf die Antike erklärbar ist: Zum wichtigsten Kennzeichen des Hofmanns zählt die Anmut (*grazia*) seines Auftretens, die Lässigkeit der Präsentation seiner Kunst, die als Kunst mit allergrößter Sorgfalt zu verbergen ist. Damit kehrt Ciceros Anstandsvorstellung auch explizit zurück. Sie prägt nun einen neuen Typus der adligen Oberschicht, der allerdings erstmals in der Geschichte für derartige Bestimmungen gewissermaßen frei wird: Es war eine Konsequenz der neuen Waffentechnik und militärischen Strategie, dass Adlige vom Kriegsdienst weitgehend entlastet wurden und sich ihren Studien widmen konnten.

Das eigentlich Spannende aber liegt darin, dass auch Castiglione dabei noch immer den Ritter im Auge hat, ja dieses Rittertum konsequent seiner neuen Funktion am Hof anpasst. Schon in der ersten heftigen Diskussionsrunde geht es um die Verteidigung der adligen Abstammung als Grundlage wahrer Hofmannskunst. Natürlich kennt man in der Runde das antike Argument des Geistesadels, aber es setzt sich keineswegs durch. Wichtiger ist die Vorbildfunktion, die sich aus dem Adel ergibt, die besondere Angst vor Schande, die den Adligen anspornt bzw. im Zaum hält. Dabei wird auch gesagt, dass es um wirkliche Tapferkeit als entscheidende Tugend dieses Ritters geht, der nicht allein »von Scham getrieben mit fast geschlossenen Augen gegen den Feind stürmt«. Dieser Menschentyp gründet also weiter seine Freiheit auf den Kampf, auf die Bereitschaft, sein Leben aufs Spiel zu setzen. Dafür muss er nach Castiglione in erster Linie sein Waffenhandwerk als seinen »wahren Beruf« erlernen. Zwar gibt es die witzige Zwischenbemerkung über den Typus des prahlerischen Soldaten, der sich zusammen mit seiner Rüstung einfetten und in einem Schrank auf seinen Einsatz warten soll. Aber es wird völlig klar, dass der vorbildliche Hofmann noch immer vorbildlicher Ritter im Sinne des Kriegers ist. »Höfisch« wird dieser Ritter, wenn er von seiner angestammten Arbeit ausruht. Die Feinheit seines Auftretens, die Fähigkeiten im Gespräch, das anmutig im Sinne des Spielerischen sein soll, ist geradezu an die »Freizeit« gebunden. Im Beruf gilt Professionalität, wie die Forderungen an die Ausbildung deutlich belegen: Ringkampf, Umgang mit allen Arten von Waffen wie Lanzen und Wurfspießen, Reitkunst im Turnier und in der Schlacht vor allem.

Das neue Bildungsideal der Renaissance ist demnach so weit vom mittelalterlichen Ritter nicht entfernt, setzt ihn vielmehr weiter voraus, um ihm neue Aufgaben hinzuzufügen. Man kann die großen Umformungen auch dieses Ideals weiter verfolgen und stößt dabei in bemerkenswertem Maße weiter auf die Vorstellungswelt des Rittertums. Als Michel de Montaigne am Ende des 16. Jahrhunderts aus dem politischen Leben ausschied, um seine *Essais* zu schreiben, wandte er sich von der Existenzform ab, die Castiglione einst als vorbildlich beschrieben hatte: vom Leben am Hof, das im Falle Montaignes allerdings mit Paris verbunden war, mit dem Mittelpunkt des damals bereits voll ausgebildeten Absolutismus. Nur darf man sich nicht täuschen. Die Grundkonstellation, die Castiglione aufgezeigt hatte, ist geblieben: die Verbindung von Bildung und Waffendienst. Die Freiheit beruht auch für Montaigne auf seinem Adel und verbindet sich mit einem Auftreten, dessen Grundzug wieder jene Lässigkeit darstellt, die Montaigne nun als *nonchalance* bezeichnet. Dieser Edelmann, der sich in seinem Porträt kahlköpfig darstellen ließ, wie er auch sonst in seinen *Essais* sein Leben bis zu den letzten Gebrechen ausbreitete, trug den Sankt-Michaels-Orden auf der Brust, gab sich voll Stolz als Ritter. Geistesfreiheit beruht immer noch auf Unabhängigkeit, ja auf dem Schwert, das diese Hochgebildeten neben der Feder führen. Noch am Ende des 17. Jahrhunderts gilt diese Verbindung für La Rochefoucauld, den Spross ältesten Schwertadels, einen veritablen Herzog, der nach seiner Niederlage gegen das Königtum in der Fronde zum Autor von *Maximen und Reflexionen* wurde.

Schreibende Adlige dieses Niveaus sind nicht zufällig zunächst in Italien und Frankreich hervorgetreten, den am weitesten entwickelten Ländern zu Beginn der Neuzeit. Aber die Umdirigierung des Adels auf intellektuelle Fähigkeiten, der Weg der Pazifizierung im Sinne des Verzichts auf Gewalt im eigenen Namen, war unumkehrbar geworden. Ob sich dies nun als Verhöfischung à la Castiglione vollzog oder als Rückzug ins Private (bzw. bald in den privaten Salon der Stadt neben dem Hof) wie bei Montaigne: Erstaunlich, wie lange dabei Freiheit noch mit der Wurzel des Rittertums zusam-

Der Stich Dürers mit dem Titel *Ritter, Tod und Teufel* hängt in der Nationalgalerie in Berlin.

mengedacht wurde, als Bewunderung für die freie Gestalt, die so schwer als Freiheit ohne Gewalt neu zu erfinden war. Es scheint so, dass Albrecht Dürers berühmter Kupferstich *Ritter, Tod und Teufel* von 1513 den Umschwung festhält, auch wenn man weiß, wie vielfältig gerade dieses Bild interpretiert wurde. So viel steht jedoch fest: Dieser Ritter ist prachtvoll gerüstet, auf muskulösem Pferd, mit Schwert umgürtet und Lanze über der Schulter, die Burg im Hintergrund – alle Insignien der Freiheit sind da. Aber dieser Ritter, dies steht ebenfalls fest, reitet in den Tod, wie es vor allem dessen allegorische Wiedergabe mit Sanduhr in der Hand verdeutlicht. Dürer fasst das Ende, nicht die Umformung ins Bild. Für diese Umformung allerdings musste der Ritter seine Rüstung ausziehen und vom Pferd steigen.

Christelrose Rischer: Literarische Rezeption und kulturelles Selbstverständnis in der deutschen Literatur der »Ritterrenaissance« des 15. Jahrhunderts. 1973; Jan-Dirk Müller: Gedechtnus. 1982; Bernd Bastert: Der Münchner Hof und Fuetrers ›Buch der Abenteuer‹. 1993; Edoardo Costadura: Der Edelmann am Schreibpult. 2006; Hans-Joachim Ziegeler: Orte der Literatur. 2000; Karl-Heinz Göttert: Zeiten und Sitten. 2009.

## 36
# Epilog

Der Umbau des Rittertums im Übergang vom Mittelalter zur Neuzeit war nur die erste Episode seines Nachlebens. Fortan kam es zu immer neuen Renaissancen unter den Voraussetzungen eines gewandelten Weltbildes mit naiven oder auch nostalgischen Zügen. Schon Goethes Götz-Bild ist keine ernsthafte historische Rekonstruktion und will es auch nicht sein. Wenn sich Walter Scott davon zu seinen historischen Romanen inspirieren ließ, kann noch viel weniger die Rede von einer Auseinandersetzung mit dem mittelalterlichen Rittertum im Sinne einer Geschichtsdeutung sein. Schon kennzeichnend, dass es nicht reale historische oder literarische Figuren sind, die Scott ins Zentrum stellt. In seinem *Ivanhoe* (1820) ist es ein frei erfundener Ritter, der unter Richard Löwenherz seine Abenteuer ausficht und nebenbei eine schöne Jüdin vor Nachstellung und Verfolgung rettet – deren heimliche und unerfüllte Liebe zu Ivanhoe passt besser zur damaligen Romantik als zur höfischen Kultur.

Scott hat mit seinem Roman-Modell bekanntlich Nachfolge in ganz Europa gefunden. In Deutschland gilt Wilhelm Hauffs *Lichtenstein. Romantische Sage der württembergischen Geschichte* (1826) als erste bedeutende Anknüpfung. In diesem Fall geht es nicht um das hochhöfische Rittertum, sondern um einen fränkischen Ritter der Götz-Zeit, der zwischen den Schwäbischen Bund und Herzog Ulrich von Württemberg gerät, seiner Liebe folgt und schließlich nicht nur deren Herz gewinnt, sondern sie auf seine Burg Lichtenstein mitnehmen kann. Dabei steht am Ende die Absage an Krieg und Gewalt, der Wunsch nach Friede in einem gerechten und sicheren Staat, wie es der nachnapoleonischen Epoche entsprach. Rittertum dient als Folie von Werten wie Liebe und Treue, die der historischen Staffage lediglich ihren Affektgehalt sichern. Eine Besinnung auf die historische Rolle des Rittertums ist damit so wenig gegeben wie eine Auseinandersetzung mit dessen Werten. Im Prinzip hätte die Geschichte in jedem anderen historischen Milieu spielen können.

Der historische Roman sollte seine größten Erfolge im 19. Jahrhundert im übrigen nicht mit Stoffen der höfischen Kultur erzielen. Victor Hugos *Glöckner von Notre Dame* (1831) spielt zwar im Jahre 1482, aber in städtischem Milieu. Leo Tolstois *Krieg und Frieden* (1868) behandelt Napoleon, Lew Wallace' *Ben Hur* (1880) wie Henryk Sienkiewicz' *Quo vadis* (1895) die früheste Zeit des Christentums – um nur die größten Welterfolge zu nennen. Auch im 20. Jahrhundert war die große Mittelalter-Renaissance nicht unbedingt mit dem Ritter verknüpft. Umberto Ecos *Der Name der Rose* (1980) entdeckte den Mönch und die Bibliothek als Stoff. Etwas anderes ist die Übernahme durch den Film. Hier spielten Ritterszenen von Anfang an eine beträchtliche Rolle, wie es schon Fritz Langs *Die Nibelungen* von 1924 belegen. Scotts *Ivanhoe* wurde 1952 von Richard Thorpe verfilmt, mit Robert und Elizabeth Taylor in den Hauptrollen (als Ivanhoe und Rebecca). Es ist kein Zufall, dass der vielleicht beste Ritterfilm der jüngeren Vergangenheit ein Film wurde, der die Ritterfilme parodiert: *Die Ritter der Kokosnuss* (*Monty Python and the Holy Grail*) der Comedy-Gruppe Monty Python aus dem Jahre 1974. Die Handlung um König Artus und seine Suche nach Rittern für seine Tafelrunde (die zum Schluss von der Polizei beendet wird), besteht aus skurrilen Sketchen. Der Running Gag der Ersetzung des Pferdegetrappels durch aneinandergeschlagene Kokosnüsse war aus der Not geboren: Man konnte sich den Einsatz von Pferden bei den Dreharbeiten nicht leisten.

All dies heißt nicht, dass das Thema Ritter und Rittertum nicht auch anders zur Geltung gekommen wäre. Dazu sei zum Schluss eine unscheinbare Stelle von einem allerdings berühmten Autor angeführt, der übrigens in der Nachfolge von Scott gesehen wird. 1836, ein Jahr vor dem tödlich ausgehenden Duell in St. Petersburg, erschien Alexander Puschkins Roman *Die Hauptmannstochter*. Im Zentrum der Geschichte eines Bauernaufstands unter der Zarin Katharina II. der Großen steht der junge adlige Gardesergeant Petr Andrevič Grinev, der zu seiner Ausbildung in die Festung Belogorsk in der äußersten Provinz geschickt wird und unversehens mitten in die stürmischen Ereignisse gerät. Seine Grenzfestung wird überrannt, ihr tapferer Hauptmann gehängt. Vorher aber beschreibt Puschkin eine kleine Szene, in der der Erzähler vom Wall aus den

Filmszene aus *Die Ritter der Kokosnuss*.

heranrückenden Feind beobachtet und sich um Mascha, die Tochter des Hauptmanns, sorgt, die er liebt. Dann heißt es: »Sie sah mich an und lächelte mühsam. Ich umklammerte unwillkürlich den Griff meines Degens, als ich daran dachte, dass ich ihn tags zuvor aus ihrer Hand erhalten hatte, gleichsam zur Verteidigung meiner Geliebten. Mein Herz glühte. Ich betrachtete mich als Ritter, wollte möglichst bald beweisen, dass ich ihres Vertrauens würdig war, und sehnte den Augenblick der Entscheidung ungeduldig herbei.«

Aber Puschkin weiß natürlich auch um das Unangemessene des Bildes. Sein Held wird die Dame nicht verteidigen, der Degen nützt nichts gegen Gewehre. Und doch bewährt sich Ritterlichkeit. Die Hauptmannstochter wäre vermutlich ermordet worden wie ihre Eltern, wenn nicht eine andere Szene vorangegangen wäre. Der Anführer der aufrührerischen Bauern kennt Grinev, denn die beiden sind sich zuvor schon begegnet. Grinev hatte ihm in einem Schneesturm (gegen den heftigen Einspruch seines Dieners) einen Pelz geschenkt, weil er nicht genügend bekleidet war. Eine noble, eine »ritterliche« Geste, die nun ihre Fernwirkung zeigt. Grinev beschützt die Dame zwar nicht mit dem Degen, aber er kann sie retten, weil er zuvor einmal »ritterlich« gehandelt hat. Der Szene eignet etwas Symbolisches bzw. sie partizipiert an einem großen Symbol. Gemeint ist die Figur eines der Ritterheiligen, Martins, der auf dem Pferd seinen Mantel teilte: als *miles christianus*, der immer schon die Unvereinbarkeit von Gewalt und Moral auflöste. Diese Spur ist auch 1836 noch da. Nur Andeutungen genügen, um sie aufzugreifen – und als Leser wiederzuerkennen.

# Literaturverzeichnis

Das Literaturverzeichnis bietet eine knappe Auswahl. Von den Texten sind nur diejenigen aufgenommen, aus denen zitiert oder in größerem Maße paraphrasiert wird. Bei der mittlerweile fast unübersehbaren Forschung sind vorrangig Bücher aufgenommen, Aufsätze nur in besonders wichtigen Fällen.

## Texte


Ambraser Heldenbuch. Vollständige Faksimile-Ausgabe im Originalformat des Codex Vindobonensis Series Nova 2663 der österreichischen Nationalbibliothek. Graz 1973.

Ambrosius von Mailand: Über die Pflichten der Kirchendiener. In: Pflichtenlehre und ausgewählte kleinere Schriften. Übers. von Joh. Ev. Niederhuber. Kempten [u. a.] 1917.

Andreas Königlicher Hofkapellan [Andreas Capellanus]: Von der Liebe. Drei Bücher. Übers. von Fritz Peter Knapp. Berlin / New York 2006.

Bernhard von Clairvaux: An die Tempelritter. In: Sämtliche Werke. Lat./Dt. Hrsg. von Gerhard B. Winkler. Innsbruck 1990. Bd. 1. S. 258–326.

Castiglione, Baldesar: Das Buch vom Hofmann. Übers. und erl. von Fritz Baumgart. Mit einem Nachw. von Roger Willemsen. München 1986.

Chrétien de Troyes: Erec et Enide. Erec und Enide. Altfrz./Dt. Übers. und hrsg. von Albert Gier. Stuttgart 1987.

Cicero: De officiis. Vom pflichtgemäßen Handeln. Lat./Dt. Übers., komm. und hrsg. von Heinz Gunermann. Stuttgart 2007.

Das Nibelungenlied. Mhd./Nhd. Nach dem Text von Karl Bartsch und Helmut de Boor. Übers. u. komm. von S. Grosse. Stuttgart 1997.

Das Rolandslied des Pfaffen Konrad. Mhd./Nhd. Übers., komm. und hrsg. von D. Kartschoke. Stuttgart 1993.

Deutsche Kaiserchronik. Hrsg. von Edward Schröder. Hannover 1892. (Nachdr. Berlin 1964.)

Füetrer, Ulrich: Das Buch der Abenteuer. Nach der Handschrift A in Zusammenarbeit mit Bernd Bastert. Hrsg. von Heinz Thoelen. 2 Bde. Göppingen 1997.

Gottfried von Straßburg: Tristan. Mhd./Nhd. 3 Teile. Text, Übers. und Komm. von R. Krohn. Stuttgart 2002.

Hartmann von Aue: Erec. Mhd./Nhd. Übers., komm. und hrsg. von V. Mertens. Stuttgart 2008.

– Gregorius der gute Sünder. Mhd./Nhd. Text nach d. Ausg. von Friedrich Neumann. Übers. von B. Kippenberg. Stuttgart 1963.

Hartmann von Aue: »Gregorius«, »Der Arme Heinrich«, »Iwein«. Hrsg. und übers. von Volker Mertens. Frankfurt a. M. 2008.

Heinrich der Glîchezâre: Reinhart Fuchs. Hrsg. von Karl-Heinz Göttert. Stuttgart 1976.

Heinrich von Veldeke. Eneasroman. Mhd./Nhd. Übers., Komm. und Nachw. von D. Kartschoke. Stuttgart 1997.

Herbort von Fritslar: Liet von Troye. Hrsg. von G. Karl Frommann. Quedlinburg/Leipzig 1837. (Nachdr. Amsterdam 1966.)

Herrand von Wildonie: Vier Erzählungen. Hrsg. von Hanns Fischer. Tübingen 1969.

Jan van Heelu: Die Schlacht von Worringen. Nach der Übers. von Frans W. Hellegers hrsg. von Werner Schäfke. In: Der Name der Freiheit 1288–1988. Hrsg. von Werner Schäfke. Köln 1989. S. 105–153.

Johannes von Salisbury: Policraticus. Eine Textauswahl. Lat./Dt. Übers. von Stefan Seit. Freiburg 2008.

Lampert von Hersfeld: Annalen. Neu übers. von Adolf Schmidt, erl. von Wolfgang Dietrich Fritz. Darmstadt 1962.

Le Roman de Renart. Übers. und eingel. von Helga Jauß-Meyer. München 1965.

Lebensbeschreibungen einiger Bischöfe des 10. bis 12. Jahrhunderts. Hrsg. und übers. von Hatto Kallfelz. Darmstadt 1973.

Mamerot, Sébastien: Eine Chronik der Kreuzzüge. Die Fahrten nach Outremer. Vollständig übersetzte und kommentierte Ausgabe. Köln [u. a.] 2009.

Map, Walter: De nugis curialium. Courtier's trifles, ed. and transl. by M. R. James. Oxford 1983.

Mauricius von Craûn. Mhd./Nhd. Hrsg., übers. und komm. von D. Klein. Stuttgart 1999.

Maximilian: Der Theuerdank. Facsimile-Reproduction nach der 1. Aufl. 1517 (photomechanischer Nachdruck der Ausgabe Wien 1888), hrsg. von Simon Laschitzer. Wien 1966.

Novellistik des Mittelalters. Märendichtung. Hrsg., übers. und komm. von Klaus Grubmüller. Frankfurt a. M. 1996.

[Bischof] Otto von Freising und Rahewin: Die Taten Friedrichs oder richtiger Cronica. Übers. von Adolf Schmidt. Hrsg. von Franz-Josef Schmale. Darmstadt 1974.

Prosalancelot I–V. Übers., komm. und hrsg. von Hans-Hugo Steinhoff. Frankfurt am Main 2004.

Puschkin, Alexander Sergejewitsch: Die Hauptmannstochter. In: Romane und Novellen. Berlin und Weimar 1984.

Quellen zur deutschen Verfassungs-, Wirtschafts- und Sozialgeschichte bis 1250. Ausgew. und übers. von Lorenz Weinrich. Darmstadt 1977. (Darin: Rheinfränkischer Landfriede von 1179, S. 291 ff., sowie Erhebung zum Ritter nach 1231, S. 521.)

Rothe, Johannes: Der Ritterspiegel. Hrsg., übers. und kommentiert von Christoph Huber und Pamela Kalning. Berlin / New York 2009.

Sammlung kleinerer deutscher Gedichte. Vollständige Faksimile-Ausgabe des Codex FB 32001 des Tiroler Landesmuseums. Graz 1972.

Saxo Grammaticus: Danorum Regum Heroum Historia. Books X–XVI. Bd. 2, hrsg. von Eric Christiansen. Oxford 1981.

Seifried Helbling. Hrsg. von Josef Seemüller. Halle 1886.

Suchenwirt, Peter: Werke. Hrsg. von Alois Primisser. Wien 1827.

Thietmar von Merseburg: Chronik. Neu übertr. und erl. von Werner Trillmich. Darmstadt 1966.

Thomasin von Zirclaere: Der wälsche Gast. Hrsg. von Heinrich Rückert. Quedlinburg/Leipzig 1852. (Nachdr. Berlin 1965, mit Nachw. von Friedrich Neumann.)

Thurnierbuch. Von Anfang, Vrsachen, vrsprung, vnd herkommen / der Thurnier im heyligen Römischen Reich Teutscher Nation. Frankfurt a. M. 1566. (Reprint Simmern 1530.)

Ulrich von Liechtenstein: Frauendienst. Hrsg. von Franz Viktor Spechtler. Göppingen 1987.

Wernher der Gärtner: Helmbrecht. Hrsg. von Fritz Tschirch. Stuttgart 1974.

Wolfram von Eschenbach: Parzival. Hrsg. und komm. von Eberhard Nellmann, übertr. von Dieter Kühn. Frankfurt a. M. Studienausgabe. Mittelhochdeutscher Text und Übers. von Peter Knecht. Berlin / New York 1998.

– Willehalm. Hrsg. und übers. von Joachim Heinzle. Frankfurt a. M.

## Forschung

Althoff, Gerd: Spielregeln der Politik im Mittelalter. Kommunikation in Frieden und Fehde. Darmstadt 1997.

– Nunc fiant Christi milites, qui dudum extiterunt raptores. Zur Entstehung von Rittertum und Ritterethos. In: Saeculum 31 (1981) S. 317–333.

– / Hans-Werner Götz / Ernst Schubert: Menschen im Schatten der Kathedrale. Darmstadt 1988.

Andermann, Kurt (Hrsg.): Rittersitze. Facetten adligen Lebens im Alten Reich. Tübingen 2002.

Andermann, Ulrich: Ritterliche Gewalt und bürgerliche Selbstbehauptung. Frankfurt a. M. [u. a.] 1991.

Appelt, Heinrich (Hrsg.): Adelige Sachkultur des Spätmittelalters. Wien 1982.

Arentzen, Jörg / Uwe Ruberg (Hrsg.): Die Ritteridee in der deutschen Literatur des Mittelalters. Eine kommentierte Anthologie. Darmstadt 1987.

Atzbach, Rainer [u. a.] (Hrsg.): Burg und Herrschaft. Deutsches Historisches Museum Berlin. Dresden 2010.

Barber, Richard / Juliet Barker: Die Geschichte des Turniers. Düsseldorf/Zürich 2001.
Bartlett, Robert: Die Geburt Europas aus dem Geist der Gewalt. Eroberung, Kolonisierung und kultureller Wandel von 950 bis 1350. München 1996. (Zuerst London 1993.)
Bastert, Bernd: Der Münchner Hof und Fuetrers ›Buch der Abenteuer‹. Literarische Kontinuität im Spätmittelalter. Frankfurt a.M. 1993.
Bauer, Dieter / Matthias Becher (Hrsg.): Welf IV. Schlüsselfigur einer Wendezeit. Regionale und europäische Perspektiven. München 2004.
Berg, Dieter: Richard Löwenherz. Darmstadt 2007.
Biller, Thomas: Die Adelsburg in Deutschland. München 1993.
Bloch, Marc: Die Feudalgesellschaft. Frankfurt a.M. [u.a.] 1982. (Zuerst 1939.)
Boeheim, Wendelin: Handbuch der Waffenkunde. Graz 1966.
Boockmann, Hartmut: Der deutsche Orden. Zwölf Kapitel aus seiner Geschichte. München 1982.
Borst, Arno (Hrsg.): Das Rittertum im Mittelalter. Darmstadt ²1989.
Bosl, Karl: Leitbilder und Wertvorstellungen des Adels von der Merowingerzeit bis zur Höhe der feudalen Gesellschaft. München 1974.
Braun, Manuel / Cornelia Herberichs (Hrsg.): Gewalt im Mittelalter. Realitäten. Imaginationen. München 2005.
Brinker, Claudia: Von manigen helden gute tat. Geschichte als Exempel bei Peter Suchenwirt. Frankfurt [u.a.] 1987.
Brüggen, Elke: Kleidung und Mode in der höfischen Epik des 12. und 13. Jahrhunderts. Heidelberg 1989.
Brunner, Horst (Hrsg.) Die deutsche Trojaliteratur des Mittelalters und der frühen Neuzeit. Wiesbaden 1990.
Brunner, Karl / Falko Daim: Ritter, Knappen, Edelfrauen. Ideologie und Realität des Rittertums im Mittelalter. Wien [u.a.] 1981.
Buck, August: »Arma et litterae« – »Waffen und Bildung«. Zur Geschichte eines Topos. Stuttgart 1992.
Bumke, Joachim: Höfische Kultur. Literatur und Gesellschaft im hohen Mittelalter. 2 Bde. München 1990.
– Studien zum Ritterbegriff im 12. und 13. Jahrhundert. 2. Aufl. Heidelberg 1977.
– Wolfram von Eschenbach. 8., völlig neu bearb. Aufl. Stuttgart 2004.
– Parzivals ›Schwertleite‹. In: Taylor Starck Festschrift. 1964. S. 235–245.
Cardini, Franco: Der Krieger und der Ritter. In: Jacques Le Goff (Hrsg.): Der Mensch des Mittelalters. Frankfurt a.M. / New York 1990. S. 87–129.
Chênerie, Marie Luce: Le chevalier errant. Genève 1986.
Chinca, Marc [u.a.] (Hrsg.): Mittelalterliche Novellistik im europäischen Kontext. Berlin 2006.
Clauss, Martin: Ritter und Raufbolde. Vom Krieg im Mittelalter. Darmstadt 2009.

Contamine, Philippe: War in the Middle Ages. Oxford 1984. (Zuerst Paris 1980.)
Costadura, Edoardo: Der Edelmann am Schreibpult. Tübingen 2006.
Czerwinski, Peter: Die Schlacht- und Turnierdarstellungen in den deutschen höfischen Romanen des 12. und 13. Jahrhunderts. Berlin 1975.
Das Rheintal von Bingen und Rüdesheim bis Koblenz. 2 Bde. Hrsg. vom Landesamt für Denkmalpflege Rheinland-Pfalz. Mainz ²2002.
Dewald, Jonathan: The European nobility. 1400–1800. Cambridge 1996.
Die Zeit der Staufer. Geschichte – Kunst – Kultur. Katalog der Ausstellung Stuttgart 1977.
Dorst, Tankred: Merlin oder Das wüste Land. 1981.
Duby, Georges: Guillaume le Maréchal oder der beste aller Ritter. Frankfurt a.M. 1986.
– Krieger und Bauern. Die Entwicklung von Wirtschaft und Gesellschaft im frühen Mittelalter. Frankfurt a.M. 1977. (Zuerst 1973.)
– Wirklichkeit und höfischer Traum. Zur Kultur des Mittelalters. Berlin 1986.
– Die drei Ordnungen. Das Weltbild des Feudalismus. Frankfurt a.M. 1986.
– Die Ursprünge des Rittertums. In: Arno Borst (Hrsg.): Das Rittertum im Mittelalter. Darmstadt 1976. S. 349–369.
Eifler, Günter (Hrsg.): Ritterliches Tugendsystem. Darmstadt 1970.
Erdmann, Carl: Die Entstehung des Kreuzzugsgedankens. Stuttgart 1935. (ND 1974.)
Erkens, Franz-Reiner: Militia und Ritterschaft. Reflexionen über die Entstehung des Rittertums. In: Historische Zeitschrift 258 (1994) S. 623–659.
Fischer, Hanns: Studien zur deutschen Märendichtung. Tübingen 1968. ²1983.
Fleckenstein, Josef (Hrsg.): Curialitas. Göttingen 1990.
– (Hrsg.): Das ritterliche Turnier im Mittelalter. Göttingen 1985.
– / Manfred Hellmann (Hrsg.): Die geistlichen Ritterorden Europas. Sigmaringen 1980.
– (Hrsg.): Herrschaft und Stand. Untersuchungen zur Sozialgeschichte im 13. Jahrhundert. Göttingen ³1979.
– Rittertum und ritterliche Welt. Berlin 2002.
– Vom Rittertum im Mittelalter. Perspektiven und Probleme. Goldbach 1997.
Flori, Jean: L'essor de la chevalerie. Genf 1986.
– Les origines de l'adoubement chevaleresque. In: Traditio 35 (1979) S. 209–272.
– Richard the Lionheart. King and knight. Edinburgh 2006.
Fromm, Hans (Hrsg.): Der deutsche Minnesang. Aufsätze zu seiner Erforschung. Bd. 2. Darmstadt 1985.
Gärtner, Kurt: Spannungen und Konflikte menschlichen Zusammenlebens in der deutschen Literatur des Mittelalters. Tübingen 1996.
Görner, Regina: Raubritter. Untersuchungen zur Lage des spätmittelalterli-

chen römisch-deutschen Reichs, besonders in den bayerischen Herzogtümern. Wiesbaden 2003.
Goethe, Götz und die Gerechtigkeit. Hrsg. vom Magistrat der Stadt Wetzlar und von der Gesellschaft für Reichskammergerichtsforschung. Wetzlar 1999. (Darin Aufs. von Volker Press und Volker Neuhaus.)
Göttert, Karl-Heinz: Zeiten und Sitten. Eine Geschichte des Anstands. Stuttgart 2009.
Goetz, Hans-Werner: Leben im Mittelalter vom 7. bis zum 13. Jahrhundert. München 1986.
Grape, Wolfgang: Der Teppich von Bayeux. Triumphdenkmal der Normannen. München 1994.
Großmann, G. Ulrich (Hrsg.): Mythos Burg. Germanisches Nationalmuseum Nürnberg. Dresden 2010.
– / Hans Ottomeyer (Hrsg.): Die Burg. Wissenschaftlicher Begleitband zu den Ausstellungen »Burg und Herrschaft« und »Mythos Burg«. Dresden 2010.
Grubmüller, Klaus: Die Ordnung, der Witz und das Chaos. Eine Geschichte der europäischen Novellistik im Mittealter: Fabliau – Märe – Novelle. Tübingen 2006.
Hantke, Arthur: Die Chronik des Giselbert von Mons. Leipzig 1871.
Haupt, Barbara: Das Fest in der Dichtung. Düsseldorf 1989.
Hechberger, Werner: Adel, Ministerialität und Rittertum im Mittelalter. München 2004.
Heinzle, Joachim (Hrsg.): Literarische Interessenbildung im Mittelalter. Stuttgart 1993.
Hensler, Ines: Ritter und Sarrazin. Zur Beziehung von Fremd und Eigen in der hochmittelalterlichen Tradition der »Chanson de geste«. Köln [u. a.] 2006.
Hohendahl, Peter Uwe / Paul Michael Lützeler (Hrsg.): Legitimationskrisen des deutschen Adels 1200–1900. Stuttgart 1979.
Huber, Christoph: Courtly literature and clerical culture. Selected papers from the tenth triennal congress of the International Courtly Literature Society Universität Tübingen. Deutschland 28. Juli – 3. August 2001. Tübingen 2002.
– / Victor Millet (Hrsg.): Der »Tristan« Gottfrieds von Straßburg. Tübingen 2002.
– Wappen und Privilegien. Standessymbolik im ›Ritterspiegel‹ des Johannes Rothe. In: Christiane Ackermann / Ulrich Barton (Hrsg.): Texte zum Sprechen bringen. Tübingen 2009. S. 391–406.
Jaeger, C. Stephen: Die Entstehung höfischer Kultur. Vom höfischen Bischof zum höfischen Ritter. Berlin 2001. (Zuerst 1985.)
Jaspert, Nikolaus: Die Kreuzzüge. Darmstadt $^{2}$2004.
Kaiser, Gert / Jan-Dirk Müller (Hrsg.): Höfische Literatur – Hofgesellschaft – Höfische Lebensformen um 1200. Düsseldorf 1986.

Keen, Maurice: Das Rittertum. München und Zürich 1987. (Zuerst 1984.)

Keupp, Jan Ulrich: Dienst und Verdienst. Die Ministerialität Friedrich Barbarossas und Heinrichs VI. Stuttgart 2002.

Klein, Dorothea / Elisabeth Lienert (Hrsg.): Vom Mittelalter zur Neuzeit. Wiesbaden 2000.

Köhn, Rolf: ›Militia curialis‹. Die Kritik am geistlichen Hofdienst bei Peter von Blois und in der lateinischen Literatur des 9.–12. Jahrhunderts. In: Albert Zimmermann (Hrsg.): Soziale Ordnungen im Selbstverständnis des Mittelalters. Bd 1. Berlin / New York 1979.

Kruse, Holger / Werner Paravicini / Andreas Ranft (Hrsg.): Ritterorden und Adelsgesellschaften im spätmittelalterlichen Deutschland. Ein systematisches Verzeichnis. Frankfurt a. M. [u. a.] 1991.

Lähnemann, Henrike / Sandra Linden: Dichtung und Didaxe. Lehrhaftes Sprechen in der deutschen Literatur des Mittelalters. Berlin [u. a.] 2009.

Laudage, Johannes / Yvonne Leiverkus (Hrsg.): Rittertum und höfische Kultur der Stauferzeit. Köln [u. a.] 2006.

Le Goff, Jacques: Kultur des europäischen Mittelalters. München 1970.

– Der Mensch des Mittelalters. Frankfurt / New York 1989.

– Die Kultur Europas im Mittelalter. München 2004.

Liebertz-Grün, Ursula: Seifried Helbling. Satiren kontra Habsburg. München 1981.

– Das andere Mittelalter. München 1984.

Lutz, Eckart Conrad: Das Mittelalter und die Germanisten. Zur neueren Methodengeschichte der Germanischen Philologie. Freiburger Colloquium 1997. Freiburg (Schweiz) 1998.

Malcher, Kai: Die Faszination von Gewalt. Rezeptionsästhetische Untersuchungen zu aventiurehafter Dietrichepik. Berlin 2009.

Mandlmayer, Martin C. / Karl G. Vocelka: Vom Adelsaufgebot zum stehenden Heer. Bemerkungen zum Funktionswandel des Adels im Kriegswesen der frühen Neuzeit. In: Grete Klingenstein / Heinrich Lutz (Hrsg.): Spezialforschung und »Gesamtgeschichte«. Beispiele und Methodenfragen zur Geschichte der frühen Neuzeit. München 1982. S. 112–125.

Marquardt, Rosemarie: Das höfische Fest im Spiegel der mittelhochdeutschen Dichtung. Göppingen 1985.

Maßmann, Ernst Heinrich: Schwertleite und Ritterschlag. Dargestellt auf Grundlage der mittelhochdeutschen literarischen Quellen. Hamburg 1932.

Menke, Petra: Recht und Ordo-Gedanke im Helmbrecht. Frankfurt a. M. [u. a.] 1993.

Mertens, Volker: Der deutsche Artusroman. Stuttgart 1998.

Meyer, Matthias (Hrsg.): Literarisches Leben. Tübingen 2002.

Moos, Peter von: Rhetorik, Kommunikation und Medialität. Gesammelte Studien zum Mittelalter. Bd. 2. Berlin 2006. (Darin besonders: Der Herold: Ein Kommunikationsexperte zwischen den Zeiten.)

Moraw, Peter: Die Hoffeste Kaiser Friedrich Barbarossas von 1184 und 1188. In: Uwe Schultz (Hrsg.): Das Fest. München 1988.
Müller, Jan-Dirk: Gedechtnus. Literatur und Hofgesellschaft um Maximilian I. München 1982.
– Lachen – Spiel – Fiktion. Zum Verhältnis von literarischem Diskurs und historischer Realität im *Frauendienst* Ulrichs von Lichtenstein. In: DVjs 58 (1984) S. 38–73.
– Höfische Kompromisse. Tübingen 2007.
Müller, Ulrich (Hrsg.): Kreuzzugsdichtung. Tübingen 1969.
Oexle, Otto Gerhard (Hrsg.): Funktion und Repräsentation des Adels in Alteuropa. Göttingen 1997.
– / Werner Paravicini (Hrsg.): Nobilitas. Funktion und Repräsentation des Adels in Alteuropa. Göttingen 1997.
Paravicini, Werner: Die Preußenreisen des europäischen Adels. Bd. 1. Sigmaringen 1989. Bd. 2. Ebd. 1994.
– Die ritterlich-höfische Kultur des Mittelalters. München 1994.
– Von der ritterlichen zur höfischen Kultur: Der Deutsche Orden in Preußen. In: Jaroslaw Wenta [u. a.] (Hrsg.): Mittelalterliche Kultur und Literatur im Deutschordensstaat in Preußen: Leben und Nachleben. Toruń 2008. S. 15–54.
Peters, Ursula: Die ›Gesellschaft‹ der höfischen Dichtung im Spiegel der Forschungsgeschichte. In: ZfdPh 128 (2009) S. 3–28.
– Dynastengeschichte und Verwandtschaftsbilder. Tübingen 1999.
– Ritterbiographie und Familiengeschichte. Das Beispiel der ›Histoire de Guillaume le Maréchal‹. In: Joachim Heinzle: Interessenbildung. S. 180–199.
– Frauendienst. Untersuchungen zu Ulrich von Lichtenstein und zum Wirklichkeitsgehalt der Minnedichtung. Göppingen 1971.
Pietzner, Fritz: Schwertleite und Ritterschlag. Heidelberg 1934.
Poag, James F.: Das Bild des Feudaladels in den höfischen Romanen Parzival und Tristan. In: Peter Uwe Hohendahl / Paul Michael Lützeler (Hrsg.): Legitimationskrisen. 1979.
Press, Volker: Kaiser Karl V., König Ferdinand und die Entstehung der Reichsritterschaft. Wiesbaden 1980.
– Adel im Alten Reich. Gesammelte Vorträge und Aufsätze. Tübingen 1998.
Prietzel, Malte: Krieg im Mittelalter. Darmstadt 2006.
Ragotzky, Hedda / Horst Wenzel (Hrsg.): Höfische Repräsentation. Tübingen 1990.
Ranft, Andreas: Adelsgesellschaften. Gruppenbildungen und Genossenschaft im spätmittelalterlichen Reich. Sigmaringen 1994.
– Die Turniere der Vier Lande: Genossenschaftlicher Hof und Selbstbehauptung des niederen Adels. In: Zeitschrift für Geschichte des Oberrheins 142 (1994) S. 83–102.

Reitzenstein, Alexander von: Rittertum und Ritterschaft. München 1972.

Reliquet, Philippe: Ritter, Tod und Teufel. Gilles de Rais oder die Magie des Bösen. München/Zürich 1984.

Reuter, Hans Georg: Die Lehre vom Ritterstand. Zum Ritterbegriff in Historiographie und Dichtung vom 11. bis zum 13. Jahrhundert. Köln/Wien 1975.

Ridder, Klaus: Kampfzonen: Affektivität und Gewalt in mittelalterlicher Epik. In: Christa Bertelsmeier-Kierst / Christopher Young (Hrsg.): Eine Epoche im Umbruch. Tübingen 2003.

Rischer, Christelrose: Literarische Rezeption und kulturelles Selbstverständnis in der deutschen Literatur der »Ritterrenaissance« des 15. Jahrhunderts. Untersuchungen zu Ulrich Füetrers ›Buch der Abenteuer‹ und dem ›Ehrenbrief‹ des Jakob Püterich von Reichertshausen. Stuttgart 1973.

Rösener, Werner: Befand sich der Adel im Spätmittelalter in einer Krise? Zur Lage des südwestdeutschen Adels im 14. und 15. Jahrhundert. In: ZWLG 61 (2002) S. 91–109.

Ruhe, Ernstpeter: Mittelalterbilder aus neuer Perspektive. Diskussionsanstöße zu amour courtois, Subjektivität in der Dichtung und Strategien des Erzählens. Kolloquium Würzburg 1984. München 1985.

Runciman, Steven: Geschichte der Kreuzzüge. München 1995.

Schäfke, Werner (Hrsg.): Der Name der Freiheit. 1288–1988. Aspekte Kölner Geschichte von Worringen bis heute. Ausstellung Köln 1988. (Darin: Jan van Heelu.)

Schausten, Monika: Erzählwelten der Tristangeschichte im hohen Mittelalter. München 1999.

Schlunk, Andreas / Robert Giersch: Die Ritter. Geschichte – Kultur – Alltagsleben. Stuttgart 2003. (Sonderedition 2009.)

Schmidtchen, Volker: Kriegswesen im späten Mittelalter. Technik, Taktik, Theorie. Weinheim 1990.

Schneider, Christian: Hovezuht. Literarische Hofkultur und höfisches Lebensideal um Herzog Albrecht III. von Österreich und Erzbischof Pilgrim II. von Salzburg. Heidelberg 2008.

Schneidmüller, Bernd [u. a.] (Hrsg.): Die Staufer und Italien. Katalog zur Stauferausstellung Mannheim 2010. Stuttgart 2010.

Schnell, Rüdiger (Hrsg.): Konversationskultur in der Vormoderne. Geschlechter im geselligen Gespräch. Köln [u. a.] 2008. (Darin: Schnell: Konversation im Mittelalter.)

Schulze, Uwe (Hrsg.): Das Duell. Der tödliche Kampf um die Ehre. Frankfurt a. M. / Leipzig 1996.

Seelbach, Ulrich: Späthöfische Literatur und ihre Rezeption im späten Mittelalter. Studien zum Publikum des ›Helmbrecht‹ von Wernher dem Gartenaere. Berlin 1987.

Sieverding, Norbert: Der ritterliche Kampf bei Hartmann und Wolfram. Heidelberg 1985.

Spechtler, Franz Viktor / Barbara Maier (Hrsg.): Ich – Ulrich von Liechtenstein. Klagenfurt 1999.

Stevenson, Katie (Hrsg.): The Herold in Late Medieval Europe. Woodbridge 2009.

Uhlig, Claus: Hofkritik im England des Mittelalters und der Renaissance. Studien zu einem Gemeinplatz der europäischen Moralistik. Berlin 1973.

Ulmschneider, Helgard: Götz von Berlichingen. Ein adeliges Leben der deutschen Renaissance. Sigmaringen 1974.

Weber, Otfried: Peter Suchenwirt. Greifswald 1937.

Wieczorek, Alfried u. a. (Hrsg.): Saladin und die Kreuzfahrer. Begleitband zur Sonderausstellung »Saladin und die Kreuzfahrer«. Mainz 2005.

Wiesflecker, Hermann: Kaiser Maximilian I. 5 Bde. München 1986.

Williams, Gerhild S.: Adelsdarstellung und adliges Selbstverständnis im Spätmittelalter. Politische und soziale Reflexionen in den Werken J. Rothes und U. Füetrers. In: Peter Uwe Hohendahl / Paul Michael Lützeler (Hrsg.): Legitimationskrise. 1979.

Winter, Johanna Maria van: Rittertum. Ideal und Wirklichkeit. München 1969.

Wisniewski, Roswitha: Kreuzzugsdichtung. Idealität in der Wirklichkeit. Darmstadt 1984.

Wolfzettel, Friedrich (Hrsg.): Erzählstrukturen der Artusliteratur. Tübingen 1999.

Zeune, Joachim: Burgen. Symbole der Macht. Ein neues Bild der mittelalterlichen Burg. Regensburg 1996.

Ziegeler, Hans-Joachim: Orte der Literatur. Schriften zur Kulturgeschichte des späten Mittelalters und der Frühen Neuzeit. Köln [u. a.] 2009.

Zimmer, Stefan (Hrsg.): König Artus lebt! Heidelberg 2005.

Zotz, Thomas: Milites Christi. Ministerialität als Träger der Kanonikerreform. In: Stefan Weinfurter (Hrsg.): Reformidee und Reformpolitik im spätsalisch-frühstaufischen Reich. Mainz 1992. S. 301–328.

# Abbildungsnachweis